汉武帝和他的时代

姜 鹏·著

上海人民出版社 学林出版社

目
录

序　章　/ 001 /

第一章　巩固中央政权的必由之路 / 009 /
　　一、分封与郡县的矛盾 / 009 /
　　二、七国之乱对汉武帝统治的影响 / 011 /
　　三、"制度创新"的推恩令 / 013 /
　　四、汉武帝统治初期对诸侯国的处理 / 014 /
　　五、没有最残酷，只有更残酷的淮南王谋反案 / 017 /

第二章　淮南王刘安真的谋反了吗 / 021 /
　　一、刘安"谋反案"经过 / 021 /
　　二、一个细节的出入 / 025 /
　　三、刘安的"谋反"动机 / 027 /
　　四、《资治通鉴》的建元六年 / 029 /
　　五、刘安受打击的真正原因 / 031 /

第三章　布衣之侠郭解之死 / 034 /
　　一、郭解其人其事 / 034 /
　　二、游侠群体及其特征 / 038 /
　　三、汉武帝眼中的郭解 / 041 /
　　四、对郭解之死的不同看法 / 043 /

第四章　罢黜百家　独尊儒术 / 047 /
　　一、关于一个常识的争论 / 047 /
　　二、统治思想与宫廷政治 / 049 /

三、儒学和黄老术的初次交锋 / 051 /

四、汉武帝亲政之后的选择 / 055 /

第五章　真假儒学之争 / 060 /

一、不拘一格用人才 / 060 /

二、公孙弘其人其事 / 061 /

三、汉武帝任用公孙弘的原因 / 064 /

四、真假儒学 / 067 /

第六章　七位丞相的不同命运 / 074 /

一、相府客馆的兴废 / 074 /

二、公孙贺拒相 / 077 /

三、石庆与元封流民 / 078 /

四、汉武帝统治下的丞相 / 086 /

第七章　张汤的沉浮人生 / 091 /

一、盗墓案引发的政治斗争 / 091 /

二、张汤与庄青翟之死 / 093 /

三、张汤的角色定位 / 095 /

四、面子与里子 / 097 /

第八章　酷吏辈出的时代 / 100 /

一、血腥的"道不拾遗" / 100 /

二、酷吏风的出现 / 103 /

三、酷吏众生相 / 105 /

四、循吏缺位 / 107 /

五、内政与外事 / 110 /

第九章　多民族统一国家初创 / 112 /

一、汉武帝与时代变化 / 112 /

二、汉武帝早年的对外行动 / 114 /

三、汉武帝拓张活动鸟瞰 / 118 /

四、史家对拓张行动的不同解读 / 121 /

第十章　一次失败的尝试 / 125 /

一、平城之围及其后果 / 125 /

二、马邑之谋 / 128 /

三、王恢之死 / 130 /

四、主帅"缺席"之谜 / 133 /

第十一章　时势造英雄 / 137 /

一、出身微贱的卫青 / 137 /

二、命运的转机 / 138 /

三、大将军的诞生 / 141 /

四、骠骑将军霍去病 / 143 /

第十二章　卫青与霍去病的人生遭际 / 149 /

一、卫青与霍去病的性格差异 / 149 /

二、卫青与霍去病的共同点 / 153 /

三、卫青和霍去病获得重用的原因 / 156 /

第十三章　飞将军李广的传奇人生 / 161 /

一、"飞将军"李广 / 161 /

二、李广之死 / 163 /

三、李广与卫青的比较 / 166 /

四、"李广难封"的原因 / 169 /

第十四章　通使西域的旷世壮举 / 173 /

一、遥远而陌生的地域 / 173 /

二、张骞两出西域 / 175 /

三、汉武帝对西域的经营 / 178 /

四、两位"公主"的命运 / 180 /

第十五章　为了传说中的汗血宝马 / 189 /

一、"神马当从西北来" / 189 /

二、遣使求马 / 191 /

三、贰师将军 / 193 /

四、再伐大宛 / 195 /

第十六章　汉武一朝之财政 / 202 /

一、财政状况急转直下 / 202 /

二、汉武帝扭转财政的政策 / 204 /

三、政策造成的社会后果 / 209 /

四、史学家的不同评述 / 210 /

第十七章　榜样的力量 / 214 /

一、卜式对汉武帝的支持 / 214 /

二、卜式是如何失宠的 / 217 /

三、卜式和汉武帝是什么关系 / 218 /

四、国家财政与皇室财政之别 / 222 /

第十八章　司马迁与汉武帝之间的恩恩怨怨 / 225 /

一、李陵事件与司马迁受刑 / 225 /

二、李陵事件对《史记》写作的影响 / 228 /

三、三部史书对李陵事件描写的差异 / 230 /

四、司马迁做错什么了吗 / 234 /

第十九章　汉武帝聚人用人的谋略 / 238 /

一、"滑稽"东方朔与汉武帝的用人策略 / 238 /

二、班固对汉武帝用人谋略的赞赏 / 244 /

三、杰出人才的幸与不幸 / 245 /

四、汉武帝用人策略的得与失 / 246 /

第二十章　向道求仙的强烈冲动 / 249 /

一、善为巧发奇中的李少君 / 249 /

二、神未至而百鬼集 / 252 /

三、宁可信其有的侥幸心理 / 256 /

四、与天意沟通的积极尝试 / 257 /

第二十一章　天降祥瑞与年号的来历 / 260 /

一、祥瑞纷至沓来 / 260 /

二、始创年号纪年法 / 262 /

三、从祥瑞到封禅 / 263 /

四、司马相如的遗书 / 265 /

第二十二章　封禅大典的前前后后 / 272 /

一、何谓封禅 / 272 /

二、黄帝升仙的传说 / 273 /

三、封于泰山 / 275 /

四、司马谈之死 / 277 /

第二十三章　巫蛊案引发的宫廷巨变 / 284 /

一、"巫"的活跃 / 284 /

二、陈皇后案 / 286 /

三、两公孙之死 / 287 /

四、巫蛊系列案的两个关键点 / 290 /

第二十四章　汉武帝和他的儿子们 / 294 /

一、刘据的诞生 / 294 /

二、汉武帝与卫子夫 / 295 /

三、汉武帝与刘据 / 298 /

四、"尧母门"事件 / 300 /

第二十五章　太子刘据被逼造反 / 306 /

一、父子隔阂 / 306 /

二、江充构陷 / 308 /

三、太子起兵 / 311 /

四、命运的捉弄 / 313 /

第二十六章　《史记》终章　历史继续 / 317 /

一、巫蛊后续 / 317 /

二、太史公绝笔 / 320 /

三、《资治通鉴》中的线索 / 323 /

四、《汉书》的独特视角 / 325 /

第二十七章　汉武帝的罪己诏书 / 329 /

一、汉武帝晚期面临的问题 / 329 /

二、"轮台罪己诏" / 332 /

三、为太子洗冤 / 333 /

四、改定国策和太子案的关系 / 335 /

第二十八章　临终托孤 / 341 /

一、新太子刘弗陵 / 341 /

二、选择刘弗陵的理由 / 343 /

三、立子杀母 / 344 /

四、顾命大臣 / 346 /

终　章　 / 352 /

后　记　 / 364 /

序　章

历史对大人物功过是非的评价，历来受到儒家的特别关注。

《孟子·滕文公下》就有这样的记载："世衰道微，邪说暴行有作，臣弑其君者有之，子弑其父者有之。孔子惧，作《春秋》。《春秋》，天子之事也；是故孔子曰：'知我者其惟《春秋》乎？罪我者其惟《春秋》乎！'"因为担心历史上的"邪说暴行"得不到应有的舆论谴责，孔子始作《春秋》，开创了臧否人物的历史传统，其目的在于记录历史真相，让后人不至于迷失在各种文过饰非的言辞之中；但是他本人同时又认识到这样做未必能如愿，这样一种历史书写的所谓"春秋笔法"是否靠谱，还有待历史的检验。

事实一再证明，孔夫子这样的担忧并不是没有道理。

我们总说"秦皇汉武，唐宗宋祖"，汉武帝是中国古代非常著名也非常典型的一位帝王。汉武帝在位五十四年，除了清朝的康熙和乾隆，没有比他在位时间更长的皇帝了。这五十四年里，汉武帝内强皇权，外服四夷，做过许多轰轰烈烈的事情，成就了中国历史上第一次大国崛起；但迷信神仙，晚年改辙，使得他在史学家眼中有着不同的形象。因此，如何评价汉武帝，也就有了各种不同的声音。

比如东汉史学家班固，他在《汉书》里面描绘的汉武帝的形象，和北宋史学家司马光在《资治通鉴》当中描绘的，就大不相同。这两位史学家对汉武帝的评价，也是截然相反的。班固说："如武帝之雄材大略，不改文景之恭俭以济斯民，虽《诗》《书》所称何有加焉！"（《汉书·武帝纪》）班固的意思是，汉武帝唯一的缺点，就是还不够谦恭节俭，如果这方面能向他的祖父（汉文帝）、父亲（汉景帝）学习一下，再配上他的雄才大略，那简直太完美了，和《诗经》《尚书》这样的经典里面称颂的古代圣王相比，就会毫不逊色。可见班固对汉武帝的才华、政绩深信不疑。

司马光呢？司马光对汉武帝也有个整体评价，他说："孝武穷奢极欲，繁刑重敛，内侈宫室，外事四夷，信惑神怪，巡游无度，使百姓疲敝，起为盗贼，其所以异于秦始皇者无几矣。"（《资治通鉴》卷二十二）在司马光看来，汉武帝这五十四年的皇帝做得非常荒唐，欲求强烈，用刑残酷，又是大兴土木，又是到处打仗，还要相信鬼神那套东西，搞得民不聊生，逼得活不下去的老百姓都造反了，跟秦始皇简直没什么差别。从这段文字来看，司马光对汉武帝统治时期的这段历史是持悲观怀疑态度的。

班固和司马光都是中国历史上最有名望的历史学家，《汉书》和《资治通鉴》同样是中国历史上最有分量的史学著作。但他们对于汉武帝的评价，竟然处在两个极端上，一个说他好得不得了，一个说他坏得不能再坏了。

那除了这两位，还有没有大腕级的历史学家记载过汉武帝呢？当然有，那就是司马迁！

司马迁的《史记》花了很多篇幅来记载汉武帝和他那个时代。而且司马迁看汉武帝，有其他历史学家不具备的特殊优势。什么优势呢？司马迁就生活在汉武帝的这个时代，甚至可以说，就生活在汉武帝身边。正因为如此，如果我们光看文字的话，会发现司马迁对汉武帝的态度晦涩不明。很多话他不能直接说，直接说有压力。但透过字里行间，仔细分析，就会察觉到司马迁对汉武帝也是颇有看法的。

中国古代的史书，流传到今天的少说也有几千种，司马迁的《史记》、班固的《汉书》、司马光的《资治通鉴》无疑是其中很有影响的三部著作。这三部书都以重墨记载了汉武帝这段历史。我们可以拿来作个比较，看看他们描绘出的汉武帝形象，有哪些不同，为什么会不同。

先看《史记》和汉武帝是什么关系。我们前面谈到过，《史记》作者司马迁和汉武帝有着一种极其特殊的关系。

首先，司马迁就生活在汉武帝时代，是这个时代的目击者。虽然司马迁具体的生卒年还是疑问，但根据学者们的研究来看，司马迁的一生基本上与汉武帝时代相始终，这没有什么太大的问题。所以，司马迁是汉武帝时代有力的见证者。

其次，司马迁还是这个时代的亲历者。汉代建立以后，一直沿用秦朝的历法，到汉武帝的时候，决定改革历法。主持这项工作的，正是司马迁。编订的历法，就是著名的《太初历》。

第三，司马迁说编修《史记》的目的在于"究天人之际，通古今之变，成一家之言"。探索天象和人事的关系，理顺古往今来的变化渊源，熔铸属于自己的一种解释。大家仔细地推敲一下，司马迁所说的"通古今之变"，这个"今"指的是什么？"今"当然就是现在的意思，司马迁所说的现在，不就是他所生活的汉武帝时代吗？所以，司马迁自己讲得很清楚，编修《史记》最重要的目的之一，是探索汉武帝这个时代之所以形成的历史渊源。这样，我们又可以说，司马迁是这个时代的思考者。

所以，对于汉武帝这个时代来说，司马迁既是目击者，又是参与者，最终，司马迁以一位思考者应有的冷峻眼光，记录了这个重要的时代。另一方面，《史记》的完成也是汉武帝这个时代重要的成果之一。司马迁的《史记》和汉武帝时代的关系，可以说是你中有我，我中有你。

再看《汉书》和汉武帝是什么关系。

《汉书》作者班固出生的时候，汉武帝已经去世将近一百二十年了。这部书署名的作者虽然是班固，但之前，班固的父亲班彪，已经开始着手编这部书了。

班家祖上是塞外的大款，靠畜牧业发家。但后来，不仅成功地转型为文化世家，还和西汉皇室结成了特殊关系。什么关系呢？在西汉晚期，班固的姑奶奶进入汉成帝的后宫，成为一名婕妤，这就是历史上著名的班婕妤。"婕妤"是西汉后宫妃嫔的一个品级，地位虽然比皇后低，但能被封为婕妤的，一般都是皇帝非常宠幸的。

由于这层关系，汉成帝赏赐了班家一套宫廷藏书的副本。当时不像现在，找一本书很容易，在当时，想读书是非常困难的。以一般人的身份，也没办法看到宫廷藏书。这一下，班家门庭若市，整个府上变成一个大阅览室。

从这件事情上，我们可以看出两点，第一，班家和汉代皇家刘氏关系非同一般；第二，这套藏书的存在，为班彪、班固父子编写《汉书》、整理西汉历史，提供了条件。

班彪目睹了从西汉灭亡直到光武帝刘秀重新恢复汉室的整

个过程。我们前面谈到的班氏家族和西汉皇族的这层关系，必然会影响到《汉书》的政治倾向。西汉王朝的伟大和正统性，是《汉书》的重要论证目的。汉武帝统治时期，作为西汉王朝关键性的一个时代，是《汉书》需要表彰的整个西汉时代的重要一环。汉武帝在《汉书》中的形象，就必然受到这种论证目的的影响。

而《资治通鉴》和汉武帝又是什么关系呢？

我们首先要注意一个问题，那就是《资治通鉴》的作者司马光所生活的年代。我们现在离司马光才一千年，司马光离汉武帝已经一千两百年了。那是不是说，《资治通鉴》中汉武帝的形象就会比较客观，比较接近真实？我们不必急着下结论，还是先来看看司马光编修《资治通鉴》的时代背景。

《资治通鉴》主要是在宋代第六位皇帝宋神宗时代编修成的。宋神宗刚继位的时候，司马光有个职务"翰林侍读学士"，主要责任是为皇帝讲解历史。《资治通鉴》就是司马光为皇帝讲解历史的教材。《资治通鉴》的书名还是宋神宗给起的。后人总结这部书的最大特点是能"鉴于往事，有资于治道"，意思就是说，以历史为镜，可以帮助我们找到更好的治理国家的方法。

司马光除了是《资治通鉴》的编者之外，他更重要的身份，是参与当时政治的一位大臣。宋神宗既然愿意学习历史，用历史经验来帮助自己治理国家，那么怎么用《资治通鉴》去影响宋神宗，怎么用历史经验来干预政策制定，就是司马光要考虑的问题。

有一句老话叫"对症下药"。既然想用历史经验来影响宋神宗，就先得知道他是怎样的一个人。宋神宗是一个怎样的人呢？他继位的时候二十岁，年轻有为，很有雄心，很想有一番作为。这就跟汉武帝有点像，汉武帝继位的时候也很年轻。

宋神宗一生的夙愿，就是要拓展大宋的疆域。我们知道，宋代和它以前的统一王朝汉朝、唐朝相比，疆域比较狭小，尤其是北方战略要地燕云十六州（地域范围涵盖了今天的山西北部、河北北部，包括北京、天津在内），在宋朝建立以前，就被契丹人控制了，这对宋朝的边防很不利。宋神宗一心想把这块地方夺过来。要完成这个任务，无论是练兵，还是打仗，都要花大量的财力。于是熙宁二年（公元 1069 年），宋神宗就把王安石请出来，推动新政，前后颁布了七条帮助政府增加收入的法令。宋神宗的最终目的，是要用这个钱来打仗。

司马光始终认为，财富分配是一个"零和博弈"，国库拿多了，老百姓肯定就拿少了。所谓的理财手段，最后无非是变相增加苛捐杂税。国库越丰实，老百姓基本生活受到的影响就越大。更何况，要发动战争的话，老百姓不仅赔钱，还要赔命。司马光的一个基本观点是，民生是一切政治的根本；没有民生，什么都不用谈。

仔细比较一下，你就会发现宋神宗的政治抱负和汉武帝很像。我前面用来概括汉武帝的十六字纲领，其中就有一条"外服四夷"。明白了这一点，再来看，司马光为什么这么激烈地批评汉武帝"繁刑重敛""外事四夷"，差一点就重蹈了亡秦的覆辙？

司马光重点是在说汉武帝吗？他是在警告宋神宗，不要走上这条老路啊！所以，《资治通鉴》中汉武帝的形象，必然受到司马光现实政治态度的影响。因此，甚至可以说，汉武帝不过是《资治通鉴》用来揭示历史经验的实例，和前面说过的《汉书》和汉武帝的关系，恰恰相反。

讲到这里，让我想起了一句话："历史是任人打扮的小姑娘。"中国历史上三位最著名的史学家讲同一个汉武帝，却讲出三个不同的样子，是不是就印证了这句话？

通过前面的分析，我们可以看到三位作者的身份大不相同，编修三部书的时代背景也大不相同。但这些都可以归结到一个点上来，那就是司马迁、班固、司马光这三位史学家，和汉武帝时代的距离不同，这样，他们看出来的汉武帝，必然不同。就像我们看风景一样，你远看、近看、身在其中看，能领略到的景色，必然大不相同。汉武帝就像一座名山，司马光是站在另一座山上眺望这座山，班固是在出山的路口上回身仰视这座山，而司马迁则是"身在此山中"。所以，三位历史学家由于各自的视角不同，描绘出汉武帝三种不同的形象，这并不意味着历史学家是在随意装扮历史，而恰恰体现了几位历史学家站在各自立场上进行历史书写时的一种时代关切。

那么，我们今天为什么还要来谈汉武帝？汉武帝对我们今天还有什么意义？是不是有可能站在我们自己的立场上，找出一个我们认为相对客观的汉武帝形象，从而为今天的人们带来某些新的启示呢？

首先，我认为，汉武帝这个人和他的那个时代，是我们认识中国历史和中华文明的关键。从历史的角度讲，在中国实行了两千多年的皇权政治，是在汉武帝的时代定型的，这是中国历史一个最基本的特征。从文明的角度讲，汉武帝那个时代频繁的对外活动和对外交流，使得我们的中华文明在早期阶段就不是封闭的，强大的包容性为辉煌的中华文明奠定了格局。

其次，虽然我们距离汉武帝更远了，但我们也有自己的优势。

一方面，我们观察汉武帝，既不用承受政治压力，也没有政治目的，立场相对超脱。另一方面，我们可以利用现代学术的工具，进行更深入的解读。比较历史典籍对汉武帝的不同记载，以我们自己的立场和视角进行分析，得出属于自己的结论，这是我们应该做也能够做到的事情。

其三，我们该如何相对客观地看待汉武帝？他身上到底有哪些值得我们深入探讨的问题？我们的基本视角又应该是什么呢？我想，我们一个最基本的立场，就是不应该就人物谈人物，而是应该把人物放到相应的历史大环境中去讨论，这样我们才有可能把这个人看得更清楚。这也正是我们这本《汉武帝和他的时代》书名的来历。

第一章　巩固中央政权的必由之路

　　我们习惯说"秦皇汉武"，为什么把这两个人并称？这其实是有道理的。在中国历史上，以皇帝为元首、郡县制为基础的帝国形式，是从秦始皇开始，到汉武帝的时候基本定型的。从秦始皇到汉武帝，可以说是帝制中国的第一阶段。

　　秦始皇统一中国，在政治制度上对中国历史产生的最重大的影响，就是在全国范围内确立郡县制，用它来取代此前的分封制。但郡县制的施行，并不是一帆风顺的，秦始皇看上去是一个很强大的人，但其实他并没有把一切都搞定，这个问题要到汉武帝的时候才有一个比较彻底的解决。那么，郡县制在施行的过程中究竟遇到了哪些困难？汉武帝又是怎么来解决这个难题的呢？

一、分封与郡县的矛盾

　　汉武帝继位以后，面临着一个重大的政治问题，这个问题是他之前的统治者遗留给他的。汉朝建立以来，一直到汉武帝继位的时候，在政治制度上，郡县制与分封制始终并存。这种体制，对巩固中央政权来说，是很不利的。

为什么会出现这种情况？我们先来了解一下郡县制和分封制最重要的区别。郡县制下，地方上的土地和人民都直属中央，郡县长官也都由中央考核、任命。而在分封制下，把土地分给诸侯，诸侯世袭享有对这块土地和人民的统治权。在分封制下，春秋战国时期才会出现诸侯割据、天下分裂。从统一的角度讲，郡县制当然比分封制更有利。

秦朝虽然统一了，秦始皇生前也在全国范围内推行了郡县制，但失去土地和人民的六国旧贵族并不甘心自己的失败。秦朝末年的战争，是六国分封残余势力和郡县制的又一次较量。反秦战争中的很多领袖，比如楚怀王熊心、齐王儋、赵王歇、魏王咎、韩王信等，都是秦统一前六国的残余势力。

斗争的结果，秦朝被推翻，在全国范围内施行郡县制这一主张受到严重挫折。刘邦建立汉朝以后，鉴于形势，不得不采取一种妥协的态度，在帝国内部让郡县制和分封制并存。离首都长安比较近、便于控制的地方，实行郡县制，直辖中央；比较偏远的地方分封给诸侯。刘邦在位的前面几年，一共分封了八位异姓诸侯王，他们大多是在楚汉战争中为刘邦出过力的，尤其是楚王韩信、梁王彭越、淮南王英布，都是帮助刘邦消灭项羽的大功臣。

但是这些拥有广阔封土的诸侯王，势力非常强大，这些相对独立的诸侯王国，对于中央政府来说，是一种潜在的威胁。所以这些异姓诸侯王的存在，一直是刘邦的一块心病。这些人，要么是久经沙场的宿将，要么是根基深厚的一方霸主，现在掌握了丰富的土地和人口资源，又有独立的财政支持，随时可能向中央政府叫板。

于是刘邦决定拿他们开刀，要在有生之年，把这些人都处理掉。

刘邦在位的第十一年（公元前196年），是一个多事之秋。这同一年里面，三位功臣诸侯王韩信、彭越、英布，先后被铲除。

韩信被萧何和吕后联手设局诛杀，是中国历史上非常著名的故事。当刘邦听说韩信死了，司马迁用五个字刻画出他当时的心态——"且喜且怜之"，非常传神。一个"喜"字，反映出刘邦久有消灭韩信之心；一个"怜"字，反映出刘邦也明白，韩信死非其罪。

到公元前195年，也就是刘邦在世的最后一年，有威胁的异姓诸侯王基本都被铲除干净了。空出来的这些土地，刘邦任命刘姓家族成员去接管。刘邦是想通过这些同姓诸侯王来降低分封的风险。但这些同姓王就不存在起兵造反的可能了吗？事实证明，并非如此。尤其是随着世代久远，诸侯王和皇帝之间的血缘关系越来越疏远，同姓诸侯王和异姓诸侯王也就没太大区别了。发生在汉景帝时代的七国之乱，就是最好的例证。

二、七国之乱对汉武帝统治的影响

七国之乱以刘邦的侄子吴王刘濞为首，其他参与叛乱的诸侯王也都是刘氏宗亲。这是诸侯王势力和中央政权的又一次重要对决。

最终七国之乱虽然被平定了，诸侯王势力遭到严重打击，但中央政府也付出了沉重的代价。事后，汉景帝颁布了一条命令，非常关键："令诸侯王不得复治国，天子为置吏。"（《汉书·百官公卿表》）以前，诸侯王在自己的王国里面享有直接的治民权，王国里的一些重要官吏也是由诸侯王直接聘任的，因此这些人和诸侯王之间有着亲密的关系，在诸侯王和中央产生矛盾的时候，一般都会和诸侯王站在一条战线上。现在汉景帝把治民权收回去了，由中央直接任命诸侯国的治民官吏，这其实是在诸侯国推行半郡县化政策。而这些官吏除了处理日常政务之外，还负有监督诸侯王的责任。有些官吏甚至为了讨好中央，对待诸侯王非常严苛。从这以后，诸侯王势力开始走下坡路，这为汉武帝彻底解决分封问题创造了有利条件。

对于汉武帝继位初年，中央任命的诸侯国长吏和诸侯王之间的矛盾，《资治通鉴》有这样一段总结，说这些官吏"务摧抑诸侯王，数奏暴其过恶，吹毛求疵，笞服其臣，使证其君。诸侯王莫不悲怨"。说这些长吏都热衷于压制诸侯王，动不动就向中央打小报告，很多事情都是吹毛求疵，还经常对诸侯王的手下刑讯逼供，让他们证明诸侯王的过错。因此，很多诸侯王都非常悲愤、怨望。

在汉武帝继位的第三年，有四位诸侯王到长安朝觐。其中有一位叫刘胜，就是历史上著名的中山靖王，三国时候的刘备就自称是他的后人。刘胜他们来到长安后，汉武帝用酒乐招待他们。这应该是件高兴的事，但面对这种场面，刘胜不仅没能高兴起来，反而"闻乐声而泣"。汉武帝就问他这是怎么回事？刘胜回答说："悲者不可为累欷，思者不可为叹息。今臣心结日久，每闻幼眇之声，不知涕泣之横集也。"（《资治通鉴》卷十七）刘胜说，他一股悲愤之情，已经在胸中郁结了很久了，每当听到精微的音乐，都会想起心事，不知不觉中就热泪满眶了。于是刘胜就把在封国长吏那儿受过的委屈，把这些官吏是怎么侵凌诸侯王的情况，一一向汉武帝汇报了。

刘胜这话，我们得分两头看。一方面，说明当年汉景帝留下的政策，的确产生了效果，诸侯王的气焰受到抑制。但另一方面，也不能因为刘胜这番话，我们就认为诸侯王势力已经穷途末路了。所谓百足之虫死而不僵，更何况是延续了几百年的分封势力，不是光凭这一个政策就能连根拔除的。刘胜是汉武帝同父异母的哥哥，关系很亲密，本来就没打算要跟中央对着来，所以他在遭到中央委派的官吏侵凌之后，会觉得委屈，会向汉武帝倾诉。但从整体来看，诸侯王在各自的封地里，势力依然非常强大，依然可以调动大量的资源和中央对抗。

听完刘胜的抱怨，汉武帝也很感慨。但只要分封制还存在，就是对中央集权的一大威胁。为了巩固中央政权，进一步削弱诸侯王势力是汉武帝必须要做的事情。尽管汉武帝很同情刘胜，但他还是要在解决诸侯王问题上重拳出击，为此，汉武帝在他父亲汉景帝之后，又推行了一项新政策。

三、“制度创新”的推恩令

这项政策，就是历史上著名的“推恩令”。出主意的人叫主父偃。主父偃对汉武帝说：“你要削弱诸侯王，如果发生正面冲突的话，可能又要重蹈七国之乱的覆辙，我来给你出个主意。”什么主意呢，主父偃说：“今诸侯子弟或十数，而適嗣代立，馀虽骨肉，无尺寸地封。”（《史记·平津侯主父列传》）不少诸侯王都有很多儿子，但能继承王位的只有一个，一般都是嫡长子，其他没有继承资格的儿子，过个几代，子孙可能就没落了。针对这一现象，如果“陛下令诸侯得推恩分子弟，以地侯之，彼人人喜得所愿，上以德施，实分其国，不削而稍弱矣”（《史记·平津侯主父列传》）。这时，要是汉武帝同意这些诸侯把自己的王国分成若干份，让那些原本没有继承权的王子也得到一小块土地，那些人一定非常高兴。这样，不仅没和诸侯发生正面冲突，还施行了一项德政，因为它让那些原先得不到土地的诸侯子孙得到了土地。但实际上，这是一招釜底抽薪之计，把原来的诸侯国割裂成了若干个小国，小国的实力自然不能跟大国比，要对抗中央那就难了。这就是"推恩令"的核心内容。这实在是太高明了。

这一招更妙的是，一旦汉武帝下这样一道诏书，大家想象一下，诸侯国里会发生什么情景？那些没有继承权的王子们肯定要到他们父王跟前吵啊：现在中央有文件了，你得给我们落实政策啊。用不着中央政府剿他们，他们自个儿先乱阵脚了。

这当然是一个很好的主意，用我们今天的话讲，那叫"制度创新"。但要希望这个政策一出台就立竿见影，各大诸侯国登时瓦解，那也是不可能的事。这个政策要真正推动起来并见到效果，还需要时间。这期间穿插配合其他各种手段、全方位打击诸侯王，仍然十分重要。

四、汉武帝统治初期对诸侯国的处理

在推恩令奏效之前，汉武帝直接取缔过一些诸侯国，形式主要有两种。第一种，是由于没有后嗣而被取缔。比如汉武帝有两个兄弟，一个是被封为广川王的刘越，一个是被封为清河王的刘乘，这两个人去世的时候都很年轻，没有留下后代。他们死了以后，封号就名正言顺地被取消了，没有太复杂的斗争。

另一种情况就热闹了。比如燕王刘定国和齐王刘次昌的死，以及这两个诸侯国藩号被撤销，就很有戏剧性。刘定国和刘次昌都被人告发有乱伦行为。燕王刘定国不仅和他父亲的姬妾通奸，还抢了弟弟的老婆，最令人惊讶的是，他还跟三个孙女有染。齐王刘次昌，被人揭发，说是和他的姐姐纪翁主乱伦。汉代人管这些行为叫"禽兽行"，我们先不谈礼法，这样的事情被揭露出来，首先在道德上的压力，当事人就扛不住。所以燕王和齐王先后都自杀了，燕国和齐国的番号也被撤销。

我们仔细分析一下，燕王和齐王这两件事，有三个共同点。首先，在血缘上，燕王刘定国、齐王刘次昌和汉武帝之间，都比较疏远。这跟前面提到的广川王刘越、清河王刘乘不能比。刘定国的祖父刘泽，和刘邦已经是远亲了，刘定国和汉武帝之间，那就更疏远了。齐王刘次昌是刘邦长子刘肥的曾孙，在血缘上虽然比刘定国近一点，但也算不上亲密。

第二，这两件案子里面，代表中央政府出面的，是同一个人，就是建议汉武帝实行推恩令的主父偃。燕王刘定国被人告发的时候，史书上说"主父偃从中发其事"，是主父偃率先提出要查处。等齐王刘次昌的案子出来，又是他向汉武帝建议要整治。汉武帝就让主父偃去做齐国的相，好好调查这件事。最后齐王被逼得自杀了。

第三，燕王和齐王被告发的重要罪名都是"禽兽行"。干这件事的人固然道德败坏，但大家不要忘了，我们中国人古时崇尚的处世哲学是"君子扬人之善，不扬人之恶"。要去窥探、揭发别人这样的阴私，把人家的过恶暴露在大庭广众之下，把当事人往绝路上逼，这样的做法本身也是不道德的。况且这些都是封王的人，怎么也得顾及皇家颜面。如果不是中央和诸侯王的斗争处于白热化状态，这些烂底子就不见得会被翻出来。现在中央政府要整顿诸侯，已经顾不上手段是不是道德了，可见斗争的激烈程度。所以，大家不要小看"禽兽行"这个罪名，挑这么一个罪名入手，恰恰说明了当时中央和诸侯王之间斗争的残酷和血腥。

汉武帝也知道，这两件案子处理下来，必然会引起其他诸侯王的疑惧和不满，后续处置不妥当，很可能会进一步激化中央和诸侯王的矛盾。汉武帝很会控制节奏，他觉得有必要缓和一下气氛，宽一宽其他诸侯王的心，这时候他就把主父偃作为替罪羊抛了出来。汉武帝向所有人表示，齐王自杀，出乎他意料，他本意并不想让齐王死。现在齐王死了，这都是主父偃的罪过。于是族诛主父偃，算是给天下人一个交代。

我们能发现燕王和齐王这两件案子如此相似，并非出于偶然，而是有幕后推手精心策划，这得感谢《资治通鉴》。

燕王和齐王犯事并不在同一个时间点上，前后相隔有些日子。《史记》和《汉书》都曾记载齐王刘次昌在知道燕王因为乱伦的事被查处以后，"恐如燕王……以死亡国"，害怕自己的那些事情也被揭发出来，重蹈燕王的覆辙。这很明确地告诉我们，燕、齐两桩案子不是同时发生的，中间隔着一段时间。而且《汉书》记载这两件事，分别在卷三十五《荆燕吴传》和卷三十八《高五王传》，隔得比较远。《史记》也是在不同的卷次里面分别记载这两件事的。

如果按照体例，《资治通鉴》也根据时间来编排的话，这两件事就得分开讲，但这次司马光没有这么做，《资治通鉴》牺牲了时间的精确性，把这两个案子并在一起叙述，而且文字非常精练，着重强调了两位诸侯王"禽兽行"的罪名，我们一对比，很容易发现其中的蹊跷。《史记》和《汉书》谈到这些事的时候，在"禽兽行"之外还有其他很多细节，一般读者，很难把握重点。如果不是《资治通鉴》的点睛之笔，我们可能就会错过这些幕后真相。

五、没有最残酷，只有更残酷的淮南王谋反案

燕王、齐王的案子，固然很残酷，但这并不是政治斗争的极限。没有最残酷，只有更残酷。更残酷的是哪个呢？汉武帝时期有一桩轰动一时的大案：淮南王刘安谋反案。和这件案子的离奇、残酷比起来，燕王和齐王这样的案子就根本不算什么。

淮南王刘安谋反这件事，可以追溯到上两代人的一些恩怨。刘安的父亲刘长，是刘邦的儿子，历史上称为淮南厉王。刘长的母亲原先是赵王张敖的侍妾，被张敖献给刘邦，后来受张敖谋反案的牵连，被投进监狱，而当时她正怀着刘长。主管官吏当然就把这件事报告给了刘邦。结果"上方怒赵王，未理厉王母"（《史记·淮南衡山列传》），刘邦正在气头上，没搭理这件事。大家注意，同一句话，《史记》里是"未理厉王母"，《汉书》则加了一个字，言"未及理厉王母"，即刘邦不是不理，而是没来得及理。班固用这么一个字，替刘邦作了辩护。

刘邦那儿对这件事没有正面回复，刘长的舅舅又去托辟阳侯审食其，想通过审食其走走吕后的门路，把这娘俩给救下来。结果呢，"吕后妒，弗肯白，辟阳侯不强争"（《史记·淮南衡山列传》）。吕后听说这件事的第一个反应，是很嫉妒，想到又是一个怀了刘邦孩子的，不肯援手。审食其一看吕后是这态度，也就没再坚持。后来刘长的母亲在监狱里把他生下来以后，就自杀了。

这当然是一出人间惨剧。

长大以后的刘长就非常恨审食其。他认为审食其要是肯在当时多费点劲，多求求情，说不定他母亲就不会死。到汉文帝的时候，刘长就趁着一次到长安朝觐的机会，做了一件让所有人都目瞪口呆的事。

刘长上门去找审食其，一见到审食其，刘长就把藏在袖子里面的铁锤拿出来，冲着审食其就是一锤子。史书上说刘长"力能扛鼎"啊，好家伙，这一锤子下去，审食其那是准死不能活。

光天化日之下，刺杀朝廷勋臣，那是大罪啊。但汉文帝"伤其志，为亲故，弗治，赦厉王"（《史记·淮南衡山列传》）。一来汉文帝怜悯他的身世，杀人是为自己屈死的母亲讨说法，其志可哀。二来，汉文帝觉得这毕竟是自己同父异母的弟弟，刘邦一共八个儿子，到这时候，就只剩他们哥俩了。念在这个情分上，汉文帝也不忍心治他，最终赦免了他。

但刘长回到封国以后越来越跋扈，"不用汉法，出入称警跸，称制，自为法令，拟于天子"（《史记·淮南衡山列传》），所有仪制气派，都弄得跟天子一样。杀审食其，汉文帝能容，现在处处要跟天子别苗头，汉文帝能不能容，这就很微妙了。果然，没过几年，刘长就因谋反罪被告发了。

汉文帝把刘长召到长安，让大臣们讨论怎么处置。大臣们的结论是要处死。汉文帝说，我还是不忍心杀他，但要惩戒他一下。怎么惩戒呢，废了刘长的王位，把他发配到地势偏远、蛮夷杂处的蜀郡严道。去的这一路，可不能再用诸侯王的排场了，而是"载以辎车，令县以次传"（《史记·淮南衡山列传》）。用有帷盖的小车，一个县一个县依次传送过去。刘长这么娇贵的人，哪受得了这个委屈，就在路上绝食而死了。

关于这件事，《史记》记载了一则民谣："一尺布，尚可缝；一斗粟，尚可舂。兄弟二人不能相容。"（《史记·淮南衡山列传》）从"兄弟二人不能相容"这句话里，大家能辨出什么味道？汉文帝真的像官方记载所描述的那么宽厚仁慈吗？刘长的死真的完全是由于他骄纵不法、咎由自取吗？更关键的是，刘长的谋反罪名真的成立吗？

即便刘长谋反罪名真的成立，他当年杀审食其，这么大的错，汉文帝为什么不及时处罚以示警诫，而是一味宽容、放纵，使得刘长胆子越来越大，直到不可收拾？至少汉文帝作为哥哥，在教导上没有尽到义务。

如果我们作些更腹黑的猜测，当时刘邦的儿子，除汉文帝外，刘长是唯一还在世的。这个身份意味着什么？这意味着刘长是汉文帝最有力的皇位竞争对手。那汉文帝是不是久有除掉刘长之心，故意放纵他犯错，等他恶贯满盈的时候，名正言顺地拿掉他？这在历史上不是没有先例。春秋时期的郑庄公，灭他的弟弟太叔段，用的就是这种欲擒故纵的手法。郑庄公放纵太叔段为所欲为，直到所有人都厌恶这个太叔段，然后一举把他消灭掉。这表示不是我跟你过不去，而是你自己找死。其实郑庄公的手段是非常阴险的。汉文帝是不是在学郑庄公？

司马迁对这件事一定是有看法的，虽然没有明说，但他在《史记》里记载了这则民谣，给我们带来种种猜想。很显然，班固也意识到这点了。《汉书》在写到刘长这件事的时候，就比《史记》多出一个情节，花了很长的篇幅保留了将军薄昭写给刘长的一封信。信里面，薄昭苦口婆心，千言万语，劝告刘长要谦虚谨慎，痛改前非。薄昭是谁？是汉文帝的舅舅。他为什么给刘长写这封信？是汉文帝让他写的。班固在《汉书》里面加这么一段，意图很明显，就是要打消读者对汉文帝的猜疑。这封信意在表明，汉文帝在教育刘长这个问题上是花心思的，可是刘长自己不听啊。他最后犯这事，能怪汉文帝吗？

第二章 淮南王刘安真的谋反了吗

刘长死后，汉文帝为了弥补这个缺憾，就把刘长的几个儿子封为王，其中一个儿子刘安，继承了刘长淮南王的封号。但淮南王这个封号似乎是被下了魔咒。父亲刘长死在谋反这个问题上，儿子刘安在汉武帝的时候，又被人告发谋反。更有趣的是，对于刘安谋反这样一桩轰动一时的大案，《史记》《汉书》《资治通鉴》的解读大不一样。刘安谋反的罪名到底实不实，这件案子的本质到底是什么？

一、刘安"谋反案"经过

汉武帝元狩元年（公元前122年），淮南王刘安因被告谋反而畏罪自杀。这个案子，不仅是汉武帝在位期间处理的最大的一桩诸侯王谋反案，更重要的是，它标志着中央和诸侯王的矛盾冲突接近尾声。但对于这桩案子，是铁板钉钉的谋反案，还是一桩人为制造的冤案，不同的人有不同看法。那么，刘安谋反案的经过是怎样的呢？

据说早在建元六年（公元前135年），刘安就有谋逆之心。这一年出现了一个罕见的天象——"彗星竟天"，彗星的尾巴拖得老长，划破整个天空。中国古人相信，异常的天象是异常人事的先兆。因此就有人对淮南王刘安说，当年七国之乱之前，彗星尾巴才数尺长，已经流血千里了，现在这彗星尾巴拖得，不知是当年的几倍，这预示着"天下兵当大起"。刘安就相信了这话，积极准备战略物资，等待"天下大变，诸侯并争"局面的到来。

这一等就是十多年。一直到元朔五年（公元前124年），也就是十一年之后，发生了一件事，把刘安绕进去了。刘安有个儿子叫刘迁，是当时的淮南太子。刘迁喜欢剑术，就找了淮南的剑术名家雷被比试。结果雷被没掌握好火候，击中了刘迁，刘迁大怒。雷被也慌了，为了躲开刘迁，请求去参军打匈奴。当时正是汉匈战争激烈的时候，汉武帝鼓励成年男子参军。但这事被刘安父子压下来了，不许雷被参军，还对他进行打击报复。

雷被为了避免进一步受迫害，就跑到了长安，向中央政府举报。中央调查的结果认为，雷被揭发的事情属实。大臣们给出的初审结论是："淮南王安雍阏求奋击匈奴者雷被等，格明诏，当弃市。"（《汉书·淮南衡山济北王传》）弃市是一种死刑。说刘安阻止雷被参军奋击匈奴，是违背朝廷诏旨的抗命行为，应该判处死刑。报告打到汉武帝那儿，汉武帝说死刑太重了，要改判。大臣们再次讨论，申请废除刘安的王位，汉武帝又不许。

这两次讨论，汉武帝的态度，《史记》都是用三个字来表达——"诏弗许"，诏书说不许。《汉书》也是用三个字——"上不许"，上指代汉武帝，即汉武帝不许。既然汉武帝不答应，大臣们就第三次会议，建议削除刘安五个县的封地。汉武帝再一次降低惩罚，说那就削两个县吧。这一次，《史记》说"公卿请削五县，诏削二县"，还是抄录诏书的意见；《汉书》说"请削五县，可二县"，可是允许的意思，那当然是指汉武帝只允许削两个县，还是突出汉武帝的作用。大家看，这三个往返讨论的过程，《史记》始终是以诏书的形式来体现最终意见。而《汉书》却刻意要把汉武帝的作用凸显出来。虽然诏书本身也代表汉武帝的意见，但《汉书》去掉了诏书这道中间工具，直接赞美汉武帝，把汉武帝宽慈的形象给立起来了。

这整个过程，司马光只用了一句话来说明："公卿奏：'安窳阏奋击匈奴者，格明诏，当弃市。'诏削二县。"（《资治通鉴》卷十九）从大臣建议判死刑，直接跳到削两个县，把中间汉武帝怎么爱护刘安的三个往返过程都省略掉了。我们对比一下三部史书，班固是积极塑造汉武帝仁慈宽厚的面孔；相比之下，同样的结论，司马迁称引诏书，不直接点出汉武帝，就显得是在走客观程序，给汉武帝戴了一张官样面具；司马光干脆把这个过程删掉了，这虽然跟《资治通鉴》文笔精简有关，但另一方面也体现了司马光对汉武帝的这番举动似乎没兴趣。司马光为什么没有兴趣？是不是他觉得汉武帝在这里的面孔很虚伪呢？

我们不必急着去找这个答案，刘安的案子并没有到此结束。据相关史书记载，朝廷把削除两个县的结论通知给刘安的时候，刘安感到非常不满，更加积极地准备谋反了。过了三年，也就是元狩元年（公元前122年），一次家庭内讧，又把刘安推上了风口浪尖。

刘安家里面发生了什么事呢？除了前面提到过的刘迁之外，刘安还有个儿子叫刘不害。这两个儿子里面，有王位继承权的是刘迁，因为他是王后生的嫡子。刘不害不是正房太太生的，也不招刘安喜欢，在整个淮南王府中没什么地位。

我们上一章提到汉武帝颁布过一个推恩令，根据推恩令的相关规定，刘不害虽然没机会继承王位，但只要刘安愿意在淮南国的封土里划出一片土地给他，他可以拥有一个侯国。然而刘安没有这么做，没有划一块土地让刘不害做侯。这件事就怨恼了一个人，谁呢？刘不害的儿子刘建，也就是刘安的孙子。如果刘不害不能封侯的话，刘建那更是什么都捞不到。

于是刘建就指使人上告，说刘安、刘迁父子有谋反行为，而且刘建表示，自己愿意出庭作证。由于这个控告，朝廷就把刘安父子作为"谋反嫌疑人"立案调查。这个机会就被刘安的一个仇家抓住了。谁呢？就是辟阳侯审食其的孙子审卿。我们前面讲过，审食其是被刘安的父亲刘长杀死的。现在审卿一看有这么一个替自己祖父报仇的机会，就到案子的主办人员那儿挑唆，要把刘安往死里整。

朝廷最后的调查结论是刘安谋反罪名成立，刘安因此畏罪自杀，刘安的弟弟衡山王刘赐受到牵连，也自杀了，这两个家庭也基本覆灭。

这个案子的结局就是这样。那么，刘安到底有没有谋反行为呢？

我们仔细琢磨一下，这中间有一个重大疑点。什么疑点？根据官方说法，刘安从建元六年（公元前135年）就开始准备谋反，一直到元狩元年（公元前122年）畏罪自杀，连头带尾一共十四年。十四年来处心积虑想造反的刘安，我们最后发现他在这么长的时间跨度内，居然没有正式调动过一兵一卒。汉武帝派去调查的人说，在案件调查的过程中，刘安曾多次试图举兵反抗中央："日夜与左吴等按舆地图，部署兵所从入。"（《汉书·淮南衡山济北王传》）

没日没夜地和手下左吴等人研究地图，讨论军队部署。但结果呢？由于刘安始终犹豫不定，这些计划都被搁浅了。这个说法恰好证明刘安的确没有武装起事的事实。一桩策划了十四年的谋反案，居然没动过一刀一枪，这个情况合理吗？刘安这个人那得光说不练到什么程度啊！

我们再来仔细比较一下《史记》《汉书》《资治通鉴》的相关记载，会发现这三部史书在一个细节的描写上，有很明显的出入。这个细节看似无关紧要，但它却能帮助我们解开这个谜团。

二、一个细节的出入

刘安手下有个门客叫伍被，很有才能。史书上都说，关于谋反这件事，刘安曾经向他咨询。伍被对刘安说："王安得此亡国之言乎？"谋反，你这不是自取灭亡吗？刘安听了这话，勃然大怒，就把伍被的父母给囚禁起来以示威胁。

隔了三个月，刘安又把伍被找来问话。伍被这次显然是有备而来，给刘安摆事实、讲道理，又是列举历史经验，又是分析当下形势，苦口婆心，就是希望刘安能打消谋反的念头。其中伍被就把汉景帝时候七国之乱的情形拿出来作对比，他跟刘安说：当年七国之乱这么大的声势，都失败了，现在你的实力远远不如当年的七国，而中央的实力却比汉景帝的时候更强盛了，你觉得自己有成功的可能吗？

这个分析当然很理性。讲完之后，伍被来了段很感性的结束语："今臣亦窃悲大王弃千乘之君，必且赐绝命之书，为群臣先，死于东宫也。"（《史记·淮南衡山列传》）这里的东宫，指的是淮南王的住所。刘安要是不听从他的劝告，一旦被朝廷侦知这个事情，黄泉路上就要先走一步了。

在伍被说完这番话后，司马迁有一个很生动的场景描写："于是气怨结而不扬，涕满匡而横流，即起，历阶而去。"（《史记·淮南衡山列传》）大家看，司马迁的描写文采飞扬，画面感很强。但请大家再仔细读一遍，你会发现一个问题，什么问题呢？这句话没主语啊！"气怨结而不扬，涕满匡而横流"，这个一腔怨气、满眶热泪的人到底是谁？当时谈话就两个人，伍被说，刘安听，最后谈话结束，这个情绪强烈的人到底是伍被还是刘安？司马迁没点明，但从上下文来分析，这个人是伍被的可能性比较大。

理由有三。首先，前面说话的是伍被，司马迁写到这儿的时候，主语承上省略，这在文法上讲得通。其次，后面还有一句"即起，历阶而去"，这个有一腔悲愤的人走了。因为当时谈话场所是在淮南王的住所，所以伍被讲完之后就走了，符合情理。第三，从前文来看，伍被不想造反，淮南王逼他胁从，还把他父母逮起来了，伍被觉得不仅是自己的前程，连一家人的性命都要毁在淮南王手上了，伍被有理由悲愤。

班固的理解和我们前面分析的一样，他也认为这个一腔悲愤的人是伍被，所以《汉书》里面把这个场景压缩成六个字"被因流涕而起"，明确指出伍被流着泪站起来了。司马光的理解却恰恰相反，他认为当时"气怨结而不扬，涕满匡而横流"的不是伍被，而是淮南王刘安。《资治通鉴》说，当时的情形是"王涕泣而起"，伍被分析完这番形势之后，淮南王哭着站起来了。这就让人不明白了，前文交代的是淮南王逼迫伍被协同造反，伍被不从，他把人家父母给逮起来了。委屈的是伍被啊，有委屈的没哭，想造反的哭什么呢？

那《汉书》和《资治通鉴》的这个差别，有没有触及本质问题？

按《汉书》的说法，伍被说完这番话"流涕而起"，那作为听这番话的刘安又是怎样的呢？那必然是不为伍被语言所动，一条心横到底，还是要造反啊。这样的话，刘安的谋反罪名算是坐实了。

要按《资治通鉴》的说法，伍被说完了，刘安"涕泣而起"，这又说明什么？这说明真正有委屈的、胸气怨结的是刘安啊！他没委屈哭什么？是不是伍被的这番话点中他的心病了？情况会不会是这样：刘安明明知道造反是死路一条，但又不得不铤而走险，现在被伍被这么一说，刘安似乎已经看到了自己悲惨的结局，于是郁结已久的这股怨气再也屏不住了，终于放声痛哭，要把自己的委屈统统哭出来。如果真是这样，那这背后大有隐情啊！

我们常说，作案得有作案动机。如果刘安真想谋反，驱使刘安谋反的动机是什么？汉武帝和当时主办这件案子的官员们对这个问题是怎么看的，他们的解释能不能让我们信服？

三、刘安的"谋反"动机

当时朝廷认定刘安的谋反动机主要有两点：第一点是"时时怨望厉王死"（《史记·淮南衡山列传》）。刘安的父亲淮南厉王刘长，我们前文交代过，因为受到汉文帝的处罚绝食而死。说刘安对自己父亲的死，内心总有些不平，这是促使他谋反的一个重要原因。这一点看上去还算合情理。

第二点说是刘安在太尉田蚡的鼓动下，觊觎皇位。刘安有一次到长安，碰到田蚡，田蚡对他说："方今上无太子，大王亲高皇帝孙,行仁义,天下莫不闻,即宫车一日晏驾,非大王当谁立者!"(《史记·淮南衡山列传》)田蚡的意思是说,汉武帝现在还没有儿子,一旦驾崩,刘安以刘邦亲孙子的身份,继承皇位的希望是非常大的。刘安就把这话听进去了,花重金结交田蚡,蓄养门客,阴谋策划。

这一点,表面看上去也没什么,一个诸侯王觊觎皇位是很常见的贪欲。但再仔细推敲一下,里面疑点很多。我举两个重要的讲。

首先是年龄问题。《史记》说这次对话发生在建元二年(公元前139年),这是汉武帝即位的第二年。当时汉武帝多大?才十七岁。刘安呢?刘安已经四十一岁了!十七岁的汉武帝还没有儿子,然后说四十一岁的刘安大有希望在汉武帝死了以后继承皇位。一个思维正常的人,会觉得这个说法靠谱吗?

这里刘安的年龄是一个关键信息。汉武帝的年龄,史书上有很明确的记载。刘安的年龄,史书上没有直接记载。那我们是怎么知道的呢?是司马迁偷偷告诉我们的。

司马迁在谈到刘安的时候没直接提他的年龄,却把这个信息隐藏在他父亲淮南厉王刘长的传记里。司马迁记载道,汉文帝八年(公元前172年),那时候刘长已经死了,汉文帝就封刘长的几个儿子为侯,那一年刘长的儿子们都是七八岁。这是司马迁告诉我们的看上去很不经意的一笔。从后来刘安继承了淮南王封号来看,他很可能是长子。那么刘安在汉文帝八年时八岁,根据这个,我们就可以推出建元二年的时候刘安四十一岁。

大家看,司马迁表达得非常隐晦,他不是直接说刘安当年八岁,而是笼统地说这哥儿几个都是七八岁,把这个信息埋得很深啊。但是细心的读者,若善于挖掘,还是可以把这些信息挖出来的。所以，司马迁表面上跟官方保持统一论调，但他在一般人不注意的地方埋了个雷，一挖这个雷，所谓官方说法也就不攻自破了。这就是我一直讲的，司马迁对于汉武帝这个时代的很多事情是很有看法的，但他往往不明说，而是拐着弯说。很多时候，研究历史就像破案。我们读《史记》，还真得学点柯南的本事，要想小法把掩藏在假象背后的线索找出来。一旦挖出这个年龄信息，我们就会发现刘安的这个谋反动机很难成立。

班固当然没看过柯南，但他并不笨，显然也看出问题了。所以在《汉书》里，班固把田蚡和刘安发生对话的时间点，即建元二年这个信息给删了。遮蔽汉武帝才十七岁，登基才两年，田蚡和刘安就盼着他死这一不合理的心态。

司马迁是想通过透露关键时间点，把漏洞暴露给我们；班固则反过来，想通过删除关键时间点，把漏洞给隐藏起来。光从这一点，这件案子就大有看头了。

再讲讲对刘安说这个话的田蚡。田蚡是谁？那是汉武帝的亲舅舅啊！田蚡凭什么能当那么大的官，享受荣华富贵？就因为他是汉武帝的亲舅舅啊！现在田蚡为了讨好一个八竿子打不着的淮南王，诅咒自己的皇帝外甥养不出儿子、得早死，田蚡这是傻了吗？

由此可见，这个案子大有蹊跷。那么，还有没有其他线索，可以帮助我们加深对这件案子真相的理解呢？有！

四、《资治通鉴》的建元六年

《资治通鉴》里也有一个地方能帮助我们加深对这个案子的

认识。前面一开始我就讲到，据说早在建元六年，刘安就开始积极准备谋反了。恰恰是在记载建元六年这一年大事的时候，《资治通鉴》向我们介绍了一个和谋反案里完全不一样的刘安。

这一年，南方的两个小国发生冲突，闽越国攻打南越国，南越国向汉朝求救。汉武帝决定调动大批军队，帮助南越王摆平这件事。刘安听说之后上疏劝谏汉武帝说，闽越、南越都是化外之地，对汉朝来说无关紧要；而这两年国内农业收成不好，老百姓的生活很贫苦，现在要千里行军，发动这么一场没有意义的战争，老百姓不仅要送男丁参军，还要负责提供、运输粮食，无疑是给经济本来就已经拮据的百姓们雪上加霜啊！所以刘安劝汉武帝不要打这一仗。

这里面刘安有一句话非常关键："陛下临天下，布德施惠，天下摄然，人安其生，自以没身不见兵革。"（《资治通鉴》卷十七）刘安说，他有幸生活在这个太平盛世里面，本以为一辈子也见不到战争了。前面半句是给汉武帝戴高帽子，刘安真正想说的，是希望天下太平，不希望看到战争。

首先，刘安在这里的形象和谋反案中招兵买马、积极准备叛乱的形象判若两人。我们很难把这个关注民生、爱好和平的刘安和谋反案中性格顽固、一心造反的刘安画上等号。那么哪个刘安才是真刘安呢？

其次，我请大家设身处地地想一想，如果你是刘安，你想造反，现在国内农业歉收、百姓生活不安定，汉武帝却要冒险打这一仗，你会怎么对待这件事？那当然是让他打啊，打得越热闹越好，这样你就更有机会啊。鹬蚌相争，渔翁得利。刘安真想造反，他会想不到这一点吗？

把谋反案里的刘安和《资治通鉴》建元六年里的刘安进行对比，反差太大了，大到令人吃惊。现在再回过头来思考前面提出过的问题，司马光为什么说在刘安和伍被那次对话结束之后，悲愤哭泣的是刘安，看来司马光不是随便写的。

司马光说，伍被给刘安分析谋反的结果必然是失败，一肚子委屈的刘安开始悲愤泣涕。又说刘安是一个关注民生、热爱和平的人，建元六年劝谏汉武帝不要出兵讨伐闽越就是最好的证据。把这两件事放在一起考虑，司马光很明显是在告诉我们，关于刘安谋反案，我们不能相信汉武帝和他的办案官员们的一面之词。

再结合前面分析过的，司马迁把刘安的年龄告诉了我们，让我们知道刘安想取代汉武帝的谋反动机不成立。班固肯定也察觉到了这个问题，四十一岁的刘安等着继承十七岁的汉武帝的皇位，这太说不过去了，为了帮着弥补这个漏洞，班固删掉了非常关键的对话时间点。这其实说明，班固也知道刘安谋反案是不成立的。

五、刘安受打击的真正原因

分析到这一层，我想真相可以浮出水面了。真相只有一个，刘安是被冤枉的！刘安谋反是一桩冤案，那么汉武帝制造这桩冤案的动机又是什么呢？

首先我们能想到的是，这桩冤案体现了西汉中央政府打击诸侯王势力的一贯方针，淮南王父子刘长、刘安都是这个方针的牺牲品。但刘安这个案子震动尤其大，前后受牵连被诛杀的有一万多人。那么，汉武帝为什么会选择刘安作为重点打击对象呢？

有一个更重要的原因，刘安喜欢养门客，手下搜罗了一大批能人志士。前面提到过的伍被、左吴都是其中比较优秀的。在汉武帝统治的早期，权贵们豢养门客还是很流行的做法，这个传统是从战国时期流传下来的，最著名的就是战国四公子，赵国的平原君、齐国的孟尝君、魏国的信陵君、楚国的春申君，门客动辄几千人，势力非常强大，各国国君对他们都要忌惮三分。

刘安很有当年四公子的风范，《汉书》说他"折节下士，招致英隽以百数"，身边聚集了几百名各种各样的优秀人才。但站在中央政府的立场来看，一个诸侯王，把这么多能人召集到身边，想干什么呢？有这样一批人辅佐，如果要反对中央的话，岂不是如虎添翼？这是中央政府不得不防的。

班固在《汉书·游侠传》里面提到一句话，点破了汉武帝猜忌刘安的真正原因："自魏其、武安、淮南之后，天子切齿，卫、霍改节。"这句话怎么理解呢？魏其侯窦婴和武安侯田蚡都是汉武帝早年的丞相，他们和淮南王刘安一样，都喜欢养门客，身边高手如云、人才辈出。他们的势力越大，就越让汉武帝没有安全感。汉武帝对这个事情甚至痛恨到咬牙切齿，所以窦婴、田蚡、刘安这三个人的下场都不怎么好。

这句话里的"卫、霍"指的是汉武帝时期抗击匈奴的名将卫青和霍去病。卫青和霍去病为了避免重蹈刘安的覆辙，都不再豢养门客了，也不培植自己的势力，这样汉武帝才有可能放心地任用他们、扶植他们。

我倾向于认为，刘安谋反是一桩冤案。但我们也不能简单地从汉武帝个人的好恶，以及他和刘安之间的矛盾来解释这件事。应该看到，汉武帝背后，是日益强大的中央集权需求，而刘安的政治态度仍然倾向于认可分封的合理性，这就势必导致两人之间的冲突。刘安留下过一部主编著作《淮南子》，其中就赞扬了《老子》弱国寡民、清静无为的政治思想。这一思想，和汉武帝力主建立积极有为的皇权政治，显然是格格不入的。所以，从本质上讲，这一冲突是皇权扩张的历史大势使然。

第三章　布衣之侠郭解之死*

打击刘安，只不过是汉武帝"内强皇权"的步骤之一，对于汉武帝来说，刘安并不是皇权唯一的障碍。那么除了刘安这样的人物之外，还有哪类人也是汉武帝需要清除的？汉武帝又是用怎么样的手段来对付他们，这和他处理刘安案件有没有相似性和关联性？

一、郭解其人其事

《资治通鉴》在汉武帝元朔二年（公元前 127 年）这一年里记载了一件事：在汉武帝的亲自指挥下，政府查处了一个叫郭解的人，最后判了他死刑。司马光不仅把这件事的关键情节都交代到了，还长篇累牍地引用了班固和东汉末年著名学者荀悦的相关评论来讨论这件事，前后加起来千余字。这背后隐藏着什么样的玄机？

《资治通鉴》以文笔精练著称，汉武帝在位五十四年，《资治通鉴》只用了六卷，平均一卷得讲九年，每卷最多也就一万字

---

*关于汉代民间游侠问题，有兴趣的读者可以参考日本学人增渊龙夫的文章《汉代民间秩序的构成和任侠习俗》，载《日本学者研究中国史论著选译（第三卷）》，中华书局 1993 年初版，第 526—563 页。

左右。九年时间，在《资治通鉴》里用一万字就讲完了，这文字得多精简！所以，《资治通鉴》的编纂有一个"潜规则"——不是对国家政治、社会民生有重大借鉴意义的人物和事件，一般不予录取。像李白这样的大腕，《资治通鉴》愣是没提一个字，可见取舍之严谨。郭解这样的人物，怎么能跟李白比？他只不过是当时在民间有一定影响的侠客，这样一个小人物，汉武帝为什么要亲自出面处理他？《资治通鉴》又为什么要花千余字的篇幅来讨论他？

郭解是河内郡轵县人，这个地方今天属于河南省济源市。郭解的父亲，在汉文帝的时候就是一名侠客，后来犯事被朝廷诛杀了。可能是受到家庭环境的熏陶，年轻时候的郭解，虽然个头矮小，但也喜欢仗剑任侠，一脸杀气，"借交报仇，藏命作奸"，呼朋引类，有仇必报，藏纳亡命，作奸犯科。（《史记·游侠列传》）除此之外，私造货币、挖人祖坟这类事也没少干。但年长以后，郭解改了，开始检点自己的行为了，"折节为俭，以德报怨，厚施而薄望"（《史记·游侠列传》），变得比较谦恭节俭，而且能做到以德报怨，给予别人帮助之后也不期待回报。有点做老大的派头了。

关于成年以后的郭解，《史记》《汉书》记载了一些比较典型的事件。比如郭解的姐姐有个儿子，仗着郭解的势力，做事比较霸道。有一次强行灌别人喝酒，结果惹怒了对方，对方"拔刀刺杀"，把他给杀了。对方一看出人命了，就赶紧逃了。郭解的姐姐不干了，和郭解说：你的外甥，就让人这么给杀了，凶手都抓不住，郭解你以后还怎么混啊？于是把儿子的尸体往路边一扔，不葬了，想用这个办法来羞辱、刺激郭解。

郭解在暗地里打听到了凶手的藏身之处。这个凶手也感到比较窘迫，他知道郭解有势力，惹不起，最后只好跑到郭解那里自首。结果郭解却对他说，这个事情不怪你，是我们家小孩不对，"公杀之固当"，甚至还说他杀得对，说完就把凶手给放了。然后郭解自己出面，把外甥收葬了。这个处理结果，让很多人都很佩服郭解，即便是亲外甥被人杀了，也能理清是非曲直，不偏袒。此后不仅信任郭解的人越来越多，更有很多人来投靠、依附他，形成了一个以他为核心的社会团体，郭解在当地的势力越来越大。

但是从社会治安的角度看，郭解处理这件事的方法是有问题的。这是桩命案，该如何处理，应该由政府相关部门承担调查责任，司法介入进行处理。作为亲属，你怎么看这件事的是非曲直，你能不能原谅凶手，那是另外一回事，不应该影响法律程序的推进，更不应该擅自处理。但在郭解处理这件事的过程中，我们没有看到任何司法力量的干预，这说明什么？说明在当时的社会上，政府和法律不一定能起到有效的管理作用，而像郭解这样的人，很多时候说话比政府发声还管用。

所以像郭解这样的人，既因为有处理纠纷的能力而享有盛誉，同时也让普通老百姓感到一丝惧怕。百姓怕官府，而他居然比官府还厉害。于是在郭解的家乡，就出现这样一种情况："解出入，人皆避之。"（《史记·游侠列传》）只要一看到郭解，人们都自觉让路，躲得远远的。但偏有人不信邪，有这么一个人，见到郭解，居然"箕倨视之"，坐在那儿，两条腿往前岔开，像个簸箕似的，这在古代是一种很傲慢的待人方式，非常没有礼貌。郭解的手下非常气愤，当场就想把这个人给杀了。大家注意这个细节，对方这么做固然很没有礼貌，但也不至于为了这点事杀人啊，这就足以证明郭解在当地的威势！但郭解还是识大体的，阻止了手下，暗中问了这个人的姓名。郭解问他的名字，是不是想打击报复呢？恰恰相反，郭解说："居邑屋至不见敬，是吾德不修也。"（《史记·游侠列传》）在本乡本土被人不尊重到这种程度，说明是自己的品德不行，于是郭解就要"修德"。怎么修呢？古代的时候，老百姓要为政府服徭役，就是为国家义务劳动。根据汉武帝时候的规定，一般每个壮丁一年里面要义务劳动一个月。郭解就跟当地管事的官吏打招呼，说轮到这个人服役的时候，就跳过去，不要让他承担徭役。得罪郭解的这个人一开始很奇怪，眼看着就轮到要去服役了，怎么官府不找他呀？几年下来都是这样，后来才知道，原来是郭解在暗地帮他。这个人很感动，之前对郭解这么不尊重，他不但不记恨，还帮助自己。于是就跑到郭解那儿去谢罪，表示要尊重他。

这个故事很有意思。对于郭解来说，这是以德报怨，通过这样的举动又一次赢得了别人的尊重。但再仔细想一下，这里还是有问题。大家轮流服役，本来是一项制度。郭解一句话，这个曾经得罪他的人就不用去履行这种义务了，这是对制度的破坏啊，对其他百姓来说也不公平，他凭什么享受特权呢？这件事上，郭解虽然立了德，但他立的是"私德"，却破坏了"公义"。

通过这两个故事，大家可以看到，郭解虽然只是一介布衣，但在当地权威很大。他自己具有一定的品格，能得到大家的信任，也具有解决问题的能力。用班固的话讲："权行州域，力折公侯。"（《汉书·游侠传》）在本地有很大的势力，甚至超过公侯。

郭解这个人物，《史记》和《汉书》都是把他放在《游侠传》里叙述。按照司马迁的分类，郭解属于布衣游侠的典型。那么游侠这个社会群体是由哪些人构成，他们具有哪些基本特征？这个群体的行为，和政府倡导的社会秩序之间又存在什么矛盾？这都是需要仔细分析的。

二、游侠群体及其特征

"游侠"这个群体，从战国一直到汉代，都非常活跃。司马迁在《史记·游侠列传》里面把这类人分成两大类，一类是卿相之侠，一类是布衣之侠。

卿相之侠，最著名的就是战国四公子。而权贵豢养门客的风气，一直延续到汉武帝时代，我们上一章谈到的淮南王刘安，就是汉武帝时代典型的卿相之侠。

另一类布衣之侠，在汉代初期尤其多，郭解就是其中非常典型的一位。从"布衣之侠"这个名称上我们就能看出来，郭解这样的人，在政治地位上跟战国四公子、淮南王刘安是没法比的，只是一介布衣。但他们也在自己身边聚集了一批人，在社会上形成了自己的势力。

不过收养门客、形成自己的势力集团，并不是游侠最核心的特征。那么他们最核心、最根本的特征是什么呢？司马迁曾经总结过，无论是卿相之侠还是布衣之侠，他们都有一个特点："其言必信，其行必果，已诺必诚，不爱其躯，赴士之厄困。"（《史记·游侠列传》）言必信、行必果，一诺千金，为了帮助别人解决困难，甚至可以不惜自己的生命。这才是游侠的真精神。

在卿相之侠中，最典型的事例，就是战国时代的信陵君窃符救赵。秦国攻打赵国，把赵国首都邯郸给包围了，情况很危急，赵国向魏国求救，魏王惧怕秦国的势力，不敢救。魏国的信陵君和赵国的平原君交情不浅，为了挽救赵国，信陵君托人盗出了魏王调动军队的兵符，指挥军队解救了赵国。这个事情里面，虽然信陵君不至于付出生命的代价，但做完这件事，信陵君也不敢回到魏国去了。信陵君为了朋友义气，背上了背叛国君的罪名。

在皇权政治已经确立的汉代，郭解这样的布衣之侠，当然不可能像战国四公子那样，凭借着自己强大的政治优势替人排忧解难。但郭解在社会上也有自己的活动空间，可以凭借自己的社会威望替人解决纠纷。

当时洛阳有两户人家，互为仇家，因为一些过节，即将发生冲突，形势比较严峻。当地很多有名望的人都来调解，前前后后来了十几位，都没能把这个事化解掉。这种情况下就有人想到郭解了，专门把郭解从轵县请到洛阳来调停。经过郭解这么一调解，双方还真把姿态给放下来了，答应郭解，同意和解，不搞报复行动了。别人讲不下来的事情，郭解一出马，立马摆平，可见郭解这个人有多厉害，声望有多高。但这还不是故事的高潮部分，高潮还在后面。郭解一看事情解决了，就对当事人说：这件事洛阳本地这么多有名望的人都来调解过，你们都没给面子，现在我一个外地人跑过来一调解就成功了，这话传出去，那些洛阳大佬多没面子啊！我呢现在连夜就回去了，你们也别对外宣称我已经把这件事调停下来了，就装作这事还没完，改天洛阳本地的闻达贤人再来调解的时候，你们借坡下驴，当众再和解一次，也算是给那些大佬们一个面子。

我们把信陵君和郭解这两个故事放在一起考量一下，一方面想望他们的风采，无论是作为卿相之侠的信陵君还是作为布衣之侠的郭解，都非常有个人魅力。信陵君为了成全和朋友的交情，可以放弃自己的一切。郭解成功地调解了一桩高难度纠纷，却又谦逊退让、功成不居。两个人的品德都非常高尚。

再一方面，这两件事又有另一个共同特征，那就是解决问题的手段，都不是走常规途径。信陵君不仅违背了国君的意愿，而且偷窃兵符，擅自调动军队作战，这些行为，无论在哪个时代，都是非常严重的罪行。

郭解调解洛阳纠纷也一样。这个事情为什么要叫郭解去解决？这说明政府的法令在这件事上无能为力，也说明当时社会上有不少人并不认可政府的法令。郭解之所以能把这样的事情调解下来，说明这些人在价值立场、处事原则上对郭解有认同感，信任郭解。在这种信任和被信任之间，形成了一种政府法令体制之外的社会矛盾解决机制。用今天的话讲，这些都是"体制外"人士。

我们今天的重点是谈郭解，活跃于汉武帝时代的这么一位典型的布衣之侠。他有自己的处世原则，也有自己处理事情的一套方法，不受政府法令约制。由于他的威望和势力，地方上形成了一个以他为中心的民间秩序。在这个秩序里面，用来解决纠纷的方法和原则，并不是政府的法令法规，而是由郭解这样的强势人物主导的、独立于政府法规之外的价值观、情理观。这套方法，很多时候的确行之有效，从我们刚才举的几个例子就可以看出来。但另一方面，由于它对政府法令的藐视，就难免和政府倡导的国家秩序形成尖锐的冲突。

这很容易让我们想起金庸笔下那些远离庙堂、行走江湖的英雄儿女，鲜衣怒马，快意恩仇。这些人有自己的是非标准，也有自己处理问题的手段，比如劫富济贫、惩恶扬善，很多侠义行为让我们拍手称快。但是这些行为往往都在政策法规允许范围之外，江湖规矩和国家法规总是存在着不可调解的矛盾。侠士杀一个恶贯满盈的匪徒，这样的行为固然符合道义，但用法治眼光去看，那也是法外杀人，既是对法治的伤害，也是对政府权威的挑战。从这个角度我们可以理解，郭解这样一个人物，为什么会引起汉武帝的关注，并要亲自下令调查。

三、汉武帝眼中的郭解

中国古代的皇帝，很多都是刚即位就开始替自己造陵墓，汉武帝也是，从建元二年（公元前139年）开始，到元朔二年（公元前127年），造了十二三年，这个陵墓粗具规模了。汉武帝的陵墓叫茂陵，离西安不远。

汉代的传统，一个陵墓建成，就要迁徙一批人到这个地方，把这个地方充实起来。但这些迁徙人口不是随便挑的，往往是那些在自己的家乡有一定势力和影响力的人。为什么要把这些人迁走？其实这是中央政府控制地方社会的一种手段。因为这些人在地方上的影响力很有可能影响到政府在当地的权威，而且他们有纠合群众反抗政府的潜在能力。

借着茂陵初成的契机，就有人向汉武帝建议，要把三类人迁徙到茂陵附近。哪三类人呢？一是"天下豪杰"；二是"兼并之家"，也就是有能力吞并他人田产的人；三是"乱众之民"。出这个主意的是谁呢？又是主父偃。他是汉武帝在解决诸侯王问题上的重要代理人。为什么这一次又是他？这当然不是巧合，这说明迁徙地方上的强势人物充实茂陵和打击诸侯王势力这两件事，在本质上是一样的，都是汉武帝加强皇权的重要手段。

汉武帝根据主父偃的意见，定了一些迁徙标准，其中有一条是家产达到三百万的，要被列入迁徙范围。在汉代前期，家产十万就是中产之家了。家产三百万，那是巨富啊。这样的巨富在地方上肯定势力很大，所以汉武帝要迁徙他们。

根据这个标准，郭解的家产不够这个数。但郭解在地方上的影响力，那可是远远大于拥有三百万家产的人啊。地方官吏就把郭解也列入迁徙名单了。为了这个事，大将军卫青亲自到汉武帝那儿替郭解说情，说郭解家里很穷，不符合家财三百万这个标准，应该不在被迁徙之列。汉武帝说了一句话："解，布衣，权至使将军为言，此其家不贫。"（《资治通鉴》卷十八）郭解一介布衣，居然能让大将军亲自为他说情，看起来家里不穷，所以汉武帝断然要把郭解迁徙走。这大概是郭解第一次进入汉武帝的视野。

郭解往长安方向走，一进函谷关，"关中贤豪知与不知，闻其声，争交欢解"（《史记·游侠列传》）。所谓贤豪，也是当地有名望、有势力的人物，这些人不管以前认不认识郭解，都争着和他结交、欢聚。你看郭解这人气、这影响力，关中，那已经是天子脚下了，郭解还能受到这样的热捧！

在郭解老家，主张迁徙郭解的地方官吏姓杨，就在官府迁徙郭解前后，郭解手下把杨家父子都给杀了，算是替郭解出气。杨家人到长安告状，郭解的人就在汉武帝的宫门之外把上京告状的人杀了。天子眼皮底下啊，敢这么做，得有多大的胆魄。

于是郭解再一次进入汉武帝的视野，"上闻之，下吏捕治解"（《资治通鉴》卷十八）。汉武帝亲自下令，要把郭解捉拿归案！郭解被捕以后，经过审讯，又翻出不少旧底子。郭解从小仗剑行侠，成年以后又形成了自己的势力集团，犯过的事情肯定不在少数。其中重点查处的有这么一件案子，当年郭解还在轵县老家的时候，有一位儒生批评郭解"专以奸犯公法"，说他奸猾，凭着自己的势力破坏法制。就因为这么一句话，郭解的手下就杀了这位儒生，并且把他的舌头给割下来了，非常残忍。但这件事郭解确实不知情，而且他手下众多，也不知道到底是谁干的。办案官吏说，那这个事情不能怪郭解。当时主管刑罚的御史大夫公孙弘就说了一句："解布衣为任侠行权，以睚眦杀人，解虽弗知，此罪甚于解杀之。"（《史记·游侠列传》）郭解一个平头百姓，有这么大的权势，因为这么一点小事，就有人自动替他出头杀人，人虽然不是他杀的，但这比他自己动手杀人还要严重。最后汉武帝同意公孙弘的意见，不仅判了郭解死刑，还诛灭了他的家族。

这么大一个国家，杀人越货的事情每年都有不少。郭解的案子，却需要汉武帝反复出面，亲自指示。难道身为一介布衣的郭解和贵为天子的汉武帝之间，还有什么不可调和的矛盾吗？

四、对郭解之死的不同看法

郭解，一个河南平民；汉武帝，身处禁宫大内的大汉天子，看上去他们的生活不会有任何交叉点。要说他们之间有不可调解的矛盾，似乎也是匪夷所思的事情，但这矛盾的确存在。

汉武帝为了加强皇权、加强国家控制力，把郭解这样在地方上有强大影响力的人物迁徙到茂陵。但在迁徙的途中，郭解仍然受追捧，反而更体现出这些地方豪强的影响力。郭解手下又对与迁徙郭解有关的官吏下毒手，这分明是在向皇权示威！

皇权在本质上是一种绝对权力，具有强烈的排他性。汉武帝这样具有强烈皇权意识的帝王，不会允许皇权之外的权力存在。

对于一切妨碍皇权的力量，汉武帝都给予了无情的打击。我们上一章讲的淮南王刘安，是汉武帝在加强皇权过程中抓出来的权贵典型，那么郭解则可以说是民间领袖的典型。而刘安和郭解，恰恰分别代表了汉武帝时代的卿相之侠和布衣之侠。

从郭解身上我们看到，游侠是一个复杂的社会问题。郭解虽然是个小人物，但他关系到的是皇权和国家秩序的大问题。这样就不难理解我们这一章一开始提出来的那个问题：以文笔精简著称的《资治通鉴》，为什么会花这么多篇幅来讨论郭解这个人物？

站在我们今天的立场来看，很容易看到郭解这类人物的两面性。一方面，这类人凭借着自己的能力和威信，建立了一套解决民间纠纷的模式。当郭解到洛阳调解纠纷的时候，他是在维护社会治安。但另一方面，他们处理纠纷的方式，很多都是法外行为，有时候甚至极端到要靠杀人来解决问题，这又是在破坏社会治安。当这种力量发挥维护社会治安作用的时候，我们看到的是民间社会的活力。而当这种力量突破法律界限、越轨犯事的时候，我们看到的是社会治安的隐患。正因为如此，游侠这类人的存在，是正面意义更大，还是负面意义更大，不同的历史学家有不同的看法。

第一次将游侠作为重要的社会群体进行描述的是《史记》。《史记·游侠列传》里，对这些民间英雄们充满了景仰之情，对一诺千金、重义轻死的侠客生活，也充满了向往。[1]《史记》里说，像郭解这样的人物，"虽时扞当世之文罔，然其私义廉洁退让，有足称者"（《史记·游侠列传》）。意思是说，这些人虽然在处理问题的时候会触犯法律，但作为个人来说，有廉洁退让的品德是值得称道的。

---

[1]关于《史记·游侠列传》是司马迁的作品，还是司马迁的父亲司马谈的作品，学者间有不同意见。所以，我们在这里就笼统地提《史记》。

所以在描写郭解的时候，《史记》强调了他虽然是"体制外"人士，但却努力和官府搞好关系的一面："执恭敬，不敢乘车入其县廷。"（《史记·游侠列传》）对待官府非常恭敬，不敢乘车进入县衙。

在汉武帝处理郭解这件事上，《史记》虽然没有对汉武帝的行为作出什么评论，但为郭解辩护的姿态是非常明显的，想尽量突出郭解给这个社会带来的正面效益。而且司马迁或他的父亲司马谈，应该还见过郭解本人，所以《史记》里还说郭解这个人虽其貌不扬，却能有这么大的威望，的确令人赞叹。

同样对于这个问题，《汉书》的态度就不一样了。《汉书》里也有《游侠传》，专门记载郭解这类人物。但《汉书》在谈到郭解的时候，强调的是他给这个社会带来的负面影响。《汉书》提到一个细节，郭解家经常有豪强"夜半过门"，半夜里到他家聚会。《汉书》为什么要突出半夜这个时间点？就是要指出，他们的活动有很大的非法性，所以要放在半夜。班固说，像郭解这样的人，"以匹夫之细，窃生杀之权，其罪已不容于诛矣"（《汉书·游侠传》）。生杀大权，本来应该由天子掌握，由朝廷法令掌握。郭解作为一个匹夫，居然也能操动地方上的生杀大权，那简直是罪不容诛。

所以在这个问题上，《汉书》和《史记》最大的区别就在于，《汉书》是积极支持汉武帝以皇帝的权威来统一社会权力的，赞成汉武帝打击郭解；《史记》却对皇权以外的这些民间力量充满同情。

他们对郭解的不同态度也折射出不同的汉武帝形象。在《史记》的语境中，汉武帝为了加强皇权，扼杀了这股鲜活的民间力量，那是铁腕冷血的。而《汉书》中的汉武帝，为维护社会秩序付出了努力，那是英明果断的。司马光对这件事没有发表自己的评论，却在《资治通鉴》中大量引用了《汉书》的观点，而没有体现《史记》赞叹游侠的立场。这说明在这个问题上，《资治通鉴》和《汉书》的立场是一致的，也是政府权威体制的拥护者。

我们在序章中就分析过，在整体上，《资治通鉴》的作者司马光对汉武帝的看法，和《汉书》作者班固是截然相反的，他们描绘出来的汉武帝的面孔是完全不同的。但在处理郭解这件具体的事情上，司马光和班固的观点却非常一致。这说明我们在讨论不同历史学家笔下的汉武帝时，不能用机械化、简单化的眼光去看问题，而是要深入分析每一个值得注意的细节，这样才会得到更深刻的认识。

第四章 罢黜百家 独尊儒术 *

打击淮南王刘安,是在消除分封势力的道路上为皇权扫清道路;打击郭解,是在收拢社会权力的道路上为皇权扫清道路。通过这两件事,汉武帝强调地方和中央步调要统一,社会和政府步调要统一。对于加强皇权来说,还有另外一件非常重要的事情:思想要统一。思想不统一,步调就很难统一。那么汉武帝在统一思想上又有哪些举措?其效果又如何呢?

一、关于一个常识的争论

谈到要确立怎样的统治思想,大家都能想到"罢黜百家,独尊儒术"。汉武帝在位初年,就听从当时著名儒家学者董仲舒的意见,把其他各家各派的学说统统退黜,单单推崇儒家学说。这个说法在今天已经是一种常识了,几乎所有教科书里都是这么写的。但事实是这样的吗?

《汉书》说:"孝武初立,卓然罢黜百家,表章《六经》。"六经是指儒家最重要的六部经典:《易》《书》《诗》《礼》《乐》《春秋》。这意思是说,汉武帝刚一即位,就屏退其他各种思想,

* 本章内容重点参考了朱维铮师《儒术独尊的转折过程》一文中的思想,该文载朱维铮师《中国经学史十讲》,复旦大学出版社 2002 年初版, 第 65—95 页。

推崇儒家学说。这里班固用了一个词——"卓然",说明班固认为汉武帝的这一举动是非常伟大的。另外,班固还在《汉书》里专门立了一篇《董仲舒传》,介绍这位向汉武帝倡议"独尊儒术"的学者。班固的这个观点,和我们前面介绍过的现在人的一般认识是相同的。或者说,我们今天很多人相信汉武帝曾经采纳董仲舒的意见"罢黜百家,独尊儒术",主要是受班固影响。

我们再看《史记》,同样是谈到刚即位的汉武帝的思想倾向,司马迁却说:"今天子初即位,尤敬鬼神之祀。"按司马迁的这个说法,汉武帝相信的哪里是什么儒家学说,他最感兴趣的是搞鬼神祭祀这套。《论语》里面记载过孔子一句话,"敬鬼神而远之",又说"子不语怪力乱神",对于鬼神的问题,孔子是敬而远之、避而不谈的。如果汉武帝热衷于相信鬼神这一套,这态度和孔子正好是相反的,那怎么会诚心推动真正的儒家学说呢?司马迁和班固的意见,很明显不一致。而且司马迁也没有给董仲舒单独立传,只是在《儒林传》里简单介绍了董仲舒的生平,我们数一数,也就三四百字,非常简短,压根没提他向汉武帝建议"独尊儒术"这件事。董仲舒是司马迁的老师,如果老师有这么一桩露脸的事,做学生的为什么不把它记下来?这又是一个疑问。

那么《资治通鉴》呢?《资治通鉴》从第十七卷开始写汉武帝的时代,出场的第一个人物就是董仲舒,描写的第一件事情就是董仲舒给汉武帝提意见。在司马光笔下,董仲舒提了"独尊儒术"的建议了吗?提了,董仲舒说"诸不在六艺之科、孔子之术者,皆绝其道,勿使并进",这句话简单概括一下,也就是"罢黜百家,独尊儒术"的意思。但至于汉武帝有没有接纳并且实行这个建议,儒学是不是经这么一提就真的发扬光大了,司马光没有更多的评论。

正因为《史记》《汉书》和《资治通鉴》在这个问题上的陈述是相互矛盾的，所以今天也有学者对汉武帝"独尊儒术"这个问题提出过质疑。既然班固说有那么一回事情，必然事出有因。而司马迁和司马光又都有不太一样的看法，也必然有他们的道理在里面。那么围绕着"罢黜百家，独尊儒术"这个口号，当时到底发生过哪些事情？我们又该如何来理解这些事情？

二、统治思想与宫廷政治

我们先把三位史学家的争论放一放，回到汉武帝的思想建设这个话题上来。那么在汉武帝继位初期，统治思想上遇到了什么问题？

统治思想必然和当时的政治、社会实际情况紧密相连。在汉武帝继位以前，他的祖父汉文帝、父亲汉景帝时代，统治者关注的重点是什么呢？从秦末战争一直到汉文帝登基以前，三十年间，整个国家和社会可以说没有消停过，老百姓的生产生活遭到很大的破坏。所以汉文帝登基以后，以"清静无为，与民休息"为指导思想，像营造宫殿、对外拓张、皇帝巡游这类事情基本不干了，没有太多的国家行为干扰百姓的生产生活，这叫"不折腾"，而且国家把税率放得很低，农业生产三十税一，也就是抽取三十分之一作为税额。这些举措旨在让老百姓安心于生产生活，积累民间财富，恢复社会元气。这套统治策略非常有成效，它的核心思想其实是老子提倡的"无为而治"，这种思想在当时被称为黄老学说。

那么黄老学说也可以说就是汉文帝提倡的统治思想了。汉文帝的这个思想，不仅影响了当时的社会，还影响了他的皇后窦氏，她也对黄老学说情有独钟。由于这个原因，在汉文帝去世以后，被尊崇为太后的窦氏还是用黄老学说指导她的儿子汉景帝，"景帝及诸窦不得不读《老子》尊其术"（《汉书·外戚传》）。诸窦就是指窦太后的兄弟、侄子们，这些人和汉景帝都被迫学习《老子》。这被迫学习是什么滋味，我们很多人有体会。

汉景帝的时候，黄老学说作为统治思想，其实已经不能完全适应形势了。比如七国之乱发生的时候，要用清静无为来对付，恐怕对付不下来。但黄老思想在社会生产上还有一定的适用性，汉景帝需要继续靠它来发展经济、安定社会；另一方面，碍于母亲的权威，汉景帝也不能公然表示对黄老学说的厌倦。所以在汉景帝时期，统治思想没有太大的调整。

到了汉武帝登基的时候，这位窦太后还活着，这就升级为太皇太后了，她是汉武帝的祖母。当时这位老太太眼睛虽然失明了，但权力欲依然很强，喜欢干预外廷政治。汉武帝经常要到祖母那儿汇报情况。窦太后当然也是用黄老思想来指导汉武帝工作。但这个时候，窦太后再把黄老思想抬出来，就不是单纯的思想问题了。皇帝都已经换了两茬，一个身处深宫的失明老太太，靠什么来把握政局、掌控权力呢？黄老思想就成为窦太后的一大法宝。为什么这么说？因为当年积极倡导黄老无为政治的，是窦太后的丈夫、汉武帝的祖父汉文帝，窦太后把这个学说拿出来，就意味着秉承了先帝的遗训，她所做的、她对汉武帝的指导，那是体现先帝的遗志，所以汉武帝得听她的。也就是说，黄老学说这个时候就变成了窦太后控制汉武帝、控制政局的一道护身符，而这道护身符上依附着汉文帝的幽灵。

年轻的汉武帝被这位老祖母这么压着，心里是什么滋味，我们先不去管它。有句古话叫"一朝天子一朝臣"，对于窦太后的做法，即便汉武帝能忍，也已经有人不能忍了。不能忍受的代表人物是谁呢？汉武帝的舅舅田蚡。

田蚡和汉武帝的母亲王太后是同母异父的姐弟。汉武帝刚即位的时候，就把两个舅舅封为侯，其中田蚡是武安侯。当时的汉武帝只有十六岁，这背后当然是他母亲王太后的意志。从这件事就可以看出来王太后和田蚡这姐弟俩也是很有野心的人，都不是省油的灯。本来如果没有窦太后的话，田蚡凭着帝舅之尊的身份，马上可以飞黄腾达。而现在实权掌握在窦太后手里，朝野内外还有窦太后的很多亲戚、心腹，田蚡一下子想出头，很难。为了自己的地位、前程，田蚡决定还是要尝试着跟窦太后叫个板。那么，田蚡会从哪个问题入手呢？

三、儒学和黄老术的初次交锋

窦太后既然是利用黄老思想控制汉武帝和政局，田蚡也打算在统治思想上做文章。

田蚡要在统治思想上做文章，便把改变统治思想作为夺权的第一步，但是他拿什么来取代窦太后坚持推行的黄老学说呢？在黄老学说之外，还有哪一家的学说能比儒家学说更有社会影响力呢？儒家积极有为的入世精神，恰好和黄老学说的"清静无为"针锋相对。"天行健，君子以自强不息"（《周易·乾卦》），这样的学说，对年轻气盛、试图有所作为的汉武帝更有吸引力。

在正式发动攻势之前，田蚡先拉拢了一个人。谁呢？当时的丞相窦婴。

窦婴是窦太后的侄子，属于从小被窦太后强迫着学习《老子》的"诸窦"之一。照理说，窦婴应该是窦太后阵营的中坚人物，应该是坚定支持窦太后的，为什么会被田蚡拉拢呢？

窦婴这个人比较耿直，在汉景帝还在世的时候，曾经因为皇储的问题，得罪过窦太后。窦太后很希望汉景帝能把皇帝的位置传给弟弟梁王刘武，这个刘武是窦太后的小儿子。在这件事情上，窦婴坚决反对，说"父子相传，此汉之约也"（《史记·魏其武安侯列传》），皇位传承的一般规则是父子相传，兄弟相传的确容易造成很多问题。但窦婴的直率把窦太后得罪了。

窦太后盛怒之下，曾一度削除门籍上窦婴的名字。门籍上有名字，方可相对自由出入宫禁。列入名单的当然都是跟皇帝、太后关系非常密切的人，窦太后把窦婴的名字删掉了，这几乎等于说：你不要来见我了，我没你这个侄子。后来窦婴能够东山再起，一方面是汉景帝的暗中照顾，另一方面也是凭着自己的才能在平定七国之乱中立了功。后来窦婴和窦太后之间关系有所缓和，但这当中总归有一点心结。

除了这个原因之外，我们刚才说过，因为窦太后爱好黄老学说，窦婴从小被迫研读《老子》。不知道是不是出于逆反心理，窦婴后来对儒家学说表现出一定的兴趣。于是田蚡就拉着丞相窦婴一起，向朝廷举荐了两名儒生：一位叫赵绾，推举他做御史大夫，当时的御史大夫相当于副丞相，地位很高；另一位叫王臧，担任郎中令，负责皇帝的侍从、保卫工作，也是很重要的职位。

田蚡拉拢窦婴，这一招非常厉害。第一，挖了窦氏集团的墙脚，在窦氏集团里面拽出一个重量级人物来，站在自己这边。第二，当时窦婴是丞相，百僚之首，万一闹出一点什么事情，窦婴可以在前面顶着。

但是光把赵绾、王臧这两个儒生搁在官位上还不行，还得干点事情出来。举荐他们的最终目的，是想通过他们帮助汉武帝调整统治思想，让汉武帝摆脱窦太后的控制，最后达到从窦太后手中夺权的目的。

赵绾和王臧还真没少干事情，仅和调整统治思想有关的措施，赵绾和王臧就提了两条：一是根据儒家的礼制观念改革服装；二是要建造明堂。在儒家观念中，明堂是一个非常神圣的地方，不仅是天子宣明政教的地方，也是显示天子代表天意的地方。第一条改革服装制度还好办，第二条难度就比较大了。这明堂到底应该是个什么样子，该怎么建造，赵绾和王臧心里也没谱。所以他们提议，把他们的老师申公请来主持这件事。

申公八十多岁了，在山东老家。把这么一位老人家千里迢迢地从山东接到长安，别说是当时的交通条件，就算放在今天，那也是很有风险的。难道赵绾和王臧不替老师着想吗？那是什么促使他们非把这么高龄的老师接来不可呢？

申公何许人也？申公是一位资深的《诗经》研究专家，当年刘邦巡视山东的时候，申公曾经以学者的身份受到过接见。不仅如此，申公和刘邦的弟弟楚元王刘交是同窗好友，他们一起在前辈大儒浮丘伯那儿学过《诗经》，而浮丘伯据说又是荀子的学生。你看，申公这资历、这辈分，岂是一般人可比！

我们前面讲过，窦太后为什么要这么强调黄老学说？因为这是她丈夫汉文帝信奉的学说。汉文帝不仅是黄老学说作为统治思想的合法依据，也成为窦太后施展权力的合法依据。窦太后想成功地控制住政局，就必须牢牢地把自己和汉文帝以及汉文帝信奉的统治学说捆绑在一起。

现在田蚡找来一个汉高祖刘邦认可过的人，看谁的资格更老。这正是申公大有利用价值的地方，也是赵绾、王臧冒这么大风险把老师从千里之外接到长安的真正原因。

少年汉武帝心里面可能也不愿意受制于这位老祖母，当田蚡把赵绾、王臧推荐给他之后，汉武帝和他们谈论儒学，发现这套学说和老祖母讲的那套完全不同，汉武帝便开始对儒学有兴趣了，"赵绾、王臧之属明儒学，而上亦乡之"（《史记·儒林列传》）。

田蚡认为他已经成功地争取到了汉武帝，可以向窦太后摊牌了。但田蚡低估了窦太后的实力，也把事情看得过于简单了。田蚡这拨人做的这些事情，早有人向窦太后汇报，老太太对这些事了如指掌，也早有准备。当田蚡向窦太后亮出底牌的时候，窦太后马上给予了重重的回击。

田蚡这批人自以为一切都安排妥当之后，由赵绾出面，向汉武帝提议："毋奏事东宫。"当时的东宫是窦太后住的地方。这意思就是说，以后朝廷有什么大事，别向老太太请示了，咱们自己商量商量解决得了。这是明显地要架空窦太后，窦太后哪受得了，大怒，"阴求得赵绾、王臧奸利事，以让上"（《资治通鉴》卷十七）。赵绾、王臧当了这么大的官，难免有个一脏二黑的，窦太后就私下派人打听这些事，拿住把柄以后甩给汉武帝，质问汉武帝用的都是些什么人。

老祖母一发怒，年轻的汉武帝扛不住了，"上因废明堂事，诸所兴为皆废，下绾、臧吏，皆自杀"（《资治通鉴》卷十七）。所有根据儒家观念设计的制度仪式统统被废掉，赵绾、王臧则被扔到监狱里，最后这两个人迫于压力就自杀了。这件事到这儿还没完，窦太后当然知道赵绾、王臧的背后主谋是谁，"丞相婴、太尉蚡免，申公亦以疾免归"（《资治通鉴》卷十七）。丞相窦婴跟着田蚡一起倒了霉，两个人一起被罢免，申公也被送回了山东老家。

四、汉武帝亲政之后的选择

前面跟大家讲述的，就是汉武帝继位之后，儒学和黄老学说的一次交锋。它的本质其实是一次宫廷政治斗争，无论是儒学还是黄老学说，在这里都成为权力斗争的工具。田蚡本来是想利用儒学夺权，不但没有成功，已有的职位和权力也被窦太后给剥夺了。这叫心急吃不上热包子。而儒学在向统治学说的宝座发起冲锋之后，也是一败涂地。

从前面的分析可以看出来，在汉武帝即位之初，儒学争夺统治学说地位的这么一出戏，非常热闹，但一直没董仲舒什么事，在整个过程当中，我们根本没有看到董仲舒的身影。

所以，对于我们前面介绍过的，汉武帝在董仲舒的建议下"罢黜百家，独尊儒术"这个通行说法，有必要作出纠正。第一，在汉武帝即位之初，的确存在着试图把儒家学说调整为统治思想的行动，但主导这次行动的，既不是汉武帝，也不是董仲舒，而是新贵代表田蚡，对手领头人则是旧势力代表窦太后。第二，这次儒家和黄老的思想交锋，并不是一次纯学术的较量，在思想交锋背后掩藏着残酷的政治斗争。第三，斗争的结果，儒学并没有取得胜利，并没有顺利地成为统治学说。综合这三条，结论就是，汉武帝即位之初根本不存在接纳董仲舒的建议而实施"罢黜百家，独尊儒术"这么一回事情。那儒家学说后来能够得到长足发展，又是怎么回事呢？

这一次交锋，窦太后凭借着自己的权势，把儒家学说给压下来了，也打击了政敌。汉武帝虽然年轻，儒家学说也只是田蚡这些人介绍给他的，他未必了解儒学的真谛。但经历了这么一次折腾，汉武帝内心不会没有想法。我们知道汉武帝其实是一个性格很强势的人，眼前迫于老祖母的威势，不得不让步。但一个年轻而有性格的皇帝被这样压制着，想想他心里会是什么滋味。那肯定会对这位老祖母产生不满，甚至于逆反。窦太后虽然在这次政治斗争中取得了胜利，她却把汉武帝推向了自己的对立面。

过了四年，到建元六年，窦太后去世了。汉武帝立即罢免了当初窦太后安排的丞相许昌，任命田蚡为丞相。第二年，汉武帝接受了董仲舒的意见，根据儒家标准，在全国范围内征召人才，开始逐步对统治思想作出调整。董仲舒这时候才出场。因为窦太后的去世，黄老学说失去了庇护人，儒学在汉武帝的支持下开始反败为胜。

但我们应该看到，汉武帝这么做，并不是因为他了解儒学的真谛，开始信仰儒学了。调整统治思想和调整丞相人选一样，都是为了清除窦太后的影响，汉武帝要表明自己开始亲政了，要创立属于自己的政治格局。至于什么是真正的儒学，汉武帝并没有兴趣。何以见得？当初申公到长安，和汉武帝有一次对话，很能说明问题。

汉武帝问申公，治理国家的关键在哪里？申公回答说："为治者不在多言，顾力行何如耳。"（《史记·儒林列传》）少说多做，老人家说得多实在啊。汉武帝听完这话之后的反应是什么？"是时天子方好文词，见申公对，默然。"（《史记·儒林列传》）汉武帝喜欢的是虚言浮词，以为申公是著名儒学家，总能滔滔不绝地跟他说上一大通，没想到申公就这么一句话。默然的态度，其实代表了汉武帝的不满，但碍于申公是八十多岁的长者，不便发作。这个故事说明，面对申公这样一位儒学大师，汉武帝并没有真心学习儒学精义的打算，他喜欢的，只不过是外在的、浮华的言辞。

现在我们可以来回答前面一开始就提出来的问题：对于汉武帝"罢黜百家，独尊儒术"这件事，《史记》《汉书》《资治通鉴》为什么会有不同的观点？通过前面的讲述，我们已经知道，虽然黄老学说在一定程度上已经不太能适应实际政治了，国家策略有从无为向有为过渡的趋势，但儒学能在汉武帝时期登上统治思想的宝座，关键还是跟一系列政治斗争脱不了干系。这些事情，司马迁、班固、司马光这三位史学家当然都是看得很清楚的。这里牵涉两个元素，一个是汉武帝，一个是儒学，三位史学家对这两个元素的不同态度，决定了他们对于汉武帝时期的儒学上升这个问题，有不同的诠释。

在司马迁看来，首先，汉武帝并不是能按照儒家标准要求自己的君主，他揭露说"今天子初即位，尤敬鬼神之祀"，并在《史记·封禅书》里描写了大量汉武帝迷信神仙的事迹。其次，司马迁理解的儒学，和后来被"正统化"的儒学之间，有很大的差别。司马迁虽然向董仲舒等著名儒家学者学习过，但他的知识结构是多元化的。从家学的角度讲，司马迁的父亲司马谈是一位黄老学派的重要学者。班固批评司马迁"是非颇缪于圣人，论大道则先黄老而后六经"（《汉书·司马迁传》），指的就是这个问题，说司马迁不是一个按照"纯粹的"儒家观念来行事的学者。也正因为如此，司马迁头脑里面没有后代儒学家的那些条条框框，在《史记》中，对于所谓"独尊儒术"的本质是政治斗争这一点，揭露得非常深刻。总结一下，司马迁既不认可汉武帝，也不教条化儒学认知，所以通过揭露所谓的"儒学独尊"其实是一场政治斗争，刻画出来的，是一个在思想和实践上表里不一的汉武帝。

班固和司马迁就完全相反。作为一名"正统"的儒家学者，班固既要捍卫汉武帝，也要捍卫儒学。为了强调"儒术独尊"的正面意义，为了显示儒学天然地是一种最适合用于指导国家、社会发展的学说，班固赞美汉武帝"卓然罢黜百家，表章《六经》"的行为，把汉武帝塑造成儒家学说的大护法，汉武帝本人也因此显得更为英明。我倒觉得不能简单地认为班固是在歪曲事实，班固强调"儒学独尊"的正面意义，是希望大家把更多的注意力放在儒学本身的价值上，抛开政治斗争，独立地思考儒学对于整个社会的意义。塑造汉武帝拥护儒学的形象，是要对后来的君主作正面引导，希望他们能够真正了解儒学的价值和意义。如果说司马迁的做法是批判性的，那么班固的做法就是建设性的。

司马光呢？司马光的态度和前面两位都不太一样。对于汉武帝，司马光一直是持批判态度的，他说汉武帝"异于秦始皇者无几矣"，把汉武帝和秦始皇放在一起作为暴君的典型。另一方面，司马光也是一名儒家学者，所以他又要捍卫儒学的正统性。要像司马迁那样，对于汉武帝这个人和"独尊儒术"这件事都不认可，那好办，就彻底地把真相揭露出来。像班固那样，对汉武帝这个人和"独尊儒术"这件事都非常认可，那也好办，把读者的注意力和视线引导到儒术治国的正面意义上去。司马光这样的该怎么办呢？现在司马光是支持"儒术独尊"，不支持汉武帝，怎么处理这件事，就费点周折。

我们前面谈到，在《资治通鉴》中，进入汉武帝时代之后，第一个出场的人物就是董仲舒。现在看来，这不是随便安排的。董仲舒出场事实上要在窦太后去世以后，但司马光把他提前到汉武帝刚登基的时候。那让他来干吗呢？司马光对董仲舒的代表作品《天人三策》进行了删节并放在这里。《天人三策》是董仲舒全面阐述儒家思想的重要文献。司马光这么做的目的，是借董仲舒的口，树立一个儒家的施政纲领，在汉武帝刚登基的时候，就把这个纲领树立起来，和汉武帝此后的所作所为进行对比，看看汉武帝有没有做到。但最后司马光对汉武帝这个人的总结是"穷奢极欲，繁刑重敛，内侈宫室，外事四夷，信惑神怪，巡游无度"，没有一条是符合儒家标准的。通过这个对比，司马光要告诉我们，汉武帝不是一位符合儒家观念的好君主。这是司马光的重点。

第五章 真假儒学之争 *

不管怎么样，经过艰苦的斗争，儒学毕竟是被奉为统治学说了。汉武帝不信仰儒学，却又要利用儒学，那他是想达到什么样的目的呢？他又是怎么来做这件事的？在这种情况下，儒学本身又发生了哪些变异？

一、不拘一格用人才

元朔五年（公元前124年），汉武帝任命了一位新丞相，被任命的人叫公孙弘。

这次任命，可以说是汉武帝不拘一格用人才的大手笔，也是汉代历史上非常有标志性的一件事。为什么这么说呢？从刘邦登基以来，到汉武帝任命公孙弘之前，汉朝中央政府一共任命过十八位丞相。这十八位丞相有一个共同特点——无一例外都来自贵族集团。这些人要么是帮助刘邦建立、巩固汉朝政权的功臣，要么是这些功臣的后代，或者是皇亲国戚。这些人在担任丞相之前，都已经拥有了侯爵的身份。

* 逯耀东先生在其遗著《抑郁与超越：司马迁与汉武帝时代》（生活·读书·新知三联书店，2008年）中曾指出，司马迁在《史记》中描写的儒学，有真伪两种。这一思想尤见于该书《"通古今之变"的"今"之开端》《武帝封禅与〈封禅书〉》等篇章。本章与第八章内容受逯先生启发很大。

公孙弘是一个例外，他成为汉代历史上第一个不是从这个贵族集团内部产生的丞相。公孙弘的出身和之前的这些丞相比，简直是天壤之别。公孙弘系一介寒儒，出身穷苦。穷苦到什么程度？"家贫，牧豕海上。"（《史记·平津侯主父列传》）在海边替人放猪，是个猪倌儿。大概是家里实在太穷了，年轻的时候没条件学习，一直到四十多岁的时候，公孙弘才开始学习儒家经典。

在公孙弘的身份特征里，最关键的是两点：第一，他是个儒生；第二，他不是贵族。我们以前说过，汉武帝为了清除窦太后的影响，决定调整统治思想，用儒学来取代黄老学说。汉武帝任命公孙弘做丞相，和这个策略是否有关系？另外一个问题是，此前长期被贵族把持的丞相职位，现在由一位出身贫寒的儒生来担任，这对汉武帝时期的政治来说，意味着什么？对儒学本身来说，又意味着什么？

二、公孙弘其人其事

汉武帝亲政以后，为了革新政治，调整统治策略，"绌黄老刑名百家之言，延文学儒者数百人"（《史记·儒林列传》）。思想上罢黜以黄老为代表的非儒家学说，人才上重点选拔文学之士和儒者。汉武帝广罗人才的力度，可以说是非常大的，选拔出来的文学之士和儒者，前后多达数百人，其中就有公孙弘。

公孙弘是淄川薛县人，这个地方在今天的山东省滕州市附近。元光五年（公元前130年），公孙弘参加了一次人才选拔，提交了一份对策，回答汉武帝提出的关于如何治国的问题。这份对策受到汉武帝的极力赞赏，公孙弘也从此开始飞黄腾达。这一年公孙弘已经七十岁了，是名副其实的老来红。公孙弘虽然出道晚，但晋升起来的速度，实在快得惊人。到元朔五年，短短六年时间，就做到丞相了。这个迁升速度，肯定让很多同时期的人感到羡慕嫉妒恨，汉武帝征召的这么多人才里，没有任何一个人能跟他比。那公孙弘是怎么做到的呢？

元光五年，正好赶上汉武帝积极开拓西南边疆，他在今天的四川一带先后设置了犍为郡、南广郡。为了加强对这块地方的控制，汉武帝征发四川当地军民几万人凿山开道，由于劳作辛苦，大量士卒死亡、潜逃，对当地惊扰很大，民众反响很不好。所以汉武帝派给公孙弘的第一个任务，就是让他去巡视西南，看看当地情况到底怎么样。公孙弘回来以后"盛毁西南夷无所用"（《史记·平津侯主父列传》），说劳民伤财要这么一块地方，得不偿失。汉武帝对公孙弘这个意见持什么态度？"上不听。"（《史记·平津侯主父列传》）汉武帝没有听取公孙弘的意见，没有停止开拓西南夷的步伐。

这是公孙弘受赏识以后执行的第一个任务，回来后根据自己的看法讲了实话，结果在汉武帝那儿碰了一个大钉子。

从汉武帝的态度来看，他对开拓西南这件事有很坚定的看法，那他为什么还要派公孙弘去巡视呢？既然派遣了，又不听取反馈意见，何劳多此一举？这是我们想不太明白的地方，可能也正是公孙弘想不太明白的地方。但这次经历给了公孙弘一个教训，他辛辛苦苦作了调查，把调查结果反映给皇帝，皇帝却并不领情。

公孙弘已经是七十岁的人了，从仕途来说，年龄偏大，但年纪大有年纪大的"好处"，老于世故，不像年轻人那样血气方刚、强扭不回。经历这次教训后，公孙弘就开始琢磨，汉武帝到底是怎样一个人，他喜欢什么样的人，喜欢听什么样的话。接下来公孙弘就尝试着调整和汉武帝相处的策略。

怎么调整呢？"每朝会议，开陈其端，令人主自择，不肯面折庭争。"（《史记·平津侯主父列传》）每次朝廷开会讨论重大问题，公孙弘就把各种说法都陈列在那儿，但不作任何评论，不说哪个好哪个坏、哪个对哪个错，让汉武帝自己判断、选择，遇到汉武帝的决策有不合适的时候，也不提任何意见，保持沉默。在同僚们看起来，公孙弘的这种做法属于老滑头。汉武帝却并不这么认为，"于是天子察其行敦厚"（《史记·平津侯主父列传》），不仅不觉他滑头，反而觉得这个人更诚实可靠了。不到两年工夫，汉武帝就把公孙弘提拔为左内史，负责掌管京畿部分地区，职位非常重要。

尝到这个甜头以后，公孙弘就知道和汉武帝相处，关键不是你能给他提供什么建议，而是能不能让汉武帝感觉到你是尊重他的意见的。于是公孙弘在行为上更进了一步，"尝与公卿约议，至上前，皆倍其约以顺上旨"（《史记·平津侯主父列传》）。本来都和其他大臣商量好了跟汉武帝怎么讲，结果一到那儿，发现汉武帝的意见完全不同，公孙弘就会立刻调转枪头，和汉武帝站在同一个立场上。

这种行为当然会激起其他大臣们的愤怒，但汉武帝却因此更加器重公孙弘了，"上益厚遇之"（《史记·平津侯主父列传》）。过了两年多，又把公孙弘升为御史大夫，这是相当于副丞相的高官了。凭借着这套善于揣摩、善于伪装的本事，公孙弘在御史大夫的位置上干了两年左右就被任命为丞相了。到此为止，公孙弘完成了他人生中非常华丽的一个三级跳。

三、汉武帝任用公孙弘的原因

公孙弘仅仅用了六年时间，就从一个贫寒的儒生，上升到百官之首的丞相。对于一个书生来说，这样的人生就算到顶了，这是多少读书人梦寐以求却又无法企及的人生。通过前面的分析，大家很容易看出来，公孙弘之所以能晋升得这么快，是汉武帝在背后推动，汉武帝想用这个人。那汉武帝看中公孙弘什么？是他的儒学修养吗？

我们不妨先来看看公孙弘的儒学修养处在怎样的水平上。我们前面就提到过，因为家庭条件不好，公孙弘的学习生涯起步得比较晚，《史记》说他"年四十余，乃学《春秋》杂说"（《史记·平津侯主父列传》）。司马迁特别点出公孙弘学的是《春秋》"杂说"，是要告诉我们这位仁兄的学问不是很纯正。我们知道，汉武帝时代有一位儒学大师叫董仲舒，董仲舒就是著名的《春秋》学专家。司马迁专门把公孙弘和董仲舒的学问作过对比，他说"公孙弘治《春秋》不如董仲舒"（《史记·儒林列传》）。明确告诉我们公孙弘的学问是不能跟董仲舒比的。汉武帝既然标榜儒学，提拔儒生，为什么像董仲舒这样真正的儒家学者没有得到重用，反而是学问不如董仲舒的公孙弘得到重用了呢？司马迁也有结论："而弘希世用事，位至公卿。"（《史记·儒林列传》）"希"字在这里是迎合的意思，司马迁说公孙弘善于迎合，所以能做大官。

司马迁在这里虽然没有明说公孙弘迎合的是谁，靠什么手段来迎合，但我们前面已经分析得很清楚了，公孙弘靠的是放弃自己的主见与立场迎合汉武帝。这是公孙弘能快速晋升的诀窍。也就是说，公孙弘之所以能做到丞相，靠的根本不是真才实学。

公孙弘虽然善于迎合、善于钻营，但丞相这样重要的职位，不是一个出身贫寒的儒生愿意迎合就能得到的。所以这背后一定隐藏着汉武帝的某种用人策略。元光五年，来参加选拔的儒士有一百多人，在这一百多位儒士里，"弘第居下"，公孙弘的水平属于下等，"策奏，天子擢弘对为第一"（《史记·平津侯主父列传》），是汉武帝看了材料以后，亲自把公孙弘提拔为第一名的。从这一点就可以看出，公孙弘的命运，一开始就牢牢掌握在汉武帝的手中。如果不是汉武帝把他从这一百多个人里挑出来，公孙弘这么一个已经七十岁的、学问还不怎么样的穷酸老儒，再怎么善于迎合，也不会有机会。那么汉武帝为什么要用公孙弘这样一个人，他又想达到怎样的政治目的呢？

我们前面提到过，在公孙弘之前，汉代曾经有过十八位丞相，这十八位丞相无一例外都来自贵族集团。汉武帝首次打破惯例，任命公孙弘这样一位出身贫寒的人做丞相。对于皇帝来说，贵族丞相和寒族丞相比，差别在哪儿？这可能是一个关键问题。

我们不妨从汉武帝以前任命过的丞相中找一个出来作对比。窦太后去世以后，汉武帝就任命自己的舅舅田蚡做丞相。舅舅嘛，自己人，汉武帝认为这样可以巩固自己的统治。但在相处了一段时间后，汉武帝发现这个舅舅不好对付。"丞相入奏事，坐语移日，所言皆听。荐人或起家至二千石，权移主上。"（《史记·魏其武安侯列传》）田蚡每次跑过来，一坐就是半天，提很多建议。一开始，汉武帝基本上都还听。田蚡仗着这点就经常向朝廷举荐官吏，有些人经田蚡一推荐，就立马成为年俸二千石的高官。那在中高级官员中，有很大一部分就是田蚡的人了，这肯定会构成对皇权的冲击。时间久了，汉武帝就有点忍不住了，"上乃曰：

'君除吏已尽未？吾亦欲除吏。'"（《史记·魏其武安侯列传》）汉武帝跟田蚡说：你什么时候把该推荐的人全推荐完了，告诉我一声，我也想任命几个干部。这已经是在表达对田蚡的不满了。后来终于有一件事情把汉武帝彻底惹怒了。怎么回事呢？田蚡要扩建房子，边上挨着一个政府衙门，田蚡就跟汉武帝说把那块地方划给他得了。"上怒曰：'君何不遂取武库！'"（《史记·魏其武安侯列传》）汉武帝非常气愤，他这句话的意思是"你怎么不干脆把国家放武器的仓库也改成你家房子？"这话说得很重了，能体现出这对舅甥矛盾不小。

从这些事情上能看出来，像田蚡这样出身高贵、资格老的丞相，很难驾驭。田蚡这个人对国家没作过什么贡献，只不过凭借着汉武帝舅舅的身份，才到了丞相的位置上，应该说对汉武帝已经有很强的依赖性了，但还是这么难驾驭。那些出自功臣世家的，为汉朝的创建、巩固立过功勋的大臣，就更难驾驭了。当初汉文帝能登上皇位，背后主要就是一批功勋贵族在推动。这些人的权势已经大到可以左右皇位继承。他们其实构成了一个庞大的利益集团，一直以来，凭借着特殊功勋，对朝政都有很大的发言权。汉初丞相必须从这个集团中产生，意味着国家权力是由这些人和皇帝共享的。汉武帝之所以要在这个集团之外考虑丞相人选，就是想改变这种情况，独享皇权。

挑来挑去，汉武帝最后挑中了公孙弘。公孙弘年老，但年老者没有血气，谙于世故。公孙弘儒学修养差，但正因为儒学修养差，公孙弘不具备儒家的理想人格，不会为了坚持自己的原则、立场而违背皇帝的意志。这两点加起来，就是汉武帝需要的。所以年老和学问修养差这两点，看上去是弱势，但在汉武帝的特殊需求下，反而成为公孙弘的竞争优势。那么汉武帝这样的用人标准，又会给儒学发展带来什么呢？

四、真假儒学

公孙弘做了丞相并被封为平津侯。在公孙弘之前，都是先有"侯"的身份，才有出任丞相的资格，这是贵族政治的一个特征。汉武帝打破成规，让公孙弘做了丞相再封侯。这是要昭告天下：并不是说你是贵族，就必须用你，而是只要是我想用的人，就可以成为贵族。这是汉武帝在加强皇权的进程中非常厉害的一招，通过这个行为，汉武帝向那些贵族子弟们发出警告：他们的富贵穷通，不取决于祖上立过什么功勋，甚至不取决于他们本人有过什么贡献，而是取决于对皇权顺不顺从。公孙弘就是汉武帝树立起来的一个典型，一个顺从皇权而取得富贵的典型。"公孙弘以《春秋》白衣为天子三公，封以平津侯。天下之学士靡然向风矣。"（《史记·儒林列传》）我们常说榜样的力量是无穷的，有了公孙弘这个例子，所有希望通过读书来换取前程的人，算是找到方向了。

公孙弘虽然学问有限，但毕竟是学者出身，所以当他取得一定的身份地位之后，也没忘记要为儒学发展做点事。他向汉武帝建议，鼓励年轻人学习儒家经典，政府可免除这些人的赋役；以后选拔官吏，就以儒学修养和文化知识为标准。汉武帝批准了这个建议，而且实施效果非常好，"自此以来，则公卿大夫士吏，斌斌多文学之士矣"（《史记·儒林列传》）。从低级官吏到高级公卿，官僚系统里面充满了文化修养很高的士人。后来有一位叫夏侯胜的儒家学者甚至说，"士病不明经术；经术苟明，其取青紫如俯拾地芥耳"（《汉书·眭两夏侯京翼李传》）。青紫，是中高级官员服装的颜色。这意思是说，就怕读书人不精通儒家经典，如果能精通，想当大官，那就像俯下身去捡根草那么容易。

这个政策从表面上看，是儒学发展的一大机遇。但《老子》有一句名言："福兮祸之所伏。"这个机遇背后，同样潜伏着儒学发展的严重危机。为什么这么说呢？儒学这门学问，可以是修身养志的阶梯，也可以是治国平天下的依据。但在公孙弘胜出的案例中，儒学完全沦为钓取功名利禄的工具了。孟子说过一句话，儒者"穷则独善其身，达则兼善天下"。不得志的时候，用所学所知来安身立命，守住自己的志向；得志的时候，用所学所知来建立合理的社会秩序，实现自己的志向。但不管得不得志，对于儒者来说，培养独立的人格远比获取富贵重要。

汉武帝在公孙弘的建议下，按照儒家标准来培养、选拔人才，对于很多希望有机会施展抱负的儒者来说，的确可以官运亨通了。但有公孙弘这么一个榜样树在那儿，以后当儒家理想和皇权意志发生冲突的时候怎么办？坚持自己的原则和立场，不仅前途莫测，甚至性命堪忧。顺从皇权，那儒家标榜的独立人格、治国理念全都毁了。这就给儒学提出了一个非常严肃的问题：如何在不破坏儒家理想的前提下和皇权共事？这是名副其实的与狼共舞。对于儒学来说，这个问题处理不好，机会就会变成厄运，甚至是比焚书坑儒更惨烈的厄运。为什么这么说呢？焚书坑儒只是暂时把这个文化载体毁灭，等到有条件的时候它还会再生长出来。儒者如果为了换取功名利禄，塑造出一套屈服于皇权的假儒学，让人们误以为这就是儒学的本质，那真正的儒家精神就万劫不复了。

那在汉武帝这个时代，通过这个途径选拔出来的儒家学者究竟把这个问题处理得怎么样呢？和这个时代有着不同距离的司马迁、班固、司马光这三位史学家，对这个重要的问题，各自有着什么看法？

在汉武帝时代，出于统治需求，儒学遇到了这么一次发展机会，这一点，司马迁、班固、司马光三位史学家都看到了。《史记》和《汉书》里都有专门的《儒林传》，介绍汉代比较重要、比较著名的儒家学者。《资治通鉴》对儒学在这一时期的动向，也是高度关注。但是我们仔细分析一下，对汉武帝时代的儒学到底处于怎样一种状态，三位史学家看法还是很不一样的。

我们首先来比较一下《史记》和《汉书》。司马迁在《史记·儒林列传》里劈头就讲："余读功令，至于广厉学官之路，未尝不废书而叹也！"司马迁说他一读到鼓励大家读书做官这条政策，就情不自禁地废书而叹。我们先不讨论司马迁感叹什么。光看这个表达就很有意思。司马迁写《儒林列传》，开篇不是先介绍儒学，而是抒发自己的感慨。那我们来看一下《汉书·儒林传》的第一句话是什么："古之儒者，博学虖《六艺》之文。"六艺指的就是《易》《书》《诗》《礼》《乐》《春秋》六部儒家经典，这是儒者的基本功。把这样的话作为《儒林传》的开篇，那和《史记》的比起来，就显得"正经"多了。

这两个不同的开篇，也预示着这两份《儒林传》有着不同的主题。司马迁一上来就感叹用当官作为诱饵来鼓励大家学习儒家经典这样的做法，所以《史记·儒林列传》特别关注这些儒家学者当到什么官了。比如它谈到一批学习过《诗经》的著名学者，"孔安国至临淮太守，周霸至胶西内史，夏宽至城阳内史"，等等，这些都是汉武帝时代的人物，每个人只点一句，交代他们的官职。太守和内史都是掌握地方民政的重要官员。至于这些学者对《诗经》有什么见解，对传播《诗经》起到了什么作用，司马迁一字不提。除了这几个人之外，《史记·儒林列传》还记载了很多这样的儒家学者，司马迁都是用这种方法处理的。

这样的写法在逻辑上似乎讲不通，看这个题目，《史记·儒林列传》本来就应该谈儒学兴衰，应该表彰那些以传播儒学为己任的人物，谈谈他们的学问、他们的修养，这才是探讨儒学的正题。司马迁舍此不谈，光盯住这些人的官职。给我们的感觉，司马迁就像一个不会写作文的小学生，完全跑题了。真是这样吗？我们别忘了，关于汉武帝时代的文坛，有一种说法，叫做"天下文章两司马"，两司马，司马迁、司马相如，天下文章就数这俩姓司马的写得最好。就这么都能写跑题了，司马迁对得起"天下文章两司马"这个说法吗？《史记》还能成为千古名著吗？既然不会是跑题，那是怎么回事？难道司马迁官迷心窍？他自己一天到晚想着当官，所以也就盯着别人的干部级别？我看也不能，司马迁要真有这心思，恐怕就没时间写《史记》了。那司马迁到底是想告诉我们什么呢？

我想司马迁这么做，是有很深刻的思考的。司马迁是在表达一种忧虑，他在担心，当儒学遭遇权力诱惑的时候，还能不能保持纯正的本色，儒家学者还能不能继续守护自己的信仰。关于这一点，公孙弘就没能做到，是一个反面典型。

司马迁在《史记》其他篇章讨论过真正的儒者应该怎样面对自己的人生，真正的儒学价值观应该是怎样的。《史记》里面有一篇《孔子世家》，专门记载孔子的行迹。司马迁笔下的孔子，为了实现仁政理想，一辈子流离颠沛，饱经风霜，最困难的时候甚至连口饭都吃不上。但你看，孔子什么时候屈服过，什么时候为了讨好统治者放弃过自己的原则、贬损过自己的理想？再看孔子的几十位弟子，这些人有着不同的性格、不同的特长、不同的处世态度，但他们有一个共同点，那就是都不会为了功名利禄屈折自己的志向，不会让自己迷失在世俗的名利场中。这是司马迁在《史记》中为我们树立的真正的儒者榜样。我们再用这个标准来反观公孙弘。他不是用自己的学问和良知来矫正权力的贪欲，而是竭力迎合权力，权力需要什么他说什么。这是真正的儒家吗？公孙弘做不到在权力面前坚持自己的信仰，其他那些为做官而读书的儒者，他们能做到吗？

司马迁就生活在汉武帝时代，公孙弘的虚伪是他亲眼看见的。在用功名利禄作为学者诱饵的时代，司马迁一定见过更多像公孙弘这样虚伪的学者。这就是为什么司马迁在《史记·儒林列传》一开头就说"余读功令，至于广厉学官之路，未尝不废书而叹也！"这个叹不是赞叹，而是悲叹。司马迁感觉到，在功名利禄的诱导下，真正的儒家精神正在消失，儒学正在沦为权力的工具。但这或许正是汉武帝希望得到的结果，符合汉武帝通过调整统治思想来加强皇权的预期。所以在司马迁看来，汉武帝是儒学的伤害者。

班固也注意到了汉武帝是在用功名利禄诱导大家学习儒家经典，"武帝立《五经》博士，开弟子员，设科射策，劝以官禄"（《汉书·儒林传》），但班固并不认为这会对儒学造成伤害，恰恰相反，这个决策给儒学带来了繁荣："传业者浸盛，支叶蕃滋，一经说至百余万言，大师众至千余人。"（《汉书·儒林传》）学习儒家经典的人越来越多，一部经典被研究了又研究，有些大学者解释经典的文字可以多达一百多万字。这样的研究有什么用呢？班固说："《六艺》者，王教之典籍，先圣所以明天道，正人伦，致至治之成法也。"（《汉书·儒林传》）儒家的六经当中，包含了所有我们需要的道理，为我们提供了管理社会、治理国家的成法。你看，在班固的描写下，儒学是何等生机勃勃，根本不像司马迁顾虑的那样危机重重。所以在班固看来，汉武帝是儒学发展的推动者。

司马迁和班固的观点如此不同，关键还是他们和汉武帝时代的距离不同。司马迁目睹了公孙弘这样的伪学者放弃原则，对权力趋之若鹜，其内心的感受可想而知。但司马迁无法预见身后的历史。班固恰恰看到了司马迁以后的这一百多年历史。这一百多年，儒学越来越受到重视，社会影响力也越来越大，班固自己也是在这种环境下成长起来的儒家学者。所以他不会因为公孙弘这样的个体现象否认整个历史趋势。究根溯源以后，班固认为还是要肯定汉武帝的推动作用。

司马光生活在一千多年以后的宋代，这恰恰是一个儒学非常发达、儒家士大夫异常得志的时代。在司马光眼里，汉武帝当然不是一个符合儒家理想的好君主，汉武帝时代的儒学也没能起到引导皇帝、约制权力的作用，否则司马光就不会经常把汉武帝和秦始皇相提并论了。但为什么秦始皇死后不久秦朝就灭亡了，汉武帝以后汉朝还能维持这么久呢？司马光解释说："孝武能尊先王之道，知所统守。"（《资治通鉴》卷二十二）不管汉武帝表彰儒学是虚情假意还是真心实意，他能这么做，说明他还是意识到了儒家经典中"先王之道"的重要性，那跟焚书坑儒的秦始皇还是有很大差别的。尽管汉武帝是用功名利禄引诱学者，但这也为汉武帝"受忠直之言""好贤不倦"(《资治通鉴》卷二十二)打开了一扇门。这么看来,儒学借着这次机会,初步尝试和政权结合,即便结合得不是很理想,但在让汉武帝避免重蹈秦始皇覆辙这个问题上,儒学还是发挥了关键作用,让后人看到了儒学的价值。所以,在司马光的眼里,汉武帝就是儒学登上政治舞台和历史舞台的引介者。

第六章 七位丞相的不同命运

无论汉武帝是儒学的伤害者，还是推动者，还是引介者，他任命儒者出身的公孙弘做丞相，改变了当时的政治格局，这总是一个事实。那么在公孙弘之后，还有哪些人登上过丞相的宝座，皇权优势在丞相任命这件事上有没有继续得到体现呢？

一、相府客馆的兴废

《汉书·公孙弘卜式兒宽传》中提到，公孙弘被汉武帝任命为丞相后，曾在相府建造客馆，开东阁门延接贤士，用自己的俸禄供养他们，咨以时务。如果熟悉汉武帝时期的历史背景，就会知道，公孙弘这一招贤纳士的举措，是对汉武帝大兴功业、大批量选拔人才政策的呼应。所以班固在《汉书·严朱吾丘主父徐严终王贾传》中，以"朝廷多事，屡举贤良文学之士"作为公孙弘建造相府客馆起因的补充说明。

公孙弘延聘贤士的本意，是想从他们身上汲取智慧，以便和汉武帝讨论相关国策的制定。公孙弘每次朝觐奏议，应该都曾事先吸纳过这些贤士的建议。汉武帝也经常派自己身边的贤良文学之士和公孙弘等大臣辩论，所谓"中外相应以义理之文，大臣数诎"

（《汉书·严朱吾丘主父徐严终王贾传》）。"中"是指汉武帝身边的贤良文学，"外"是指公孙弘等大臣。如前所述，公孙弘的很多论辩观点来自相府客馆中的谋士们，但这些观点往往被汉武帝派出的贤才们驳倒。看来汉武帝招到的人才，还是比丞相府里的棋高一筹。有一次公孙弘提议朝廷禁止民众挟持弓弩，却遭到汉武帝身边一位叫吾丘寿王的贤良文学之士的驳斥。《资治通鉴》在交代相府客馆缘起的时候，就选择了吾丘寿王驳斥公孙弘的故事，作为"大臣数诎"的注脚。

这看上去是一个良好的政策形成机制。以丞相为代表的大臣们，先和身边的谋士商讨政策取向，然后在朝议上提出，和汉武帝的智囊就该项政策的利弊进行论辩。双方以"义理之文"往复论难，摆事实，讲道理。但有意思的是，就现有史料来看，当汉武帝和公孙弘意见相左时，辩论总是以公孙弘的失败而告终。这是为什么？真是因为公孙弘招揽的贤士水准低、见识浅吗？这件事恐怕还是要从公孙弘和汉武帝之间的关系着眼来考察。

在上一章里，我们分析了，公孙弘之所以能做到宰相，事实上是汉武帝伸张皇权的结果。在这件事上，我们同样可以从皇权与相权关系的角度予以理解。所谓"中外相应以义理之文，大臣数诎"，以公孙弘为代表的大臣们的"诎"，恐怕并非真正的理屈词穷，而是不"诎"不足以凸显汉武帝的英明。卖"诎"或许正是一门官场诀窍。前面提到公孙弘曾建议禁止民众挟持弓弩，后来汉武帝夺取匈奴地盘建造朔方城，公孙弘一开始也表示反对。但这几次廷辩，公孙弘都是一遭问难，随即屈服，从未进一步坚持过自己的主张。相府客馆于是乎成为议政的点缀品。

就这么一个点缀品，后来还是遭到了废弃。公孙弘在相位四年左右时间，寿终正寝。《汉书·公孙弘卜式兒宽传》在叙述完公孙弘的去世之后，有这样一段话："其后李蔡、严青翟（按，即庄青翟，《汉书》避汉明帝刘庄讳，改庄为严）、赵周、石庆、公孙贺、刘屈氂继踵为丞相。自蔡至庆，丞相府客馆丘虚而已，至贺、屈氂时坏以为马厩车库奴婢室矣。"汉武帝时代继公孙弘为相的，有李蔡、庄青翟、赵周、石庆、公孙贺、刘屈氂六人。从李蔡到石庆为相期间，相府客馆逐渐化为丘墟，再也没有贤才入驻。到后两任丞相公孙贺、刘屈氂时代，曾经人才济济、相与商讨国家大计的相府客馆，竟然变成了马厩、车库和奴婢的住室。但客馆被废置的原因是什么？史无明文。我认为，它的衰弱并不是公孙弘去世之后才开始的，而是在公孙弘担任丞相期间就已经开始了。

有一件事值得注意。就在公孙弘去世前不久，淮南王刘安因"谋反罪"被告发，牵连甚广。公孙弘闻讯寝食难安，抱病奏章，向汉武帝表示，自己身为丞相，没把臣子们带领好，致使诸侯叛逆，因此深感愧疚。公孙弘和刘安并无交往，应该不是怕受牵连而寝食难安。真正让公孙弘感到寝食难安的，应该是刘安获罪的缘由。所谓刘安"谋反"，我们在第二章中就分析过，恐怕是一桩冤案。当时正处于汉武帝加强中央集权、打击诸侯王势力的关键时刻，刘安获罪的真正缘由，是他豢养了大批门客，有着不可低估的私人势力。汉武帝对于贵族豢养门客、培植私人势力的痛恨，一定让很多大臣印象深刻。

公孙弘听说刘安被整治而寝食难安，原因或许也正在于此。尽管他的相府客馆是个点缀品，尽管他身边谋士的智慧，在汉武帝面前看上去是那么不堪一击，但私养门客这点，还是犯了忌讳。

在汉武帝强化皇权的政治大框架下，相府客馆被废弃的命运，在一开始就已经注定了。公孙弘身后，相府客馆的废弃，表征着相权向皇权缴械的"诚意"。然而汉武帝却并不打算"到此为止"。

二、公孙贺拒相

公孙弘去世以后，汉武帝又任命过七位丞相，其中第五位叫公孙贺。公孙贺被任命的时候，发生过很有意思的一幕。公孙贺被带到汉武帝跟前，得知汉武帝要任命他做丞相之后，吓得趴在地上又是磕头又是啼哭，说："臣本边鄙，以鞍马骑射为官，材诚不任宰相。"（《汉书·公孙刘田王杨蔡陈郑传》）公孙贺说自己生长在落后的边境地区，又是武夫出身，压根不是做丞相的那块料，跪在那儿不肯接受任命。汉武帝跟左右说先把丞相扶起来，公孙贺还是趴在地上不肯起来。汉武帝一看这情况，站起来拂袖而去，把公孙贺晾在那儿了。汉武帝的意思是，丞相的职位你公孙贺不接受也得接受，没得商量。公孙贺没办法，最后只能接受任命，出来说了一句话："我从是殆矣！"（《资治通鉴》卷二十一）意思是：我这就算完了！这件事情不太好理解，丞相是百官之首，多少人想当还当不成，公孙贺怎么这个反应呢？做丞相弄得跟上刑场似的，至于这样吗？

我们把公孙贺前面四位丞相的经历看一下，你就明白了。这四个人里面，有三位是不得好死的，而且都是自杀的。只有一位叫石庆的，由于为人处事十分谨慎，才寿终正寝。即便如此，石庆也多次遭到汉武帝的谴责，有一次闹得也差点自杀了，只不过侥幸躲过一劫。所以公孙贺不肯接受任命，是有原因的，血淋淋的教训就摆在眼前，搞不好就要重蹈前面几位的覆辙。事实上公孙贺和他的继任刘屈氂，也的确都没有得到善终，而且更干脆，是直接被汉武帝下令处死了。

这么算下来，公孙弘之后，汉武帝任命过的七位丞相里面，有五位死于非命。丞相成为一种高危职业，也应了老百姓经常讲的一句话——伴君如伴虎。到底是什么造成了这一现象呢？是血腥的政治斗争，还是严酷的法网？

三、石庆与元封流民

我们可以在几位丞相里面挑一个例子来看一下，就说这个差点自杀的石庆。石庆出自著名的"万石君"家族，一家人都是以极其小心谨慎著称的。石庆的哥哥石建，有一次写奏折，一时疏忽，"馬"字少写了一点。后来奏折被批复回来，石建再读的时候忽然发现这个错别字，吓得半死，自言自语地说"获谴死矣"，要是被皇帝责备的话，那是死定了。石庆比他哥哥差点，但也是非常谨慎的。有一次石庆给汉武帝驾车，汉武帝问他，拉车的有几匹马。石庆拿起马鞭子数给汉武帝看，一、二、三、四、五、六，然后再做手势，回答说"六匹"。这么小的事，他都是极其小心地应付，唯恐出差错，甚至谨慎到了刻板的地步。但就是这么一个人，给汉武帝做丞相，还是出差错了。

元封四年（公元前107年），关东地区出现了两百万流民，其中四十万没有户籍。这么一大批人，如果安置不妥善，会引起很大的社会动荡。怎么解决这个问题呢？公卿们商议了一下，给汉武帝提了个建议，把没有户籍的四十万流民迁徙到边境地区去，充实、守护边境。但这个建议违背了汉武帝早些年公布过的"流民法"精神。流民法鼓励老百姓在本地安居乐业，禁止大规模的人口迁徙。汉武帝说，为了立这个法，他还亲自做过很多调研工作，并且为了给老百姓创造安居乐业的环境，特别强调不允许地方官吏横征暴敛。现在公卿提出要用迁徙的方法解决流民问题，那不是公然破坏"流民法"的相关规定吗？汉武帝对这个建议非常不满，要查处提建议的人。当时的丞相正是石庆。汉武帝下指示，说丞相石庆为人一向老成谨慎，不会跟那些人搅在一块儿提这样不靠谱的意见。那查谁呢？从御史大夫，也就是副丞相这个级别以下的高官，都要一一质询，看他们在这个建议形成过程中分别扮演了什么角色。

汉武帝不责问石庆，反而让石庆感到不安。这么大数量的流民那可不是开玩笑的，随时可能引发大规模动乱，是严重的安全隐患。不管石庆有没有参与迁徙意见的讨论，作为丞相，首先不应该让国家出现这种情况；现在出问题了，还不能及时拿出妥善的处理方案，那更是失职。所以石庆就主动向汉武帝申请辞职，石庆在辞职报告里说，自己不仅没为国家治理作什么贡献，而且在他做丞相的这几年里粮仓都空了，老百姓在本地活不下去，开始流亡，"罪当伏斧质，上不忍致法。愿归丞相侯印，乞骸骨归，避贤者路"（《汉书·万石卫直周张传》）。发生这种情况，石庆说自己本来应该伏诛，皇帝仁慈，没这么做。他自己觉得不能再占着丞相的位置了，得给有能力解决问题的人腾腾位置，所以他愿意把丞相印交出来，退休养老。

没想到这封辞职报告惹得汉武帝大怒。本来不打算责问石庆的汉武帝，接到这份报告后，直接就把石庆跟那些建议迁徙流民的大臣划成一拨，狠狠数落了石庆一通。汉武帝问石庆是不是知道自己有这么些不是。这些年来黄河泛滥，百姓流离，他这个做皇帝的走了多少路，下了多少功夫，想了多少辙，受了多少累，整顿吏治，确立"流民法"，想让百姓安生下来。而石庆这个做丞相的呢？眼看着流民越来越多，不督责地方官吏好好治理，还轻易提出四十万人口发配边疆的计划。四十万人口，说发边就发边，得造成多大骚动啊！对石庆的表现，他感到非常失望！现在知道这个烂摊子没法收拾了，石庆想拍拍屁股走人，"动危之而辞位，欲安归难乎？君其反室！"（《汉书·万石卫直周张传》）让国家陷入这么危困的局面之后想辞职了，那让谁来接这个烂摊子，让谁来承担责任啊？你石庆想辞职，也行啊，那就回家待着去吧！

要说石庆这个人实在太老实。他看汉武帝最后说让他回家待着去，以为汉武帝真的允许他辞职了，就打算把丞相印交上去。这时候旁边有人提醒他了，让他听人说话得辨别辨别有没有弦外之音，皇帝这哪是允许他辞职啊，这么严厉的口吻，那是很深的责备啊，让他回家待着，那是反话啊！另外有个人跟石庆说，他这次把皇帝气得够呛，还给他出了一个主意——学前面那几个丞相，自杀吧。这话搁在我们今天，听着多别扭，哪有劝人自杀的？但大家不要忘了，石庆前面三位丞相的确都是自杀的，无一例外。现在有人拿这话劝石庆，倒也不奇怪，更让我们感觉到当时的政治环境不轻松。经过这些人提醒，石庆才算弄明白，原来汉武帝这话不是允许他辞职的意思，说的是反话。那怎么办？真的自杀吗？石庆想了想，算了，不辞职了，也不自杀了，还是回去做丞相吧。就这样，石庆算是侥幸过关，汉武帝也没再责备他。

我想石庆能保住这条命，跟他木讷有很大关系，他连正话反话都听不出来，换成一个敏感一点的人，在汉武帝这么严厉的责备下，很有可能真的自杀了。丞相自杀，可以说是用一种极端的方式来承担政治责任。虽然石庆最终没有自杀，但既然有人劝他自杀，说明在很多人眼里，石庆的确应该为当时的局面承担责任。那么当时为什么会出现这么大批量的流民？该不该由石庆来承担这个责任？从汉武帝对石庆的强烈谴责中，我们又能读出什么？

班固比较全面地记录了汉武帝谴责石庆的台词，概括一下，包含两层意思：第一层意思，汉武帝说自己为了了解并解决百姓的疾苦，做了很多工作；第二层意思，汉武帝批评从丞相到地方官吏这些大大小小的官员们，不仅没有尽职尽责做好本分工作，还给国家添乱，乃至破坏安定团结。

谈到深入了解并设法解决民间疾苦，汉武帝说自己曾经"巡方州，礼嵩岳，通八神，以合宣房。济淮江，历山滨海，问百年民所疾苦"（《汉书·万石卫直周张传》）。四出巡行，敬礼神灵，成功地堵塞了黄河缺口；又过淮河、渡长江，沿着崎岖的山路，来到遥远的海边地区，亲自临问百姓的疾苦。这一问下来，发现老百姓面临什么问题呢？"惟吏多私，征求无已，去者便，居者扰，故为流民法，以禁重赋。"（《汉书·万石卫直周张传》）经汉武帝这么一说，为什么会产生流民的原因就出来了。汉武帝说，是因为地方官吏贪得无厌、横征暴敛，老百姓为了维持生活，规避这种无休止的压榨，只能逃离故土。要是待在那儿的话，地方官府可能就会不停地骚扰他们。为了解决这个问题，汉武帝特地创立了"流民法"，这条法令的核心内容就是禁止地方官吏横征暴敛，它所要达到的目的，是希望百姓能在家乡安居乐业，不要到处流窜。

这些内容，都是汉武帝在表彰自己的功绩。

但法令公布以后，执行的效果如何呢？"切比闾里，知吏奸邪。委任有司，然则官旷民愁，盗贼公行……今流民愈多，计文不改。"（《汉书·万石卫直周张传》）汉武帝说，根据从民间搜集来的情况，他也知道基层办事人员普遍奸邪，所以希望有关政府部门多承担点责任。但是绝大多数官员行政不作为，老百姓依然愁苦，甚至出现了盗贼公然作案的现象，导致"流民法"颁布以来，流民不仅没有减少，反而越来越多。流民多了，地方上的常住人口减少，照理来说缴纳的税额就该减少；奇怪的是，每次地方政府报上来的税额还是一样，从未见减少。这说明地方政府为了隐瞒实情、逃避责任，转而加重了对留住居民的剥削。这番话，就转入汉武帝的第二层意思了，批评以丞相为首的百官不仅不作为，而且欺骗、蒙混，使得国家没能得到治理，社会秩序紊乱。

这么一大段义正词严的台词，似乎把当时国家为什么会出现这么大的安全隐患的责任问题，分析得很清楚。一是基层官吏横征暴敛，欺压百姓，使得百姓不能安居乐业，以至于流离失所。二是政府各部门没有履行相应的职责，使得法令虚设，如同一纸空文。这些原因叠加起来，使得流民问题越来越严重，也使得汉武帝本人多年以来治理国家、安定社会的努力付之东流。

如果汉武帝的这番指责符合事实，那不要说让石庆引咎辞职合情合理，即便石庆真的引刀自裁了，恐怕也没有人说他冤枉。现在的问题就在于，汉武帝的这个责任认定方案符不符合事实？

有一句话叫"察其言，观其行"，光听汉武帝这么说不行，我们还要考察一下实际情况。

大家知道，汉武帝时代有两件大事惊天动地：一是四面出击，威服四夷，尤其是和匈奴长期作战，消耗了大量国力；二是迷信神仙，四出巡游，为求长生不老，耗费大量财富。我在序章里，曾用十六个字概括过汉武帝的一生："内强皇权，外服四夷，迷信神仙，晚年改辙。"中间"外服四夷，迷信神仙"这八个字，讲的就是这两件事。这两件事合在一起，造成国库空虚，拉出很大的一个财政缺口。战争造成了什么后果？"大农陈藏钱经耗，赋税既竭，犹不足以奉战士。"（《史记·平准书》）主管国家财政的大农令说，国库遗存的经费和向老百姓征收的赋税全都花完，还不足以供应战士的口粮和基本装备。

这种情况下，汉武帝还要大兴土木、四出巡行。按汉武帝自己的说法，各地长官不安顿老百姓生活，他巡行各地，是为了了解百姓疾苦。事实是这样么？汉武帝"东度河，河东守不意行至，不辨，自杀。行西逾陇，陇西守以行往卒，天子从官不得食，陇西守自杀"（《史记·平准书》）。汉武帝东渡黄河，河东太守自杀，西越陇山，陇西太守自杀。这两个人为什么自杀？汉武帝出巡不是一个人去，每到一个地方，护卫武士、侍从官员、供给杂役，呼啦啦一大片，动辄几万甚至十几万人。这么多人只要在地方上待两天，就够地方官受的，每天这么多张嘴要吃饭呐。当时是农业社会，仓促之间哪里去弄这么多粮食？皇帝面前交不了差，两位太守只能自杀了。所以，汉武帝说巡行是为了了解民间疾苦，事实上反而给地方财政造成巨大压力，逼死了两位地方长官。

根据这些情况来看，产生大量流民，的确和苛捐杂税、横征暴敛有关，老百姓的基本生活得不到保障。但产生这种现象的原因，并不是像汉武帝说的那样简单。为什么要征这么多税？还不是上面给的压力！一来要给朝廷交差，弥补战争、巡行造成的财政缺口；

二来地方财政也得来个有备无患，万一哪一天皇帝又带了一大帮人来视察呢？

我们对比一下《史记》《汉书》《资治通鉴》的相关记载，会发现三位史学家都知道汉武帝才是流民问题的首要责任人。只不过他们三个人中，一个拐着弯说，一个直接说，还有一个换了个角度说。

拐着弯说的是班固。《汉书·万石卫直周张传》原封不动地抄录了汉武帝对石庆的训斥，就是我们前面引用过的那些话。至于汉武帝陈述的是不是事实，流民问题是不是像汉武帝说的那样该由以丞相石庆为代表的官员们负责？班固在这里没有作任何探讨。但这不代表班固不知道真相，班固在另外一个地方把这个问题点出来了。

他是怎么点的呢？有一个叫杜延年的人，生活在汉武帝之后的汉昭帝时代，班固借助他的眼睛和嘴巴，总结了流民问题的本质。杜延年见"国家承武帝奢侈、师旅之后，数为大将军光言：'年岁比不登，流民未尽还，宜修孝文时政，示以俭约宽和。'"（《汉书·杜周传》）就是说杜延年看到，由于汉武帝的奢侈挥霍、大振师旅，国家呈现凋敝状态，所以他劝当时辅政的大将军霍光，说这些年年成还不好，很多流民还没回到故乡，国家应该减少开支，恢复汉文帝时候休养生息的政策。通过这段话，班固间接地说明了汉武帝和流民之间的关系。在《汉书·万石卫直周张传》里没有说出来的那些话，班固在这里委婉地表达了。

司马光可不像班固那么遮遮掩掩，对流民问题的责任人是谁，司马光毫不客气地把真相直接揭露出来了。

他是怎么揭露的呢？汉武帝训斥石庆解决流民问题不力，这件事发生在元封四年。我们看《资治通鉴》元封四年，司马光一字不提汉武帝那番既要为自己辩护，又要为流民问题寻找替罪羊的台词，这说明司马光根本不认同汉武帝的这套说法，知道汉武帝说的完全和事实相反。那在司马光眼里，这种国库空虚、百姓动荡的局面是怎么造成的呢？"孝武内穷侈靡，外攘夷狄，天下萧然，财力耗矣！"（《资治通鉴》卷十六）讲得非常明白，"天下萧然"这种局面的出现，究其原因就在于汉武帝奢侈挥霍、四处作战。有这么坚定的意见，所以司马光对汉武帝那套说法不屑一顾，没有抄进《资治通鉴》。前面提到过的杜延年的那些话，"国家承武帝奢侈、师旅之后……年岁比不登，流民未尽还"（《资治通鉴》卷二十三），司马光倒是一字不漏，全文照抄。因为这段文字可以体现汉武帝和流民问题之间的关系。

剩下的换个角度来叙述流民问题真相的，当然就是司马迁了。《史记·万石张叔列传》里也有汉武帝责备石庆的话，但就那么短短几句："仓廪既空，民贫流亡，而君欲请徙之，摇荡不安，动危之，而辞位，君欲安归难乎？"现在国库空虚，人民为了生计而流亡，大臣提出的这个迁徙流亡人口到边境的方案，不仅不足以解决问题，反而会引起更大的骚动。现在石庆你又要辞职了，是想把这个难题扔给谁呢？

这里既没有提及流民是怎么产生的问题，也没有提谁该为此负责的问题。司马迁把这些问题全抛开了，仅仅针对石庆辞职，就事论事。司马迁为什么要忽视关于责任的问题呢？其实司马迁只是换了个角度看问题，通过司马迁的这个角度，我们能把问题看得更透彻。那么，司马迁是站在怎样的角度来反思这个问题的呢？

四、汉武帝统治下的丞相

班固和司马光，或含蓄或直接地指出汉武帝把流民问题的责任推给石庆是不妥当的；司马迁对这个问题却避而不谈。其实司马迁是有道理的。不要说两百万流民这么大的问题，石庆负不了责，换成其他问题，石庆能负责吗？在汉武帝手下，石庆是一个说了能算的丞相吗？"尝欲请治上近臣所忠、九卿咸宣罪，不能服，反受其过，赎罪。"（《史记·万石张叔列传》）石庆想治两个级别比他低的臣僚的罪都治不了，他们虽然级别比石庆低，但很受汉武帝信任。石庆不仅没治成他们，还被他们反咬一口，得拿出钱来为自己赎罪。这样的丞相，能为两百万流民负责？这种问题问都不需要问，石庆手里根本没有实权！石庆如此，其他几位丞相呢？"武彊侯庄青翟、高陵侯赵周等为丞相。皆以列侯继嗣，娖娖廉谨，为丞相备员而已，无所能发明功名有著于当世者。"（《史记·张丞相列传》）庄青翟和赵周，这两个公孙弘之后被任命的丞相，还是贵族子弟出身，但他们在丞相的位置上，也只是小心谨慎，充当备员而已，根本没有发挥才智的余地。

所以在司马迁看来，在石庆这件事上，问谁应该替流民问题负责是毫无意义的，更有意义的问题，是要考察汉武帝到底是怎么用人的，这些丞相们在汉武帝统治下到底扮演着什么角色。比如石庆这样的人，小心谨慎到刻板，听不出皇帝说的是正话反话，司马迁更是直接评价他"无他大略，为百姓言"（《史记·万石张叔列传》），没有什么为百姓谋划的才略，这样的人是怎么做上丞相的呢？汉武帝为什么会挑中这样的人呢？这才是问题的关键。司马迁反复感叹："且欲兴圣统，唯在择任将相哉！唯在择任将相哉！"（《史记·匈奴列传》）真要兴致太平，最重要的事情莫过于选择贤才担任将相。司马迁这话反过来理解，就是批评汉武帝没能选贤任能。

汉武帝是没有识别人才的能力吗？并不是。那为什么汉武帝偏要任命石庆这样的人做丞相呢？这是司马迁也没有明确提出过的问题。站在我们今天的角度，却能把这个问题看得一清二楚。汉武帝需要的正是石庆这样的人。为什么这么说？其实汉武帝需要的不是才能，而是顺从。汉武帝需要的就是公孙弘、石庆这样能够完全附属于皇权的丞相。这是汉武帝加强皇权过程中的预定目标。

那么这样的丞相除了充当汉武帝的附庸之外，还能充当什么角色呢？石庆的经历很清晰地告诉我们，这些人可以在必要的时候充当替罪羊，或是必要的政治牺牲品。石庆只不过侥幸躲过一劫，没有自杀。其他几位丞相就没这么幸运了。

比如石庆的前任赵周，他碰到了什么事呢？汉代的列侯和诸侯王都有义务向朝廷进贡黄金，以供祭祀的时候用。元鼎五年（公元前112年），汉武帝查了一下列侯们贡献的黄金，说很多人献的金子分量、成色都不足，为此汉武帝削夺了一百零六个人的侯爵。当时的丞相赵周，被认为有知情不报的责任，被迫自杀了。我们前面讲过很多汉武帝为加强皇权而打击诸侯的故事，这件事我们一看就知道，又是老套路，黄金分量、成色不足，只是借口，目的就是要打击诸侯势力，加强中央集权。这本来不关赵周什么事，但迫于当时的政治压力，赵周还是自杀了。

前文所引班固介绍相府客馆命运的那段文字后面，其实还有一句话，全文是这样的："其后李蔡、严青翟、赵周、石庆、公孙贺、刘屈氂继踵为丞相。自蔡至庆，丞相府客馆丘虚而已。至贺、屈氂时坏以为马厩车库奴婢室矣。唯庆以惇谨，复终相位，其余尽伏诛云。"（《汉书·公孙弘卜式儿宽传》）这段话分三个层次，前面两个分别为罗列公孙弘之后的丞相名单和交代相府客馆命运，前文已经介绍过了。有意思的是第三个层次。班固笔锋一转，第三个层次又重新回到那六位丞相身上，交代他们的命运，说其中唯有石庆因忠厚谨慎终老相位，其余五位都未得善终。

　　班固的这个叙述结构，至少有两点疑问。先说第一点。这段文字第一层和第三层都在讲几位丞相，却在中间插入关于相府客馆的描写。班固为什么不顺着丞相名单，把他们的命运交代了呢？如果我们尝试着把讲述客馆变迁的文字全部删去，会发现不仅不影响词句的完整性，反而使得文理更通顺。删去客馆命运后的文字就变成这样："其后李蔡、严青翟、赵周、石庆、公孙贺、刘屈氂继踵为丞相，唯庆以惇谨，复终相位，其余尽伏诛云。"文意相扣，严丝合缝。班固为什么非要在中间插入相府客馆的命运？我想，班固正是要让相府客馆惨淡的结局和六位丞相黯然的命运交相呼应，烘托出观察汉武帝时代的一个特殊窗口。在汉武帝的皇权威严下，丞相们不仅留不住相府客馆，连自身的命运都无法掌控。

　　第二个疑问和丞相们的命运有关。接替公孙弘的李蔡，在相位仅三年左右时间，因非法侵盗土地罪，自杀了。又是三年不到，后任丞相庄青翟与御史大夫张汤讧斗，最终也是以自杀的方式结束了生命。继而为相的赵周，同样在相位上待了三年左右，最终成为汉武帝打击诸侯势力的牺牲品，在狱中自杀。有这三位丞相的先例，就无怪乎当石庆因未能妥善处理流民问题而遭汉武帝痛斥时，就有人劝他自杀以谢罪；也无怪乎当汉武帝任命公孙贺为相时，公孙贺呜咽哽涕，长跪不起，不愿接受这个职位。石庆因木讷、反应迟钝，最终没有自杀，侥幸躲过一劫。而在他之后的公孙贺和刘屈氂，却都因卷入巫蛊案，被汉武帝无情地斩杀了。

这就是班固罗列的六位丞相的命运，三人自杀，二人被杀，一人差点自杀。如此悲情，汉武帝的丞相就没一个命好点的吗？其实公孙弘之后，汉武帝总共任命过七位丞相，刘屈氂之后还有一位田千秋。班固把名单列到刘屈氂，戛然而止，没把田千秋列进去。恰恰就是这位田千秋的命运，和前面六位大不相同。

田千秋出现在"巫蛊之祸"后。太子刘据遭栽赃陷害，被指利用巫术诅咒汉武帝。刘据为求自保，仓促起兵，却在兵败后自杀。这场裹挟着腥风血雨的人伦巨变，让迟暮之年的汉武帝陷入了沉思。官卑职微的田千秋假托神灵意旨，替太子鸣冤抱屈。田千秋的出现，正好给了汉武帝一个台阶，让他有了替太子平反的机会和借口。理顺了太子案，汉武帝在短短几个月内，把田千秋从极其低微的职位上，破格提拔为百僚之首的丞相，并封他为"富民侯"。汉武帝去世以后，田千秋仍然是丞相。直到汉昭帝元凤四年（公元前77年）薨逝，田千秋在相位上前后待了十三个年头。在《汉书·公孙弘卜式兒宽传》中，田千秋这位好命丞相被班固选择性地遗忘了。班固为什么这么做？另外，又是什么造就了田千秋的命运，是他的才能、功绩远远胜过前几位丞相吗？

班固说田千秋"无他材能术学，又无伐阅功劳，特以一言寤意，旬月取宰相封侯，世未尝有也"（《汉书·公孙刘田王杨蔡陈郑传》）。既无才学，又无功劳，只不过替太子鸣冤恰巧符合了汉武帝的需求，因而拜相封侯。汉武帝去世后，霍光以大将军身份辅政，对这个阶段的丞相田千秋，《资治通鉴》评价道："时政事壹决大将军光，千秋居丞相位，谨厚自守而已。"依然因循守默，无所作为。

看来论才能、功绩，田千秋并不比他的六位前任强。那为什么前六任命运如此不济，而田千秋却恰恰相反呢？看来关键原因不在这些丞相们身上，而在用这些丞相的汉武帝身上。自公孙弘之后，汉武帝为什么始终选择这些平庸之辈来担任丞相的要职？

汉武帝可能从来没想过要让这些丞相主导大汉帝国的政策走向，主导政策走向的，始终是他自己。在加强皇权的过程中，汉武帝任用酷吏，造成国内政治的紧张，庄青翟、赵周的死与此有关。对外政策上，汉武帝四面出击、开疆拓土，使得国库虚耗、百姓流离，石庆差点自杀与此有关。此外，汉武帝又受方士迷惑，为求神慕仙而广营宫室、巡行封禅，更加剧了社会财富的消耗。而且正是汉武帝的这种迷信心态为人利用，酿成了巫蛊之祸。公孙贺、刘屈氂正是死于巫蛊。所以这几位丞相的命运，几乎都与那个时代的政治危机息息相关。

田千秋的命运不同是因为他出现在汉武帝洗心革面之后。巫蛊之祸让汉武帝痛定思痛，开始彻底反省以往的所作所为，并颁布了著名的"轮台罪己诏"，终止了以往四面拓张、大开大阖的政策，决定转向休养生息。因此汉武帝在任命田千秋为相的同时，封他为"富民侯"。"富民"二字正透露出汉武帝改革国策的信息。所以，田千秋和李蔡等人，虽同为汉武帝时代的丞相，却属于不同的历史时期，其中的界限，即在于汉武帝的国策取向。李蔡等六人的命运是和穷兵黩武、骄奢淫侈的汉武帝时代紧密联系在一起的，田千秋却不是。所以班固提到公孙弘的继任时，撇开了田千秋，而是让李蔡等六人和遭废弃的相府客馆一起，共同定格了汉武帝那个雄武拓张却民不聊生的特殊年代。

第七章 张汤的沉浮人生

关于汉武帝时期的丞相，为什么会有这么多自杀、被杀的，当然也包括出现石庆这样差点自杀的情况，我们前面从一个角度对这个问题进行了分析。原因在于这些人很大程度上充当了政治斗争的牺牲品。其实除此之外，这些丞相的死还和汉武帝时期另外一个统治特征有关系，这个统治特征就是酷吏政治。丞相庄青翟就是死于酷吏政治的典型。把庄青翟推上死路的，正是汉武帝任用的酷吏代表张汤。庄青翟和张汤之间，到底发生了什么？

一、盗墓案引发的政治斗争

汉武帝元鼎年间，有人发现汉文帝的陵园遭到破坏，一些埋在地下陪葬的钱币被盗走了。令人意想不到的是，这桩盗墓案竟然引发了两位高级官僚的生死搏斗。

皇帝陵园被盗当然是大事，得有人为这件事负责。当时的丞相庄青翟就和御史大夫张汤商量，一起到汉武帝跟前去谢罪。御史大夫相当于副丞相了，丞相、副丞相打算站出来为这件事承担责任。张汤当面答应了庄青翟，背后却另有主意，到了汉武帝那儿，"汤念独丞相以四时行园，当谢，汤无与也，不谢"（《史记·酷吏列传》）。张汤说丞相有一年四季巡视陵园的职责，陵园被盗是丞相失职，庄青翟理当承担责任；但没有法令规定说御史大夫也负有保护陵园的责任，所以这个事情应该怪不到他头上。本来张汤从各有职责的角度出发，认为自己不应该替这件事负责，也有一定道理。但他一开始就该实话实说，而不是用两面派的手法对付庄青翟。更甚者，趁着汉武帝派人查处此事的机会，张汤还想进一步除掉庄青翟。

那怎样才能达到这个目的呢？"汤欲致其文丞相见知。"（《史记·酷吏列传》）张汤是舞文弄墨的老手，只要能在案卷当中落下"丞相见知"这四个字，就能置庄青翟于死地。这四个字为什么有这么大的魔力？秦始皇的时候就有一条法律："吏见知不举者与同罪。"（《史记·秦始皇本纪》）所谓"见知不举"用今天的话讲就是知情不报，有人犯法，官吏中有知情不报的，和当事人同罪。汉武帝时代就专门设置了一条"见知法"，"吏见知不举劾为故纵"（《史记集解》），官吏当中对于他人犯法行为知情不报的，那就要按故意放纵罪犯的罪名被纠劾。

这样看来，张汤为什么要落"丞相见知"这四个字的意图就很明显了。落了这四个字，汉文帝陵园被盗案，庄青翟就是同犯，偷盗皇帝陵园，那是死罪一条。但事实上庄青翟并不知道有人会去盗墓，怎么说他知情不报呢？那就要看审讯的本事了，诱供、逼供乃至对供词断章取义。那不是违背事实吗？

事实上，这种查案方法，在中国古代是常见的。张汤就是玩这个的高手。像张汤这样，善于在断案过程中玩文字游戏，通过苛刻地解释、应用法律条文给人罗织罪名的官员，有一个特定的名称，叫"酷吏"。司马迁写《史记》，专门设了一篇《酷吏列传》，写的就是这类时常舞文弄墨陷人于死地的冷血官吏。

现在张汤又要用这一手来对付庄青翟，庄青翟也逐渐明白了张汤的意图，非常头疼。这时候就有人出来替庄青翟解围了。谁呢？庄青翟手下有三位长史，职责是帮助丞相处理各类文书。这三位长史都非常痛恨张汤。为什么呢？张汤平时对待这三个人非常傲慢，甚至当众凌辱他们。所以这三位长史都想找机会报复张汤。现在有这么一件事摆在面前，弄不好他们的上司庄青翟就保不住了，是他们该出手的时候了。这三位一合计，取得了一致认识：要扳回这一局，只有趁庄青翟的案子落槌之前把张汤先除掉，先发制人。

整个事情到这里就完全变味了，本来是要追查盗墓案，现在变成了丞相和御史大夫之间的政治斗争了。

二、张汤与庄青翟之死

三位丞相长史为了保护庄青翟，决定先下手为强，除掉张汤。那就得找一个缺口入手，他们让人逮捕了一个和张汤有交往的商人，名叫田信。说田信经常能够预先知道朝廷动向，根据这些信息来判断什么商品能走俏，所以挣了大钱。一个普通商人，他怎么知道朝廷风向？三位长史说，就是张汤透露给他的，张汤当然也不能白给消息，田信得把挣到的钱分一部分给张汤。

这个说法慢慢就传到汉武帝耳朵里了，汉武帝心里不是滋味。因为他非常信任张汤，张汤却把朝廷的重要信息泄露出去了。汉武帝找了个机会问张汤："吾所为，贾人辄先知之，益居其物，是类有以吾谋告之者。"（《史记·酷吏列传》）即他想做的事情，有些商人似乎都会提前知道，囤积相关货物，好像是有人故意走漏消息给他们。张汤什么反应呢？"汤不谢，又阳惊曰：'固宜有。'"

（《汉书·张汤传》）张汤不仅不承认、不谢罪，反而装作很吃惊的样子说，那肯定是有人在做这样的事情。

张汤这话答得不聪明，汉武帝为什么问他这话？很明显已经在怀疑他了。无论是有还是没有，张汤都应该主动说明一下，这样汉武帝的感觉可能会好些。现在张汤佯装不知，汉武帝更有一种被欺骗的感觉，对张汤的表现很不满意。这就导致整个案件的走向发生了变化。本来是张汤想利用汉文帝陵园被盗事件主动出击，除掉庄青翟，结果在庄青翟手下三位长史的反击下，反而引火烧身了。真叫无巧不成书，恰在这个时候，张汤另外一件事也被揭发出来了：张汤曾经和一位手下合谋，舞文弄墨害死过一个仇家。这件事不早不晚，也在这个时候报到汉武帝这儿了。

汉武帝大怒，"上以汤怀诈面欺，使使八辈簿责汤"（《汉书·张汤传》）。汉武帝认为张汤这个人奸诈，当面欺君，前后派了八位特使和张汤对簿公堂。张汤扛不住压力，自杀了，自杀前留下一句话："谋陷汤者，三长史也。"（《汉书·张汤传》）说这是三位长史陷害我。张汤死了以后，一抄家，办案的官吏傻了，"家产直不过五百金，皆所得奉赐，无它赢"（《汉书·张汤传》）。不是说他靠卖消息和不法商人坐地分赃吗？怎么就这点财产？而且或是俸禄，或是皇帝的赏赐，一一都能说明来源。

张汤的子弟们要厚葬张汤。张汤的母亲说，张汤身为天子大臣，被人恶言中伤而死，风光大葬给谁看？"载以牛车，有棺而无椁。"（《汉书·张汤传》）古人下葬，棺材外面还要套一个大棺，叫做椁。张汤的灵柩用牛车载着，只有薄棺一口，甚至连配套的椁都没有。张汤母亲给儿子办的这个葬礼，不仅简陋，而且简陋得有点不合基本礼数了。这是一种无声的抗议，当然是做给汉武帝看的。汉武帝也看到了，说了句话：" '非此母不生此子。'乃尽按诛三长史。丞相青翟自杀。"（《汉书·张汤传》）汉武帝说这老太太脾气拗，不是这样的母亲，生不出张汤这样的儿子。为了给个交代，汉武帝就把这三位长史全杀了。丞相庄青翟还是没能逃过这一劫，也自杀了。

这个故事看上去跌宕起伏，一波三折。由汉文帝陵园被盗引发的这么一桩案子，中间夹杂着丞相和御史大夫两位高官的政治斗争，最后两败俱伤。但仔细把事情再捋一遍，你会发现从头到尾全是一笔糊涂账。首先，整件事是由陵园被盗引出来的，审讯了那么久，盗贼呢？在哪里？发展到最后根本没有人关心这个问题了。再一个问题，张汤和商人之间到底有没有勾结？如果没有勾结，三位长史何以言之凿凿？如果有勾结，最后抄家为什么就这个结果？一桩官司，五条人命，而且死的都是朝廷高官，事情却始终没说清楚。

三、张汤的角色定位

我们回顾一下整个事件，从张汤想用"丞相见知"这四个字中伤庄青翟开始，事情的走向就彻底改变了。尽管张汤没有料到这次最后会把自己绕进去，但他的确是改变事情走向的关键人物。通观张汤一生事迹，陷害庄青翟的手法还算不上是最残酷、最离谱的，我们能找到更加令人拍案惊奇的故事。

张汤曾经把一个叫颜异的人送上断头台，理由仅仅是因为颜异的嘴唇在不该动的时候动了一下。听上去很神奇吧！颜异是汉武帝时期的大农令，负责中央财政，也是级别非常高的官员。颜异和张汤之间，无论是政见还是个人品性，都是格格不入。所以这两人平时就有些矛盾。后来颜异因为其他一些事情，被人检举了，由张汤负责调查。张汤查出这么一个细节："异与客语，客语初令下有不便者，异不应，微反唇。"（《史记·平准书》）颜异和别人谈话，对方的话题涉及朝廷法令，说最近的法令有行不通的地方。颜异听完以后，没有用语言回应对方，既不表示赞成，也不表示反对，但是嘴唇微微动了一下。

有人当着颜异的面批评朝廷法令，颜异很有可能是顾及自己政府要员的身份，不便贸然表态，只是嘴唇微微动了一下。一个大活人，别人跟他说话，不能要求他什么反应都没有。这么正常的一件事，到了张汤这里，被赋予了超乎常人想象的解释：嘴唇动一下，表示本来有话想说，但最后还是没把话说出来。什么话不能正大光明地说出来呢？那一定不是好话！既然当时谈话的主题是关于朝廷法令的，那么颜异想说而没说出来的话，毫无疑问就是诽谤、攻击朝廷法令的话。所以张汤就奏呈汉武帝，说："异九卿见令不便，不入言而腹非，论死。"（《汉书·食货志》）颜异身为高级官员，看到法令有不好的地方，不在朝廷上提出来讨论，却在心里面诽谤、攻击，说明这个人奸诈狡猾，阳奉阴违，应当处死。汉武帝能同意张汤这个建议处死颜异吗？颜异还真被处死了，原因就是他的嘴唇动了那么一下。

一位高官以这样的罪名被处死，在今天看来是件多么滑稽的事情。这难道仅仅是因为张汤的残酷吗？背后肯定还有更深层的原因。

自从汉朝主动出击匈奴以来，军费开支日益高涨，中央财政也越来越紧张。再加上汉武帝还要求神仙、造宫殿，用度更是不足。为了缓解财政压力，汉武帝想尽了办法。其中有一招，用一种白鹿的鹿皮做成"皮币"，规定王侯宗室朝觐天子，或是他们之间有相应的礼节来往，必须用这种白鹿皮币献礼。但这种白鹿非常特殊，只有皇家林苑里有，所以也只有朝廷手里才有白鹿皮币，其他人要用只能向中央政府购买。怎么卖呢？一个皮币作价四十万！真是生财有道。给汉武帝出"白鹿皮币"这个主意的，正是张汤。

颜异却不太识时务，对"白鹿皮币"政策非常不赞成，他甚至当着汉武帝的面批评这项政策。颜异提完批评意见后不久就出事了，就出现了前文讲述的"动嘴唇"这档子事。表面上看起来是张汤罗织罪名陷害颜异，其实颜异被杀的真正原因，是他反对当时朝廷的敛财政策。而颜异身为大司农，正是当时政府部门中最重要的财政官员。他对相关财政政策持反对意见，肯定会产生一定影响力。这就是颜异为什么会被杀的深层玄机。这一点，当时所有的大臣都看得很清楚："自是之后，有腹诽之法比，而公卿大夫多谄谀取容矣。"（《资治通鉴》卷二十）腹诽就是在心里面非议，不说出来。颜异这个案子确立了即便是"腹诽"也可以判死刑的先例，以后有类似情况可以参照办理。公卿大夫们从此以后只做一件事，那就是谄媚、阿谀，不敢提任何反对意见。

四、面子与里子

回顾一下张汤的相关事迹，会发现他和另外一个人很像，就是之前介绍过的公孙弘。我们至少可以从他们身上找出三个共同点：一是他们的出身，二是他们的起家途径，三是他们和汉武帝相处的方法。

　　首先来看这两个人的出身有何相似之处。公孙弘家境贫寒，替人放猪，到四十岁才有机会学习儒家经典。张汤可以说也是从基层摸爬滚打上来的，他原先只是长安的一个小吏。所以张汤和公孙弘在整个官僚集团里，相对于那些贵族出身的官员，有很明显的寒族特征。这类没身份、没背景的人，更容易被操控。

　　其次，张汤能从官僚群体里面凸显出来，和公孙弘能做到丞相的原因一样，都来自皇权的直接推动。

　　第三，我们来看张汤是如何处理自己和汉武帝的关系的。张汤办案有一个特点，不同的人撞到他手里，他会区别对待，区别的标准是什么呢？"所治即上意所欲罪，予监吏深刻者；即上意所欲释，予监吏轻平者。"（《汉书·张汤传》）张汤很会辨别汉武帝的风向，如果犯事的人正是汉武帝厌恶、想严厉打压的，张汤就把他交给性格刻薄、善于罗织罪名的狱吏去处理；如果碰上汉武帝想替他开脱罪责的人，张汤就把他交给为人宽厚、作风平实的狱吏处理。说是凭法律来断案，其实最终结果如何，关键都看张汤怎么"操作"。而张汤又主要是看汉武帝的脸色。这说明张汤断案，既不是把事实放在第一位，也不是把法令放在第一位，而是把汉武帝的意志放在第一位。这和公孙弘的为官之道不是很像吗？公孙弘没有自己的原则、立场，唯以汉武帝的立场为立场，所以才得到汉武帝的重用。

　　讲完三点相同，我们还要来讲一点不同。在汉武帝的统治体制里，张汤和公孙弘发挥的作用不同。汉武帝统治方法的本质，前人曾用一句非常精辟的话来概括："以儒术缘饰吏治。"什么叫"缘饰"？缘，就是衣服上的花边。汉武帝时候，整个国家的治理方法，就好比是一件衣服，以公孙弘为代表的儒学人物，只是这件衣服的花边，起到装点作用；衣服的主体，也就是汉武帝真正用来控制这个国家的手段，依然是张汤这样善于挥舞律令大棒，帮助他打压异己的官吏。汉武帝标榜儒学的目的，就在于用儒学的外衣来掩盖严刑峻法的真相。所以公孙弘和张汤是具有不同作用的统治工具，公孙弘是面子，张汤是里子，缺一不可。

很不幸的是，张汤把这么多人送上了断头台，自己最终也没有好下场。

第八章 酷吏辈出的时代

　　张汤的死，并不意味着汉武帝时代的酷吏政治结束了。像张汤这样的人物，在汉武帝时代大量存在。所以司马迁才会在《史记》里专设一篇《酷吏列传》，其中有很多事例被《资治通鉴》采用。司马光经常拿汉武帝和秦始皇作对比，觉得他们相差无几，酷吏现象就是司马光重要的立论证据之一。班固描述汉武帝时代，当然不会回避酷吏问题，但如果我们仔细对比《汉书·酷吏传》和《史记·酷吏列传》的话，就会发现这个时代的残酷性和压抑性已经被冲淡了很多。那么班固是怎样做到这一点的？经过这样处理之后，班固笔下汉武帝的面孔和司马迁、司马光所要描绘的汉武帝的面孔有何不同？

一、血腥的"道不拾遗"

　　元狩三年（公元前 120 年），汉武帝把广平都尉王温舒迁升为河内太守，因为王温舒在广平都尉的任上，把广平治理得是"道不拾遗"。都尉有一个重要职责，就是负责地方治安，在功能上说，有点类似今天的公安局局长，当然不能说完全相同。广平这个地方，在今天的河北省南部地区。在王温舒的治理下，"齐赵之郊盗贼不敢近广平"（《史记·酷吏列传》）。山东、河北这些与广平交界地区的盗贼，慑于王温舒的威名，都不敢靠近广平，更不用说到广平作案了。所以广平这个地方的治安非常好。由于这样的政绩，王温舒被提拔为河内太守，相当于今天河南北部地区的行政首长。

王温舒九月份到任，到了十二月，短短几个月时间，绩效就出来了："郡中毋声，毋敢夜行，野无犬吠之盗。"（《史记·酷吏列传》）整个郡里面清静了，人们都不敢晚上出来行走，因为晚上出门有进行不法活动的嫌疑，那些鸡鸣狗盗之辈更是敛声屏息了。有这么好的政绩，过了不久，王温舒又得到升迁了，这次是被升为中尉，负责京师的治安警卫，很重要的一个职位。

从这些情况来看，王温舒应该是个很有能力的官员，治理地方很见成效。汉武帝提拔他，也是看中他的政绩。但这么一个有能力、有政绩的官员，我们发现，《史记》和《汉书》都把他归在《酷吏传》里面。这又是为什么呢？我们无论是看待历史问题，还是看待现实问题，都需要全面考察，不能单看结果。因为呈现在你面前的结果，很可能是假象。王温舒治下的"道不拾遗"，就是一个假象。

"道不拾遗"这个词，让我们联想到的是民风淳朴，不属于自己的东西不会动念头去占有，所以掉在路上的东西不会被人捡走，回去找肯定能找回来。但史家们提到王温舒的政绩，都会在"道不拾遗"前加一个词，说："广平声为道不拾遗。"（《史记·酷吏列传》）"声为"，用我们今天的话说，就是"号称"，加上这么一个修饰词，似乎就话里有话了，暗示着这里的"道不拾遗"并不是因为民风淳朴，而是另有文章。我们就来看看王温舒是通过什么手段来达到"道不拾遗"这个治理效果的，这个"道不拾遗"的本质到底是什么。

王温舒这个人，如果我们知道他年轻时候的经历，可能就会皱眉头。年轻时候的王温舒，以杀人越货为业，"少时椎埋为奸"（《史记·酷吏列传》），倒是管杀也管理，属于地方黑恶势力。后来不知怎么摇身一变，混进官吏队伍了。他曾经在一位重要人物手下工作过，谁呢？张汤！所以王温舒后来断案，很有张汤的风格，甚至可以说青出于蓝胜于蓝。王温舒为什么能在短短几个月内把河内郡治理得服服帖帖？他一到任就着手逮捕、诛杀地方豪强猾吏，霎时间"连坐千余家""流血十余里"（《史记·酷吏列传》），办的几个案子，一牵扯就牵扯出一千多户人家，其中一大批涉案人员被判死刑，人头落地，流血十里。被处罚的这些人里面，可能的确不乏平时为非作歹、鱼肉乡里的恶徒，但王温舒的治理手段，也着实令人胆战心惊，一抬手就杀这么多人。

按程序，重大案件要报中央审批，为了缩短批复周期，王温舒准备了五十匹马，在河内和长安之间设置驿站，案卷就靠这些马和马接力传送。每一个案子审完，就用这种"快递"方式呈送到中央，一般两三天审批就能下来，他就可以开刀杀人了。王温舒连让死囚犯在监狱里多活几天的耐心都没有，另一方面也说明他想杀的人实在太多了，得让监狱迅速腾位置。汉代有一条规定，死刑只能在秋、冬两季执行，春、夏两季是不执行死刑的。针对这条规则，王温舒有一条著名言论，"会春，温舒顿足叹曰：'嗟乎！令冬月益展一月，足吾事矣！'"（《史记·酷吏列传》）每到春天，王温舒就跺着脚说：哎呀，要是冬天再多一个月该多好啊，就能把想杀的人全杀了。

这种情况下，"道不拾遗"是民风淳朴的体现吗？这是真正和谐治安的效果吗？在王温舒的治理下，人们为什么不敢在路上捡东西？因为这条路是用人血洗出来的！人们在这种恐怖统治下，噤若寒蝉，不敢发出任何声音。所以史家们说，王温舒的治理"声为道不拾遗"，要加"声为"两个字，说明这只是表面现象。这样的"道不拾遗"能持久吗？老百姓心里会服帖吗？

王温舒的例子就属于典型的"酷吏现象"。像王温舒这样的官吏并不是个别存在，在汉武帝时代，存在着一大批。那么"酷吏现象"和汉武帝的统治之间有着怎样的关系呢？它最终给汉武帝时代造成了什么问题？

二、酷吏风的出现

司马迁盘点了一下，认为从汉代建立以来，一直到他所生活的汉武帝时代，能够被称为"酷吏"的人，一共十三个，这十三个人的名字和事迹，被记载在《史记·酷吏列传》里。把这些人分分类，我们会发现一个很有趣的现象，这十三个人里面，只有三个属于汉武帝以前的时代，还有两个处于汉景帝时代到汉武帝时代的过渡期，剩下的八个都是在汉武帝时代涌现出来的。后来班固编《汉书·酷吏传》的时候，又补充了田广明、田云中弟兄两个人，作为汉武帝时代的酷吏。而汉武帝以后的酷吏，直到西汉灭亡，《汉书》总共才记载了三个。

我们根据司马迁和班固的记载，把这些数据综合一下，整个西汉被载入《酷吏传》的一共十八个人，汉武帝时代"贡献"了十个，如果把汉景帝时代过渡下来的两个也算上，那就有十二个。根据这点，我们可以说西汉的酷吏现象出现于汉景帝后期政治转型期，并在汉武帝时代集中爆发。

从司马迁和班固的记载来看，官吏在执法过程中歪曲法律、给人罗织罪名，甚至以杀人多为政绩，这个风气的确是在汉景帝后期至汉武帝时代形成的。何以见得？我们前面提到，十八个酷吏中有两个处于汉景帝时代到汉武帝时代的过渡期，我们以这两个人为临界点，前后做一个比较，就很容易得出结论。

这两个人分别叫宁成、周阳由（周阳是一个复姓）。从这两个人身上，我们至少可以总结出三个共同点：首先，都是手腕强硬。比如宁成负责管理京畿治安的时候，"宗室豪桀皆人人惴恐"（《史记·酷吏列传》），皇亲国戚、功臣豪门，看到他都害怕。周阳由呢？"所居郡，必夷其豪。"（《史记·酷吏列传》）到一个地方做长官，就要杀当地的豪强立威。其次，这两个人都性格骄横。《史记》说宁成"好气，为人小吏，必陵其长吏；为人上，操下如束湿薪"，气焰很盛，喜欢凌辱上司、欺压下属。周阳由也有同样的毛病："为守，视都尉如令。为都尉，必陵太守，夺之治。"（《史记·酷吏列传》）在地方上，太守负责民政，都尉负责治安，有这么一个大体的分工。周阳由自己做太守的时候，就把都尉当下级压着，他自己做都尉的时候，又要去侵夺太守的职权。而且《史记》说他"最为暴酷骄恣"，在当时的官吏里面，他应该是最暴虐骄纵的。第三，这两个人都徇私枉法。宁成在汉代最早使用严酷的刑罚对待犯错误的高级官员。后来他自己犯罪了，为了逃避刑罚，利用多年担任刑法官的便利，解脱刑具逃跑了。他跑到关外，买田买地，役使贫民耕种，变成一个大地主。周阳由呢？他执法最大的特点就是"所爱者，挠法活之；所憎者，曲法诛灭之"（《史记·酷吏列传》）。跟他关系好的人，即便真的犯死罪了，他也想办法歪曲法律让人活下来；如果是他憎恶的人，即便明知道罪不至死，他也要想办法歪曲法律把人弄死。

我们把这两个人和汉景帝后期政治转型之前的典型酷吏做个

对比，就会明白为什么说真正的酷吏时代，是从汉景帝后期至汉武帝时期开始的。在汉景帝前期，有个叫郅都的人，司马迁也把他算在酷吏这个群体里，是宁成和周阳由以前最有代表性的酷吏。我们来看一下，郅都这个人有哪些特点？郅都这个人，虽然执法比较严厉，"行法不避贵戚"（《史记·酷吏列传》），手腕也比较强硬，但和宁成、周阳由相比，郅都有两个明显的特征：第一，郅都这个人比较公正，没有什么歪曲法律给人罗织罪名的案例；第二，郅都也很廉洁，从不收受贿赂。

所以我们把宁成和周阳由这两个人和郅都进行对比，差别是很明显的。宁成和周阳由身上所具有的歪曲法律、徇私骄横的性格特征，很明显地传给了汉武帝时代其他的酷吏。汉武帝时期的酷吏基本上都具备这些特征，和汉景帝前期的酷吏代表郅都有明显的不同。为此史学家有两句话总结，第一句是"武帝即位，吏治尚修谨"（《汉书·酷吏传》），意思就是说汉武帝刚即位，风气还没变化的时候，整个吏治风气还是挺有规矩的。我们之前分析了，变化的萌芽从汉景帝后期就已经出现了，应该是在汉武帝早期还没有变得那么明显，所以史家才会有这样的概括。第二句话是说："自宁成、周阳由之后，事益多，民巧法，大抵吏之治类多成、由等矣。"（《史记·酷吏列传》）直接点了宁成和周阳由的名，既然官吏可以歪曲法律、上下其手，老百姓也就学会了钻法律空子。从宁成、周阳由以后，整个吏治的风气就坏掉了。

三、酷吏众生相

前面统计过，经过司马迁列举、班固补充，汉武帝继位以后产生的著名酷吏一共十个。我们按照顺序，把这十个人的大名过一遍：赵禹、张汤、义纵、王温舒、尹齐、杨仆、咸宣、杜周、田广明、田云中。我仔细归纳了一下，大概至少可以从他们身上总结出三个共同点：首先，这些人出身都比较低微；第二，治理手段都非常严酷；第三，这批人的下场普遍都不太好。

先看第一点，这批酷吏出身都不怎么高，很多都是从社会底层混上来的。张汤，还有尹齐、杨仆，都是基层办事员出身。杜周呢，早年是地方恶少，充当王温舒的爪牙。而王温舒本人就是劫匪出身。另外还有个义纵，年轻的时候也是抢劫犯。王温舒和义纵，就不仅是出身微贱的问题，还是从不法分子改头换面成为国家官吏了。

关于第二点，治理和断狱手段严酷，我们介绍张汤、王温舒的时候，大家已经领教过了。王温舒这个人，司马迁对他的性格、作风有一个很生动的描写，说他"为人少文，居廷惛惛不辩，至于中尉则心开"（《史记·酷吏列传》）。说他平时木讷，不善言辞，甚至给人感觉很昏昧，但一到中尉办案的地方，就精神抖擞，两眼发光，或许是大狱里的血腥味能给予他强烈的刺激。

再看第三点，这些酷吏平时用残酷的刑罚对付别人，最后轮到自己的时候，下场普遍不怎么好。汉武帝时期的这十个酷吏，有八个都因为触犯法网，黯然退出官场，其中有六个或自杀或被杀。还是举王温舒的例子，王温舒因为受贿、枉法等罪行被告发以后，不仅他本人自杀了，还连累了两个弟弟和两位亲家，加上他自己家，这五家人全都被诛杀。当时就有人感叹："悲夫！夫古有三族，而王温舒罪至同时而五族乎！"（《史记·酷吏列传》）古代严刑酷法，一人有罪，诛及三族，这三族是指父母、妻子、兄弟，而现在因为王温舒的罪过，还连累到两个亲家，被诛了五族。说这话是在同情他吗？恐怕更多是在告诫后人，所谓"其恶必复，其祸必酷"，你怎么残酷对待别人的，这一切都会还到你身上，你对别人越残酷，将来自己受的罪也就越惨烈。

那难道汉武帝时代就只有这样的官吏，官场上一个仁厚长者都没有了吗？

四、循吏缺位

谈到这个问题，史学家们的分歧又来了。和酷吏相对，有一类官吏，史学家们称之为"循吏"。循吏是怎样一类官吏呢？司马迁说："奉职循理，亦可以为治，何必威严哉？"（《史记·循吏列传》）做好职责内的事，凡事循理而断，也可以得到好的治理效果，为什么非得用严刑酷法来治理呢？根据司马迁这句话来看，设置"循吏"这个概念，主要是针对酷吏的。作为那些残暴不仁的酷吏的对立面，循吏是通过合情合理合法的管理手段维护社会安定的。班固对循吏的定义，应该说更严格，归纳一下班固的观点，循吏大致可以分为两种境界，初级境界："谨身帅先，居以廉平，不至于严，而民从化。"（《汉书·循吏传》）先端正自己，廉洁、公平，用这样的形象引导、化育百姓。还有一个高级境界："所居民富，所去见思，生有荣号，死见奉祀。"（《汉书·循吏传》）如果在任的时候能让百姓的生活富裕起来，卸任以后能让百姓们思念，活着的时候能因为善政而得到荣誉，死了以后能因为善政而得到祭祀，这就是当之无愧的高级循吏了。

汉代有这样的人吗？汉武帝时代有吗？班固说有，在汉文帝和汉景帝时代，班固举出了两个：河南太守吴公和蜀郡太守文翁。汉武帝时代的官员，班固认为有四个人达到了循吏标准：公孙弘、董仲舒、兒宽、黄霸。加起来六个人。班固在《汉书·循吏传》里表彰的这六个人，除了黄霸是汉武帝晚年才踏上仕途的，司马迁不一定注意到，其余五位，应该说是司马迁都知道甚至亲眼见过的。那么司马迁是不是也把这五个人列入《史记·循吏列传》了呢？

我们翻开《史记·循吏列传》会发现，这五个人一个都没有出现。不仅如此，更令人惊奇的是，整篇《史记·循吏列传》只记载了五个人，这五个人全都是春秋时期的人物，没一个是汉代的，更不用说汉武帝时代了。这意味着什么？

司马迁记录的这五位春秋时期的循吏，当然各有各的特点。试举一例：晋文公时期，有一位负责刑狱的官员叫李离，有一次"过听杀人"，偏信一面之词，没有仔细审核手下狱吏报上来的案卷，结果造成冤案，错杀无辜。后来李离发现这个案子办错了，就把自己关进监狱里，要为冤死的良民抵命。晋文公就安慰他，说这是他手下那些人没把事情办好，不是他的责任，让他不要这个样子。李离回答说："臣居官为长，不与吏让位；受禄为多，不与下分利。今过听杀人，傅其罪下吏，非所闻也。"（《史记·循吏列传》）他说他占着长官的位置，享受着长官的待遇，无论是荣誉还是利益，从来没有让给属下过，现在出问题，要担责任了，就过失全推给属下，哪有这样的事？最后李离伏剑自裁，为这个错杀的冤魂偿命。

你看，司马迁笔下这样的循吏和汉武帝时代的酷吏们形成了强烈的对比。汉武帝时代的酷吏，不仅不尽量避免制造冤假错案，反而为了政绩拼命制造冤案，甚至变态到以多杀人为乐。这样一对比，我们就能明白，为什么司马迁写《循吏列传》不提一个汉代官吏，这正是对汉代吏治的强烈谴责。尤其是对汉武帝选任的这些酷吏们，司马迁更是深恶痛绝，所以专门从历史上挑出李离这么个形象，作为对比。

前面提到，班固认为公孙弘、董仲舒、兒宽这些人可以作为汉武帝时代循吏的代表。这几个人都是儒生，班固认为他们可以被称为循吏的理由，是因为他们能"以经术润饰吏事"（《汉书·循吏传》），即用儒家学说来修饰吏治。之前的章节讲过，这一点恰恰是司马迁极力批判的，他认为这种做法极其虚伪。

班固还提到文帝、景帝时代的两位循吏，河南太守吴公、蜀郡太守文翁。尤其是文翁，他率先在地方上建立学校、倡导教育，还受到过汉武帝的表彰。这样的人和事司马迁不会不知道，却没在《史记》中记载，以至于《史记·循吏列传》里没一个汉代人物。司马迁为什么这么做？就是要通过强烈的对比，突出批判效果。《循吏列传》里的人物没一个生活在汉代，《酷吏列传》里的人全是汉代的，尤其集中在汉武帝时期。这样一对比，司马迁的主题思想就很鲜明了。

班固虽然也批判汉武帝时代的酷吏政治，但在《汉书·循吏传》里也安排了几个汉武帝时代的人物，告诉我们那个时代还是有好人的。我可以说班固看问题更全面，但批判的力度也降低了。班固和司马迁为什么有这样的差别？司马迁被汉武帝下蚕室，处以宫刑，身受奇耻大辱，亲身体验过狱吏的残暴与黑暗。这种经历不是后来的历史学家能够想象的。而生活在一百多年以后的班固，重新来总结这段历史，情绪会比司马迁平静得多。

那司马光对汉武帝时代的酷吏问题又是什么看法呢？整部《资治通鉴》提到"循吏"这个词，只有三个地方，提到"酷吏"的有十三处。三处讲循吏的，都和汉武帝时代无关。而谈酷吏问题的，有一处是扎扎实实批评汉武帝时代的统治方式的："上以法制御下，好尊用酷吏，而郡、国二千石为治者大抵多酷暴。"（《资治通鉴》卷二十一）这句话就基本把汉武帝时代的吏治给否定了，而且把残暴的吏治直接归因于汉武帝本人，司马光认为由于汉武帝的喜好，所以出现了一大批酷吏。那么这些酷吏的存在，导致了什么结果呢？司马光接着说："吏民益轻犯法。东方盗贼滋起，大群至数千人，攻城邑，取库兵，释死罪，缚辱郡太守、都尉，杀二千石，小群以百数，掠卤乡里者，不可胜数。"（《资治通鉴》卷二十一）残酷的刑罚有没有起到阻止老百姓犯法的作用？恰恰相反，在这些酷吏的统治下，老百姓怎么都可能"被犯法"，干脆一不做二不休，组成团队对抗政府，大的几千人，小的几百人，仇官、仇富、烧杀抢掠，整个社会秩序陷入一片混乱。

司马光的这个叙述方法，抛开汉武帝时代到底有没有循吏这个细节问题，直接抓住这个时代吏治的核心问题，质问汉武帝时代的治国成效，可以说眼光是非常犀利，也是非常准确的。司马光在这里指出的只是汉武帝时期的内政问题，其实酷吏得到汉武帝的任用，在一定程度上也和当时的对外关系有牵连。

五、内政与外事

前面提到过汉武帝任用的酷吏里面有一个叫义纵，我们就以他为例来说明这个问题。今天内蒙古和林格尔一带，汉武帝时候称为定襄郡。这块地方是汉朝军队征战匈奴经常取道的地区，大将军卫青就曾经多次率领军队，由定襄出击匈奴。所以这个地区的老百姓受到的骚扰很大，负担也特别沉重，时间久了以后，起来反抗的老百姓也越来越多，很难治理。汉武帝就派义纵去做定襄太守，管理这块地方。义纵到了以后二话没说，就到监狱里提了两百多个"重罪轻系"的犯人，又逮捕了两百多个私下探望过这批犯人的人，这些人一般都是罪犯们的亲戚朋友，逮捕他们的理由是什么呢？"为死罪解脱。"（《史记·酷吏列传》）什么叫"重罪轻系"，又怎么理解"为死罪解脱"呢？这些犯人的罪都很重，甚至很多都是死刑犯，但他们身上所戴的刑具、所受的刑罚却很轻，这叫"重罪轻系"。为什么会出现这种情况呢？义纵说，就是这些曾经去探望过罪犯的人通过走门路，帮助罪犯解脱刑罚。所以义纵以"为死罪解脱"的名义逮捕他们。这两拨人，罪犯和他们的亲戚朋友，加起来四百多号人，义纵下令统统处死。"其后郡中不寒而栗"（《史记·酷吏列传》），这一下子就把反抗者压平了。义纵为什么要用这么残酷的手段对付当地百姓？他是去帮汉武帝解决问题的。对匈奴作战是汉武帝定下的重大国策，因为老百姓的反对而造成行军困难的话，肯定会影响到这个国策的执行。汉武帝知道，这种情况下派什么样的人去能快速有效地起到作用。义纵这样的酷吏也因此有了用武之地。总之，酷吏的批量出现和大当其道，是和汉武帝的统治需求紧密联系在一起的。

第九章 多民族统一国家初创

前面几章，我们从打击诸侯势力、压服社会体制外力量、调整统治思想、物色丞相人选、任用酷吏等多个方面，对汉武帝如何"内强皇权"进行了分析。另一方面，我们也需要注意到，汉武帝时代的内政现象和对外关系又是环环相扣的。我们接下来就可以转入汉武帝是如何"外服四夷"这个话题。汉武帝在对外征服上做过哪些重要的事情，取得了怎样的功绩，这反过来又对汉帝国的内部治理带来什么影响？

一、汉武帝与时代变化

在汉武帝继位之前，经过几十年的文景之治，汉朝社会呈现出两个基本特点：第一，经济建设搞得很不错，相关的情况司马迁作过总结，他说当时"京师之钱累巨万，贯朽而不可校。太仓之粟陈陈相因，充溢露积于外，至腐败不可食"(《史记·平准书》)。国家财政现金流很充足，"巨万"这个概念就相当于我们现在的"亿"，但也没有太多需要花钱的地方，所以钱币堆在那儿久了，穿钱的绳子都快腐朽了。以前的铜钱中间有个方孔，可以用绳子把它穿起来，绳子一腐朽，这些钱可就都散了，那就更数不清国库里有多少钱了。除了钱币之外，粮食安全也有保证。京师粮仓里的粮食，来不及吃，也是陈陈相因堆积在那儿，很多粮食没地方放，只能暴露在仓库外面，时间久了就腐坏了。这说的是国库的情况，那老百姓的生活又怎样呢？"非遇水旱之灾，民则人给家足。"（《史记·平准书》）如果不是遇上比较大的自然灾害，老百姓的日子都是过得不错的。我们看到，司马迁给我们描绘了一幅国富民丰的图景。

那第二个特点是什么呢？第二个特点是社会也非常安定："人人自爱而重犯法，先行义而后绌耻辱焉。"（《史记·平准书》）因为日子过得很好很安逸，不仅衣食温饱没问题，手头也比较宽裕。那得珍惜这样的生活啊！所以百姓们人人自爱，不愿意轻易触犯法令；而且做事情都很讲道义，很注重公德，看到有人做没羞没耻的事情，都会去批评他。整个社会风尚、社会治安都是很不错的。

这两点合起来，就是汉武帝继位之初的社会情境。我们也可以把当时的社会氛围概括为物质富裕、精神健康。但有一句话叫做物极必反。这么繁荣的一幅社会图景，在汉武帝统治期间，慢慢地发生了变化，甚至走向了反面。汉武帝统治的中晚期可就不再这么民丰物饶了，相反地，财政高度紧缺，老百姓也被沉重的赋税压得透不过气来。破坏社会稳定的坏分子也越来越多，社会也变得越来越不安定。为什么会出现这样的情况呢？

司马迁总结说："自是之后，严助（按：即庄助）、朱买臣等招来东瓯，事两越，江淮之间萧然烦费矣。"（《史记·平准书》）自是之后，就是指汉武帝掌握政权之后，庄助和朱买臣都是汉武帝顾问班子里的人物，东瓯和两越是东南和南部地区的小藩国。这番话的意思就是，庄助和朱买臣这样的人物怂恿汉武帝从事对外拓张，成为整个社会从安定富裕走向动荡贫困的转折点。向东南和南部地区开拓只是一个开头，终汉武帝一生，可以说是四面出击，战场开辟得很多，战线拉得很长。在东瓯和两越之外，"唐蒙、司马相如开路西南夷……彭吴贾灭朝鲜……王恢设谋马邑，匈奴绝和亲"（《史记·平准书》）。西南、东北、北面都有拓张行为。这么频繁的对外战争，必然消耗大量人力、财力，除了官方、民间的财富被消耗一空外，老百姓的生活也变得越来越不安定。几十年"文景之治"积累下来的物质富裕、社会安定的局面，也就荡然无存了。

我们始终强调概括汉武帝一生事迹的十六字纲领："内强皇权、外服四夷、迷信神仙、晚年改辙"。这些内容，就牵涉"外服四夷"这个板块了。具体地，汉武帝在这方面干过哪些事情，是什么原因促使汉武帝要这么大规模从事对外拓张活动，我们怎么用历史的眼光来看待这些问题，是接下来几章的讨论重点。

二、汉武帝早年的对外行动

汉武帝第一次对外用兵，是在他即位不久之后的建元三年（公元前138年）。东南沿海地区有两个小国：东瓯和闽越，东瓯在今天的浙江南部，闽越在福建省境内。这两个小国间发生了军事摩擦，闽越出兵攻击东瓯，东瓯就向汉武帝告急。汉武帝跟他舅舅田蚡商量，这件事该怎么处理。田蚡说这些化外之地，不要去理它："自秦时弃不属，不足以烦中国往救也。"（《资治通鉴》卷十七）秦朝就没拿它们作为正式的管辖区域，现在也不足以烦劳中央王朝发兵干预。田蚡的这番议论，引来了一位新锐官僚的有力反驳，这就是前面提到过的庄助。这是汉武帝通过广罗人才选拔上来的新秀，充当汉武帝的智囊，很得汉武帝的信任。庄助针对田蚡的意见，说："秦举咸阳而弃之，何但越也！"（《汉书·严朱吾丘主父徐严终王贾传》）意思是，秦朝灭亡了，连首都咸阳都没保住，拿秦朝作榜样，是不是意味着我们也要连首都都抛弃呢？庄助很善于诡辩。田蚡提出秦朝不管南方这些小国家，是给汉武帝如何决断提供一个历史依据，这和秦朝的灭亡没有任何联系。庄助在这里偷换了核心问题，但听上去很有辩论效果。接下来庄助又说："今小国以穷困来告急，天子不救，尚安所诉；又何以子万国乎！"（《资治通鉴》卷十七）庄助这话的主题，是鼓励汉武帝建立大国形象。边外小国遭到邻国欺凌，来向大汉天子告急，这说明它对大汉有臣属感。如果不去救它，怎么树立天朝上国的领袖形象呢？

当时的汉武帝，正是十八岁的血性少年，庄助这话很合汉武帝的口味，田蚡这些强调老成稳重的意见，听着不入耳。最终，汉武帝决定采纳庄助的意见，出面干预这场纠纷。但当时的汉武帝，因为刚即位没几年，再加上还没有完全亲政，他的老祖母窦太后还健在，所以还是比较谨慎的。东瓯国这事得管，但又不便贸然出动中央军队。于是他就让庄助持节，到会稽郡发兵，处理这件事。节，是朝廷权威的象征，使者持节，意味着他是代表皇帝来处理事情的。那为什么要调发会稽郡的士兵呢？会稽郡很大一片土地在今天的浙江省境内，东南边界和东瓯接壤。这是为了减少对汉朝内地的影响，就近发兵。闽越国一听汉武帝发兵来救东瓯了，就撤军了，这件事就算摆平了。汉帝国几乎没付什么代价，树立了一次解决外藩争端的权威形象。

过了三年，到建元六年（公元前135年），闽越国又惹事了。这次它要打南越。南越是南部地区一个不算小的藩国，跨越了今天的广东、广西、福建、湖南、贵州等好几个南方省份，势力范围还到达越南北部。面对闽越国的军事挑衅，南越王暂时按兵不动，先给汉武帝上书："两越俱为藩臣，毋得擅兴兵相攻击。今闽越兴兵侵臣，臣不敢兴兵，唯天子诏之。"（《史记·南越列传》）说闽越和南越都是大汉的藩属，照理不应该互相攻击。现在闽越先出兵挑衅，我们南越不敢擅自采取军事行动，希望大汉皇帝出面调停，平息这件事。汉武帝看了以后，非常认可南越王的这番态度，因为他很尊重汉朝的权威。于是汉武帝就决定出兵帮南越平息此事。

就在两越战争发生之前的几个月，汉朝发生了一件大事：窦太后去世了。所以两越战争发生的时候，正好是汉武帝刚亲政不久。年轻的汉武帝大权在握，所以就不像之前解决东瓯问题时那么谨小慎微了。这一次，他决定出动中央精锐部队，分别由两位将军率领，干预两越纠纷。

但是汉武帝的这个举动，又遭到一位老臣的反对。谁呢？我们之前提起过的淮南王刘安。刘安为了这件事给汉武帝上了一封很长的奏疏，劝汉武帝少安毋躁，不要妄动干戈。刘安指出，这几年国内农业收成不是很好，如果要调动大批军队介入境外纠纷，会加重老百姓的负担，揽虚名而受实祸。但是汉武帝没有听从刘安的劝告，还是出兵了。

闽越国的部分贵族一听汉武帝出兵了，惧怕汉帝国的军事实力，就合谋把挑起战争的闽越国王给杀了，向汉朝投降。汉武帝派出去的军队还没有到达目的地，这场战争就平定了。这当然很

汉武帝和他的时代

116

能体现大汉的威严，汉武帝也非常得意。于是他又派庄助为使节，一方面去安慰南越王，对南越王尊重汉朝权威的做法表示欣赏。另一方面，汉武帝也让庄助顺道跟淮南王刘安说说这事。汉武帝是要向淮南王显摆，让刘安看到这个结果：大汉天威，兵锋所指，一箭未发，敌对势力登时瓦解，以极其小的代价解决了争端，树立了权威，这兵难道出得不值吗？青年帝王意气风发，溢于言表。庄助把汉武帝的这层意思带到刘安这儿，刘安当然只能表示自己愚钝、没有远见了。

但仔细想一想，闽越国的问题以这样的结局收尾，是必然的吗？如果闽越国内部不发生内讧呢，难道就没有引发大规模战争的可能吗？开了以军事介入解决外藩争端的先例，以后出现更麻烦的问题怎么办？每次都会有这么好的运气吗？再来看刘安的意见，他的核心思路是什么？在关注外藩动态之前，首先要考虑内部民生问题，国内老百姓生活是否安定才是统治能不能稳定的关键，这是古往今来的治国常理。所以，汉武帝这次出兵，虽然解决问题很成功，但这成功很大一部分来自侥幸。而刘安的意见，才是真正的老成谋国。

另外有一位叫汲黯的大臣，也是汉武帝时代的名臣，他和刘安的意见比较一致。汉武帝曾经派汲黯去观察闽越各国的武装冲突，汲黯根本不想去，走到半道就回来了，跟汉武帝说："越人相攻，固其俗然，不足以辱天子之使。"（《史记·汲郑列传》）这些小部落互相攻击是常有的事，没必要正儿八经地派使节去关注。汲黯是不是不肯为朝廷尽力，跟汉武帝耍滑头？不是。另外有一次出使，汲黯意外发现了一个情况，河南地区天灾严重，老百姓缺粮食，为了争活命，出现了人吃人的现象。但出使之前，汉武帝没有授权他处理这样的事。于是汲黯就自作主张开了官仓，赈济百姓。他回去之后向汉武帝请罪，当然汉武帝也没有怪罪他。这说明，汲黯和刘安一样，对于治理国家的根本点在哪里，是有明确的认识的，都认为老百姓的生活是否安定才是治国的根本，这比通过解决外藩争端来提高国家形象更重要。

这几件事看下来，大家会发现，反对汉武帝动刀动枪的田蚡、刘安、汲黯，都是年纪比较长、做事比较稳重的大臣；支持汉武帝动武的，是和汉武帝一样年轻的庄助。但随着老成者的凋零，汉武帝一步一步巩固了自己的权力，逐渐地把对外事的关注变成了国策的重心。

三、汉武帝拓张活动鸟瞰

汉武帝在即位的早年，倚仗着汉帝国的声威和实力，以很小的代价，两次成功解决了几个南方藩国的纠纷。

这两次麻烦都是闽越国惹出来的，汉武帝为了削弱闽越国，把它一分为二，设置了越繇王、东越王两个王，对原来的闽越地区分而治之。经历这一系列事件之后，这些南方小国再有些什么风吹草动，汉朝中央政府想退出来不管，那就很难了。

从此以后，一方面这些藩国内部矛盾不断，汉朝中央政府不得不花大量精力来处理这些事；另一方面，汉武帝在主观上也的确想加强对这个区域的控制。经过二十余年博弈，在元鼎六年（公元前 111 年）到元封元年（公元前 110 年）之际，汉武帝不仅彻底以军事征服摆平了闽越和南越，而且跨越琼州海峡，控制了海南岛。在中国岭南地区推行郡县制，总共设置了十个郡。这是汉武帝对东南沿海和南部地区的处理。

西南部的拓展，也是在建元六年（公元前 135 年）出兵东越后不久启动的。汉武帝在一个叫唐蒙的人的建议下，开始开拓西南夷。在今天的贵州西部、北部以及云南、四川部分地区，分布着一个当地比较大的部族，叫夜郎。汉武帝派遣使节沟通西南夷，到了夜郎国。夜郎王觉得自己的领土很宽广，对汉朝也没什么概念，就问汉武帝派来的使者：汉朝跟夜郎国比，到底哪个大？夜郎自大这个成语就是从这儿来的。这块区域，除了夜郎国以外，还有很多其他的部族，我们今天能查得出名号的还有十个左右吧。到元封二年（公元前 109 年），经过二十多年的经营，通过军事威慑、加强交通控制、深化藩属关系等多种手段，汉武帝最终把这块地区也纳入了汉朝的版图，在今天的云贵高原、四川南部以及附近地区，设置了七个郡，直属中央。

往西和西北方向，那就得讲到中国历史上非常著名的两件事了，一是张骞通西域，二是汗血宝马。汉武帝于建元三年（公元前 138 年）、元狩四年（公元前 119 年）两次派遣张骞出使西域。最初的目的是想联合大月氏、乌孙等西域部族，采取联合军事行动，对付匈奴。在这一点上，汉朝政府没有达到预期目的，但却产生了另外一个非常有意义的效果，就是让汉朝文明和西域文明得到了史无前例的沟通。

今天甘肃玉门关、阳关以西，葱岭以东地区，就是狭义上的西域地区。汉朝和匈奴对这个地区都进行了势力渗透。这中间有一件非常重要的事，元狩二年（公元前 121 年），汉武帝派霍去病出击匈奴，收降匈奴浑邪王，打通了河西走廊，并且在今天的甘肃酒泉市一带设置了酒泉郡，汉朝正式拥有了通往西域的出口。

此后汉武帝成功控制了天山南路，匈奴则控制着天山北路。

太初元年（公元前104年）到太初三年（公元前102年），汉武帝又派李广利率领大军，西出玉门，行军千里，两伐大宛，在军事上取得了重大胜利，获得一批优良的马种，这就是被称为"天马"的汗血宝马。大宛国盛产汗血宝马的贰师城，在今天土库曼斯坦境内，这些地方离汉朝的政治中心长安非常远。所以这次战争在西域各国内部造成很大的震动。因为在此之前，西域各国根本无法想象汉朝真能把手伸得这么远，能开展这么远距离的军事攻击。

在东北方向，到元封三年（公元前108年），汉武帝消灭了卫氏朝鲜，在朝鲜半岛北部和中部地区，大致在今天的首尔以北，设置了四个郡。势力范围往东延伸到日本海。

在汉武帝的所有对外行动中，当然要数对付北面强敌匈奴耗时最长，代价最大。元光二年（公元前133年），汉武帝布置马邑伏击，一改汉代执行了将近百年的与匈奴和亲的国策，开始反和为战。此后，从元光六年（公元前129年）到元狩四年（公元前119年），十一年时间里，几乎年年出师，都对匈奴采取大规模军事行动。元封元年（公元前110年），汉武帝甚至亲自率领十八万大军，出长城，登上单于台，向匈奴挑战。通过这一系列军事活动，应该说汉武帝成功扭转了汉匈之间的形势对比，汉帝国从处于战略劣势转变为居于战略优势，同时也拓宽了北部疆域。

根据这些情况，曾经有人总结过汉武帝时代汉帝国的势力范围："西连诸国至于安息，东过碣石以玄菟、乐浪为郡，北却匈奴万里，更起营塞，制南海以为八郡。"（《汉书·严朱吾丘主父徐严终王贯传》）安息国已经在今天的伊朗高原了，可见汉帝国声威传播之远。文中提到的玄菟、乐浪，则是在朝鲜半岛上设置的郡。

四、史家对拓张行动的不同解读

由于这些成绩，汉武帝被认为是一位非常有作为的皇帝，也是中国历史上最著名的雄主之一。但是我们前面也提到过，在汉武帝四面拓张的过程中，国内的民生也遭到了很大破坏。打仗要人、要粮食、要装备，这一切当然最终都由劳动人民来承担。我们看汉武帝这个时代，除了看到它的雄伟壮丽之外，也要知道那个时代的老百姓日子其实并不好过。对外战争成绩的取得和老百姓生活的愁苦是一个硬币的两面。所以对于汉武帝的这些功业，历来都有不同的评价。

对匈奴的战争是汉武帝时期最主要的外事活动，我们可以以此为例来比较司马迁、班固、司马光这三位史家的观点、立场。司马迁在《史记·匈奴列传》结尾，有一段非常著名的评论："世俗之言匈奴者，患其徼一时之权，而务谄纳其说，以便偏指，不参彼己；将率席中国广大，气奋，人主因以决策，是以建功不深。"概括一下：司马迁认为那些为匈奴问题给汉武帝献策的人，都不是真正为国家利益着想，而是企图侥幸获得汉武帝的赞赏，邀取功名富贵。因为怀着这样的私心，所以这些人的意见往往是一己之偏，不会仔细参详敌我、考虑后果。这些人敢这么做、可以这么做，无非利用两点：一是中国地广物博，有相当的人口和财力，够折腾一阵子；二是自汉代建立以来，强大的游牧民族匈奴长期压制着以农耕为主的汉人，所以汉朝内部，从朝廷到百姓，上上下下都对匈奴憋着一股气，这种情绪可以被利用。汉武帝都是根据这些人的建议来制定国策，最终效果也就可想而知了，所以司马迁最后的点评是"建功不深"，耗费了这么大的人力物力，成效却非常值得怀疑。

司马迁很清楚刘邦以来汉匈关系的历史，也能亲身感受到匈奴对汉朝的压力，知道匈奴问题是必须认真处理的。所以，即便司马迁不认为匈奴问题单靠战争能解决，他也不会完全排斥战争手段的合理运用。但司马迁在亲眼看见了汉武帝的举措后，批评当时的君臣缺乏远虑，没有找到综合处理匈奴问题的良方。关键问题出在哪儿呢？汉武帝没用对人。一方面，我们前文提到，司马迁批评那些给汉武帝献策的人都是有私心的，意在谋取功名利禄；另一方面，汉武帝在用人上也有私心。我们看一下这个时代冒出来的几位最重要的将星，卫青、霍去病、李广利，那都跟汉武帝是什么关系？卫青是卫子夫的弟弟，也就是汉武帝的小舅子；霍去病是卫青的外甥；李广利是汉武帝宠爱的李夫人的哥哥，也等于是大舅子。这些和汉武帝沾亲带故的，都功成名就了，而另一位声名极大却没有什么背景的将军李广，和匈奴打了一辈子仗，始终没有得到封侯的机会。所以司马迁反复感慨："唯在择任将相哉！唯在择任将相哉！"汉武帝用人有问题导致事倍功半，这是司马迁的一个批判重点。

同样是一种批判态度，司马光在《资治通鉴》中所体现出来的着眼点，就和司马迁很不一样。虽然司马光非常反对用和亲政策笼络匈奴，也主张对他们保持一定的威慑力，他曾经说过："上世帝王之御夷狄也，服则怀之以德，叛则震之以威，未闻与为婚姻也。"（《资治通鉴》卷十二）但司马光对于战争仍然是非常谨慎的，一直反对轻易开动战争机器。这一点对于司马光生活的宋代，尤其重要。大家知道，宋代的疆域相对于汉唐，比较狭小，周围也面临很多军事实力比较强的游牧民族。在采取什么对外政策上，宋朝内部一直有争议。司马光政治立场很鲜明，不赞成牺牲国内民生从事对外扩张。在整部《资治通鉴》里，司马光始终保持这个立场。而宋代从宋神宗以后，几代皇帝都很热衷于对外拓张。司马光针对宋代实际的政治状况，从总结历史经验教训的角度，把汉武帝塑造成穷兵黩武的反面典型。所以司马光谈汉武帝的对外战争，始终在强调，大规模的战争不仅把国库消耗一空，而且把老百姓的生活逼到绝境边缘，这样的国家状态是非常糟糕的。《资治通鉴》在正式讲述汉武帝之前，就对这段历史定了个基调："孝武内穷侈靡，外攘夷狄，天下萧然，财力耗矣。"（《资治通鉴》卷十六）司马光所举汉武帝最大的特征是两个，一是奢侈挥霍，二是穷兵黩武；造成的相应后果也是两个，一是民生凋敝，二是财力耗尽。在讲完汉武帝这段历史之后，司马光又进行了一次总结，他说汉武帝的这些行为"使百姓疲敝，起为盗贼，其所以异于秦始皇者无几矣"（《资治通鉴》卷二十二）。这些话都是讲给宋朝的当政者们听的。

和司马迁、司马光以批判态度为主很不相同，班固对于汉武帝打击匈奴的一番作为，非常赞赏，给予了很高的评价。在《汉书·匈奴传》的末尾，班固也有很长的一段评论，班固说处理和匈奴关系，在不同的时期有不同的方法，但是想通过和亲来保持长期和平，这个想法非常幼稚，也缺乏远见。为什么呢？班固说，从汉初以来的经验看，匈奴贪利狡诈，跟他们和亲，给他们钱币货物，他们当时答应了，但过了不久又会来侵盗，反反复复没有诚信，所以班固批评汉朝的主和派："信甘言，守空约，而几胡马之不窥，不已过乎！"（《汉书·匈奴传》）相信匈奴的甜言蜜语，守着如同空文的和约，希望通过这样的手段阻止匈奴入侵，怎么可能呢？鉴于这样一种认识，班固对汉武帝打击匈奴的行动和效果，大加赞赏："承武帝奋击之威，直匈奴百年之运……单于稽首臣服，遣子入侍，三世称藩，宾于汉庭。是时边城晏闭，牛马布野，三世无犬吠之警，黎庶亡干戈之役。"（《汉书·匈奴传》）在条件成熟的时候，就要像汉武帝那样，狠狠打击他们，打到他们臣服为止，达到以战止战的目的。在汉武帝以后，单于三世称臣，边境安宁，老百姓这才真正从繁重的兵役、杂役中解脱出来。同样是讲对匈奴作战，在班固的描绘下，和司马迁、司马光笔下截然不同的汉武帝形象就树立起来了。在班固看来，汉武帝对匈奴作战的整体方针不仅没有错，他还是个英雄！

这三位史学家对汉武帝的评论，可以说是公说公有理，婆说婆有理。我们今天的人再来看这些问题，立场和角度又会产生很多不同。我们面对的是，我们的国家已经是一个幅员辽阔、多民族融合的统一国家，所以对于我们来说，客观地看待、了解我们这个多民族统一国家形成的过程，是一个更重要的话题。汉武帝时代当然是这个过程中非常关键的一环，我们有必要认真仔细地来研究这段历史。

第十章 一次失败的尝试 *

虽然汉武帝开辟了很多战场，但对匈奴的战争始终是最激烈也是最重要的，我们可以从这个问题入手，来探讨汉武帝"外服四夷"的进程。那么汉武帝对匈奴作战，是在怎样的背景下开始的呢？

一、平城之围及其后果

华夏民族长期以来保持着农耕社会的传统，和北面游牧民族的关系一直比较紧张。这个问题在秦始皇统一中国以前就存在了。战国时候，秦国、赵国、燕国，都曾经构筑长城，用来抵挡北方游牧民族的入侵。秦始皇统一六国以后，又加强修建长城的力度，还在边境派驻大量军队，应付北面一个非常强大也非常有代表性的游牧民族——匈奴。汉朝建立以后，匈奴对中原王朝造成的压力依然存在。刘邦建立汉朝的第三年（公元前200年），匈奴大兵压境，攻打太原，兵锋直指晋阳。刘邦决定亲自出征，解决这个问题。没想到这次出征竟惹出一场大祸，不仅没有击退匈奴，刘

---

* 本章中关于汉武帝与马邑之谋关系的分析，受益于邢义田教授的文章《汉武帝在马邑之役中的角色》，载氏著《天下一家：皇帝、官僚与社会》，中华书局2011年版，第136—147页。

邦自己差点回不了。

刘邦到了晋阳以后，听说匈奴冒顿单于带领军队驻扎在代谷，就派人去刺探敌情。代谷在今天山西省东北部。这位冒顿单于是一个很有城府、很有谋略的人，这些年，匈奴正是在他的领导下，变得空前强大。他当然知道刘邦会派人来窥探军情，于是就命令手下把精兵良马全都隐藏起来，让老弱病残暴露在汉使的眼皮底下。刘邦派了十个使者去探查情况，十个人回来都跟他说："匈奴可击。"刘邦就听信了这个情报，决定主动发起进攻。

当时是大冬天，天寒地冻，刘邦率领的军队以步兵为主，行军并不容易。所以刘邦比大军先到了平城，这个地方离今天山西省大同市不远，是当时和匈奴作战较前线的地方。冒顿单于一看，汉军不仅来了，而且刘邦脱离大部队先期抵达了，正合心意，诱敌深入的计策产生效果了。四十万匈奴精锐骑兵一下子冒出来，把刘邦困在距离平城几里地的白登山，围得密密匝匝、水泄不通。刘邦一看，傻了，被匈奴骑兵困了整整七天，极其狼狈。眼看刘邦就要撑不住了，忽然冒顿单于做出了一个不可思议的决定，主动把包围圈撤开一个角，让刘邦突围走了。冒顿为什么这么做？直到今天，没有人能讲得清楚，这就成为一个千古之谜。根据文献记载，是刘邦接受谋士陈平的"秘计"，通过单于的夫人（匈奴的称呼叫阏氏）做了工作。阏氏对冒顿单于说，如果他把汉朝皇帝干掉，汉朝那片土地他能吃得下来吗？且那片土地不适合游牧民族居住，而汉主（就是指刘邦）也是有神灵护佑的，最好还是放了。冒顿就听从阏氏的建议，把刘邦放回来了。后来的历史学家一直觉得，光凭着阏氏这么几句话，冒顿就能把刘邦放回来这个解释说服力不强，事情没这么简单。陈平所献的"秘计"，一定有更劲爆的内容，只是因为当时朝廷上下对此讳莫如深，谁都不敢提，所以相关内容没有被爆出来。

历史学家们普遍猜测，冒顿肯放刘邦回来，背后一定有重大交易，除了答应和亲、给予财物之外，刘邦很有可能是向匈奴称臣了。当然这个猜测没有直接证据，只不过从后来汉匈关系来看，不排除存在这样的可能。经此一役，匈奴对汉朝的战略优势就形成了。此后，从吕后到汉文帝、汉景帝，一直到汉武帝即位之初，这种战略优势一直被匈奴占据着，汉朝主要靠和亲、财物与匈奴保持着和平。匈奴呢，拿了钱物还时不时到边关来骚扰一下。

在吕后和汉文帝时期，匈奴单于给汉朝统治者写的信，语气都是极其狂傲，而汉朝这边的回信，总是卑颜屈词以求好。单于曾经在一封写给吕后的信里讲这样的话："数至边境，愿游中国。"表面意思是说：我到了你们边境上好几次了，想到你们国家来看看玩玩。这其实是一种挑衅与威胁，真实的意思是说他随时可以带兵打过来。面对这种挑衅，吕后和大臣们商量再三，决定忍耐，回信说："敝邑无罪，宜在见赦。窃有御车二乘，马二驷，以奉常驾。"（《汉书·匈奴传》）吕后的意思是：我们好像没犯什么错，大单于您就饶过我们吧；我们这儿有两辆不错的车，配套的还有八匹好马，送给您，请笑纳！汉文帝时候，双方基本上还是保持着这种关系。汉文帝给匈奴单于写信用的简牍是一尺一寸，抬头写："皇帝敬问匈奴大单于无恙。"匈奴单于回信的简牍就用一尺二寸，抬头写："天地所生日月所置匈奴大单于敬问汉皇帝无恙"，处处压汉朝一头。

汉武帝第一次碰到匈奴问题，是在建元六年（公元前135年），即位的第六年。当时匈奴来请和亲，要求汉朝嫁一个宗室女子过去。

汉武帝就让大臣们讨论这个问题。当时朝廷上绝大多数大臣都主张继续维持与匈奴和亲的政策，避免和他们发生正面冲突。汉武帝接受了这个意见，答应与匈奴和亲。但年轻的汉武帝并不打算长期维持这种局面，他打算采取实际行动，扭转乾坤。

二、马邑之谋

汉朝边境有个郡叫雁门郡，在今天山西省北部地区，处在与匈奴交界的冲要位置上。郡下有一个县叫马邑，在今天山西省朔州市这个位置上。县里有个人叫聂壹，是当地的豪强。可能这个人出现在历史镜头前的时候年龄已经比较大了，所以《史记》《汉书》有些地方管他叫聂翁壹。这个聂壹商业头脑很不错，凭借着和匈奴邻近的地理优势，经常偷偷跑到塞外去，拿一些汉人的货物贩卖给匈奴人。这大概是中国历史上比较早从事外贸生意的人。时间久了以后，聂壹对匈奴的情况就比较了解。元光二年（公元前133年），也就是距离汉武帝上一次答应与匈奴和亲之后两年，聂壹通过一位叫王恢的官员，给汉武帝献策，说有办法引诱匈奴单于带兵进攻汉朝边境，汉朝军队可以在几个重要关口设下伏兵，打一个伏击战，重创匈奴势力。

汉武帝听完之后，就把大臣们叫来，让大家议一议这个计策可不可行。朝廷上发生了激烈的争论，分成赞成、反对两大阵营。赞成派代表，就是替聂壹传话的王恢；反对派领袖，是当时的御史大夫韩安国。王恢说："今以陛下之威，海内为一，然匈奴侵盗不已者，无他，以不恐之故耳。"（《资治通鉴》卷十八）即匈奴不停地侵盗汉朝的边境，那是因为他们还不知道大汉的威严，得让他们有个教训来树立大汉的威严。所以王恢说，应该接纳聂壹的建议，实施这次计划。一听王恢这么讲，反对派韩安国就把当年刘邦在平城遭到匈奴围堵的往事给搬出来了：匈奴是这么好对付的吗？刘邦这样久经沙场的老一辈军事家、政治家都差点在劫难逃，难道赞成派觉得自己的能力能跟他比吗？怎么可以让朝廷冒这么大的风险呢？韩安国说完，王恢又站出来反驳了，说高皇帝那个时候的情况和当下完全不同，历史形势已经发生了变化：高皇帝那会儿，国家刚刚建立，百业待兴，没闲工夫对匈奴采取报复行动，但这并不意味着高皇帝就真的对付不了匈奴；现在我们汉王朝国力强盛，民丰物饶，是时候报当年一箭之仇了。经过反复辩论之后，汉武帝终于决定把天平倾向王恢，决定主动出击匈奴。这就是历史上著名的"马邑之谋"，汉武帝对匈奴历时久远的大规模军事行动，从此拉开了序幕。

按照计划，聂壹先跑到匈奴，让单于派兵去攻打马邑，他有办法杀掉马邑的县令和县丞，里应外合，这样这个县城里的财物就全都归匈奴了。这个时候的匈奴单于是当年冒顿单于的孙子，叫军臣单于。这位军臣单于就不像他爷爷那样精明老到了，一听有利可图，就相信了聂壹，带领着十万大军，浩浩荡荡开赴马邑。

这边呢，汉武帝早就做了安排，三十万大军分成四路，由四位将军率领，先期埋伏在马邑城外的山谷中，约定一见到单于的军队，就四面齐发，合击单于。并且四将军之外，另行指定御史大夫韩安国为护军将军，负责协调、督护这四支军队。韩安国虽然反对出兵，但汉武帝既然已经决定了，并且派给他这个任务，他也只能认真执行。

聂壹说动单于之后，就先回到马邑城，杀了几个死囚犯，把人头挂在城下，骗匈奴人这是马邑县令和县丞的人头，他已经得手了，让匈奴人快来。所有圈套都做好后，就等着单于上套了。

单于带着军队，在离马邑百里开外的地方，发现一个很奇怪的现象：漫山遍野的牲畜、畜群，却没有一个放牧的人。单于觉得蹊跷，于是下令，先别往前走了，防止有诈，同时赶紧指挥人攻占了临近的一个汉人亭哨。赶巧，有一个雁门郡的基层官吏出来巡行查看敌情，正好在这个亭哨里面，匈奴军队就把这个人俘虏了。这个小官吏为了保命，就把汉军的全部计划和盘托出。单于听了之后大惊失色，赶紧撤军，并且说：我能抓到这个汉朝的官吏，是老天保佑啊，否则这次可要吃大亏了。于是他把这个汉朝的小官吏封为"天王"，意思就是说这个小官吏是老天派来救他的。

汉军听说单于撤军以后，只能放弃伏击计划，改成追击。追了一阵子之后，没能追得上，也只能作罢。汉军四支部队里面，其中有一支就是由当初主战声音很高的王恢率领的。王恢本来想再深入追击，抢掠单于的随行粮草、器物，但后来想想未必能占得到便宜，也就放弃这个计划，撤军了。这样，汉武帝第一次采取对匈奴的行动，兴师动众，轰轰烈烈，满怀希望，最终却落得个无功而返。汉武帝在面子上当然是挂不住的，那么汉武帝会怎样处置这件事呢？

三、王恢之死

我们常说，一个好的开头是成功的一半，那么反过来也可以说，一个不好的开头，就会给最终的成功加大难度。如果汉朝政府决定要向匈奴全面开战，马邑之谋的失败当然是一个很不理想的开局。不但没讨到便宜，而且匈奴那边的梁子算是结下了，设这么大一个圈套诓单于，这个结可不是那么容易解的。

面对这个局面，汉武帝当然非常生气。他第一个气的人，就是王恢。因为当初聂壹是通过王恢向汉武帝提出马邑设伏计划的，朝廷辩论当中，也是王恢力主实施这个计划。王恢在廷辩中，滔滔不绝，侃侃而谈，一副胜券在握的样子，最终说服了汉武帝。有句老话叫枪打出头鸟，现在这场战役以这样一个让汉武帝大失面子的结局收尾，他第一个要问责的人，当然就是王恢，这个很合情理。

汉武帝责问王恢为什么不追击单于，王恢当然要为自己辩护几句。他说自己率领的军队只有三万人，单于有十万大军，而且都是精兵，追上去肯定讨不到便宜。虽然他也知道这次战役闹到这步田地，自己回来肯定死路一条，但好歹"完陛下士三万人"。三万战士一个不少地还给陛下，虽然无功，但也不至于造成损失。最后审判官决议："恢逗桡，当斩。"（《史记·韩长孺列传》）所谓逗桡，是指遇敌畏懦，顾望不前，按律要问斩刑。王恢为了求活命，重金贿赂当时的丞相田蚡。田蚡看汉武帝怒气很盛，不敢当面讲这件事，就跟汉武帝的母亲王太后商量，希望王太后出手救下王恢。田蚡和王太后是同母异父的姐弟，两个人能说得上话。田蚡对王太后说，王恢最初动议打击匈奴，事情虽然没有成功，但也算是为国谋划，现在最恨他的人是谁？当然是匈奴单于啊。汉朝杀王恢，岂不是替单于报仇吗？王太后就把这话转给汉武帝了。汉武帝认为当初献策的是王恢，力主出击的也是王恢，他听了王恢的话，劳动这么多人，发动这么庞大一支军队去做这件事，即便是单于闻讯遁逃，但只要王恢出兵攻击单于的随行军用物资，哪怕象征性地抢一点东西回来，也算是有个交代，不至于像现在这样一无所获，让全天下人都看他笑话。最后，汉武帝撂下一句狠话："今不诛恢，无以谢天下。"（《史记·韩长孺列传》）不杀王恢，没法向天下人交代。这个话传到王恢耳朵里，王恢知道自己不会有活路了，就自杀了。

怎么看待王恢之死呢？不同的人可能会有不一样的观点，有些人会认为，王恢既然敢给汉武帝出这个主意，就应该承担起这个责任。否则大家都来瞎出主意，反正用不着承担责任。也有人会认为，王恢再怎么坚决主张出击匈奴，这件事最终还是汉武帝自己拍的板，所以汉武帝首先应该自我反思。出了主意不见效果就要被杀头，那以后很多人顾及自己的性命，有再好的主意也不敢贡献出来了。两种讲法都有道理，不见得谁对谁错，就看怎么权衡、怎么取舍。我们看《史记》和《汉书》，对王恢之死的态度就不一样。班固在《汉书》里有一句感叹王恢命运的话："若王恢为兵首而受其咎，岂命也虖！"（《汉书·窦田灌韩传》）王恢首建兵谋，最后因为没有战功而遭受厄运，也只能怪命了。班固说王恢的死是命运问题，那就是说，这不是责任问题。他毕竟是为国家建谋划策，最后落这么个下场。可见班固对王恢是非常同情的。司马迁对王恢什么看法呢？《史记》在《匈奴列传》《韩长孺列传》等多处提到王恢的事迹和马邑之谋，司马迁对王恢这个人不赞一词，很不把王恢放在眼里。既然如此，司马迁对王恢之死应该是没有什么同情之心的。

对于司马迁和班固的这个不同，有些学者是这么解释的：他们认为司马迁和班固都是反对这次马邑行动的，因为它是后来汉匈间长期战争的开端。所不同的是，司马迁认为王恢和汉武帝都要为这次行动负责，王恢是提议者，汉武帝是决议者，都有责任；而班固之所以对王恢表示同情，是因为他认为这件事主要该由汉武帝负责，毕竟汉武帝是最终的决策者，这么大的事，冒冒失失就行动了，失败之后又找王恢做替罪羊。班固对王恢的同情，其实是在批判汉武帝。

对于这个解释，我个人不是很赞同。班固在整体上是支持汉武帝对匈奴开战的，在处理匈奴问题上，"和亲无益，已然之明效"（《汉书·匈奴传》）。光跟他们和亲，给他们财物，讨好他们，没用。当国力积蓄到一定程度，用武力慑服，使得他们不敢再轻易侵盗边境，这是必须走的途径。既然这样，王恢主张出击的建议没有错，路子是对的。但要做大事，经历失败与挫折是难免的，总得有人跨出第一步。王恢就是跨出第一步的人，但不幸的是，结局很惨淡。所以班固对王恢的死感到惋惜。

司马迁对汉武帝讨伐匈奴的批判，一个着眼点是用人问题。司马迁认为汉武帝对匈奴作战这么多年，"建功不深"，关键就是没有用对人。用的那些人，都是"徼一时之权，而务诏纳其说，以便偏指，不参彼己"（《史记·匈奴列传》）。这些人的目的在于为自己获取权宠，根本没有全盘考虑战略、战术。而王恢正是这样的人。这样的人当然不值得同情，想要通过这件事获得功名富贵都没能成功，并且给国家造成损失，当然自己要负责。这是司马迁的出发点。

四、主帅"缺席"之谜

汉武帝对王恢这么气愤，非要他以死谢罪，除了追究责任这个原因之外，会不会还存在其他原因？当时出兵马邑，三十万军队分别由四位将军率领，除了王恢之外，还有三位，其中有一位就是大名鼎鼎的飞将军李广。另外有一位叫公孙贺，就是后来做过丞相的那位，还有一位叫李息。汉武帝除了命令他们一人率领一支军队之外，还任命韩安国为护军将军，负责协调、督护四将。关于这次出征的领军人物，《史记》《汉书》《资治通鉴》都是这么记载的。你有没有觉得这里面似乎缺点什么？谁是这次行动的主帅呢？好像没交代啊。护军将军韩安国是主帅吗？韩安国虽然负有督护的责任，但应该不是主帅，如果他是主帅的话，史书上应该说清楚。而且前文讲过，在廷辩讨论的时候，韩安国是反对出兵的，任命他做主帅也不合适。

这次行动，牵涉这么庞大的一支军队，伏击目标是匈奴单于，又是汉武帝即位以来第一次正式向强敌宣战，应该说是规格、级别很高的一次行动，按理说不会不设主帅，而且这个主帅不会是一般的大臣或将军，一定是一位很能镇得住的大人物。如果有这样一位主帅的话，《史记》《汉书》《资治通鉴》不该不记录啊。但奇怪的是，我们前后翻遍这三本史书，就是找不到这次战役的汉军主帅到底是谁！这不能不说是一个怪异的现象。

我们来理一下思路。这里存在两种可能，第一种可能，的确没有另设主帅，由韩安国负责前线协调。如果是这种情况，我们也没得说了。第二种可能，当时行军另有主帅，但是这几本史书都没记载。如果是第二种可能，这里面的情由就颇费猜详。其他几位将领的姓名都被一一记录，为什么偏偏主帅的名字没记下来呢？是这位主帅做好事不留名，还是历史学家们疏忽遗漏了？这都不太可能。尤其是司马迁，生活在汉武帝时代，对这样重大的事件，不知道或者忘了记录，都不太可能。班固也是对西汉历史文献掌握得非常全面的史学家，他也没记。这就费琢磨了，这到底是为什么呢？

如果真有这么一位主帅，首先，这么重要的一件事，像司马迁这样的史学家，知道却又没记载下来，那必然是有不能记载的原因，而不能记载的最大可能就是触犯忌讳。其次，马邑之谋费这么大的劲，最终却一无所获、空手而回，照理说，回来之后主帅也应该受到相应处罚，不应该光处罚王恢，但我们也没有找到处罚主帅的相关记载。为什么不处罚他，光处罚王恢？很有可能是这位主帅没法处罚。

我们把这两个疑点加在一起，这位主帅，司马迁知道却不能记录；这位主帅，应该受到处罚，最终却没有被处罚。那这个人会是谁呢？答案呼之欲出，如果这次战役有主帅的话，这名主帅只能是汉武帝自己！除了汉武帝本人，换成其他任何一个人，哪怕再有地位再有名望，指挥了这么一次意义很重大、结局无获的战役，有什么不可以记录的？有什么不可以处罚的？所以，这名主帅只可能是汉武帝本人。

这个观点不是我的发明，很多学者都有这个看法，我也赞成这个观点。如果真是这样，那就能理解，汉武帝为什么这么痛恨王恢，非要让他以死谢罪。汉武帝亲自出征，率领大军，结果就这样扫兴而回，这层怒气肯定比汉武帝委托别人出征来得更大。

有些读者可能会提出，分析得再有道理，这也只是推理，有没有直接的证据呢？当然是有证据的，而且是很直接的证据，可以证明兵出马邑就是汉武帝亲自挂的帅。什么证据？西汉晚期有一位著名学者叫刘向，他曾经做过一件很重要的事——负责清理汉朝宫廷内部的各类藏书、文献，当然也包括汉代的历史档案。刘向留下过一些著作，里面摘录了很多关于西汉的历史记载，这些记载被后来的学者们认为是非常可信的。刘向在《新序·善谋篇》里记载道："孝武皇帝自将师伏兵于马邑，诱致单于。"铁板的证据，明确记载是汉武帝亲自带兵在马邑设伏，试图围攻匈奴单于，结果由于谋划还不够周密，被单于逃脱。司马迁在《史记》里没敢讲出来的事，刘向编进《新序》里了。《汉书》和《资治通鉴》很有可能是继承《史记》的内容，也没有记载这次出兵的主帅问题。幸亏有刘向编定的这本《新序》，使得汉武帝亲自挂帅的事实不至于湮没，也使得我们能更深刻地理解这一段历史。

第十一章 时势造英雄

马邑之战虽然没有正面交锋，但使得汉武帝和匈奴单于都很恼火。汉武帝火的是劳师动众、一无所获，单于火的是汉朝竟然用这样的手段对付自己。总之，这个冤家算是结下了。单于回去以后就宣布和汉朝断绝和亲关系，并开始不断派军队骚扰汉朝边境。对汉武帝来说，既然开启了对匈奴作战这条路，那也只能继续走下去了。正面冲突势在难免，只是时间问题。

一、出身微贱的卫青

汉武帝用武力打击匈奴的过程培养出一批将星。有一个人物，是我们讲到这段历史时经常会被提起的，那就是名将卫青。卫青可以说是汉武帝时代对匈奴作战的头牌将星了。但这么一位曾经在战场上叱咤风云、在历史上留下赫赫声誉的名将，出身却是非常卑微的，早年的经历也很坎坷。

卫青的出身如何微贱呢？首先，卫青的姓氏就有问题。卫青不是应该姓卫吗？这有什么问题？按照惯例，卫青应该姓郑，因为他父亲姓郑。卫青的父亲，《史记》和《汉书》都管他叫郑季。郑季是个低级小吏，在平阳侯曹寿家当差。一来二去就跟曹府里一位女子发生了关系，《史记》《汉书》都管这位女子叫"卫媪"，

"媪"是对妇女的通称。郑季跟卫媪私通，生下了卫青，所以卫青是个私生子。但郑季和卫媪又都各自有家庭。《史记》说卫媪是平阳侯曹寿的妾，但《汉书》说卫媪只是曹府的一个女仆，根本不是曹寿的妾，我个人倾向于认为《汉书》的记载更可靠。卫媪是侯府女仆的可能性更大。卫媪要真是平阳侯的妾，郑季跟她私通也就罢了，竟然还敢生下孩子，这孩子最初还是养在平阳侯府里面。真要这样的话，平阳侯的脸往哪搁啊！所以，我觉得《汉书》的说法更靠谱。那怎么会有《史记》里的这个说法，说卫媪是平阳侯的妾呢？我想很有可能是卫青成了名、有了身份以后，为了提高卫青的出身，才有了这个说法。

不管怎样，卫青出身微贱是一个事实。

卫青在少年时代，曾经回到父亲郑季身边，郑季就让他放羊。郑季那头是有老婆孩子的，这一家子都不把卫青当作正常的家庭成员看待，而是把他当奴仆使唤。后来卫青碰到一个会看面相的，说看他的面相将来是要大富大贵的，肯定能封侯。这话说得卫青自己都不信，回答道：我生下来就是做奴仆的命，能少挨打、少挨骂，就谢天谢地了，哪还敢奢望封侯啊！

古人有句话讲得好，叫"莫欺少年贫"。年轻时候的卫青，就生活在这样一种状态中，他周围的人，谁能料到这个穷小伙日后能成为威名赫赫的大将军，谁又能料到这个放羊娃将来会成为名垂青史的人物呢？

二、命运的转机

卫青成年以后又回到了平阳侯府当差，鞍前马后伺候平阳侯的夫人，也就是汉武帝的姐姐阳信长公主。卫青还有一个同母异父的姐姐，叫卫子夫，也在平阳侯府里。建元二年（公元前139年）的春天，汉武帝过访平阳侯府，摆开酒席之后，公主叫了府里一班侍女来歌舞助兴，其中就有卫子夫。汉武帝一见卫子夫，感觉很有眼缘，回宫的时候就把卫子夫带走了。阳信长公主在送卫子夫上车的时候，拍着卫子夫的背跟她说："即贵，无相忘。"（《史记·外戚世家》）若贵宠之后，千万别忘了她。连长公主都要对卫子夫说这话，可见当时汉武帝对卫子夫那个喜欢劲儿预示着这个出身贫寒的女子很有可能会荣宠贵幸。

有句话叫"一人得道，鸡犬升天"。卫子夫受到汉武帝的宠幸以后，她的哥哥、弟弟也被授予官职。卫青的命运也就出现了转机。元光六年（公元前129年），匈奴军队骚扰边境，汉武帝派遣了四位将军领军出击匈奴，其中有一位就是卫青，他被汉武帝拜为车骑将军。这时距马邑之谋已过去四年。根据相关记载来看，这是继马邑之谋后，汉匈双方的第一次大规模正面交锋；对于卫青来说，也是第一次接受军事任务。但是卫青不负重望，取得了很好的战绩，带领部队打到龙城，这是匈奴各部落会合、举行祭天仪式的地方，对匈奴来说应该是一个很重要的地方。卫青不仅打到这儿了，还斩首七百级，立了战功。而且这一次出征共有四位将军，只有卫青打了胜仗，立了功。其他三位，一位公孙贺，无功也无过；还有两位，公孙敖和李广，都被匈奴给打败了。公孙敖率领的军队损失百分之七十，号称"飞将军"的李广还被匈奴给生擒了，亏得身手矫健，跑回来了。相比之下，卫青的表现当然非常让汉武帝高兴，他因而被赐爵关内侯。

卫青的军旅生涯应该说有一个很好的开头，首战告捷，一颗将星从此冉冉升起。在这次战役中，像李广这样优秀的职业军人都被匈奴打败了，卫青奴仆出身，又是第一次和匈奴作战，他怎么就能打胜仗呢？《资治通鉴》有几句简单的总结，首先，卫青这个人能力不错，"善骑射，材力绝人"，骑马射箭都可以。其次，卫青性格不错，能够礼遇士大夫，照这样推断，卫青应该是一个挺谦虚、能听得进意见的人。第三，卫青作风不错，能善待士卒，对小兵小将都挺好，手下的这些人也都乐意为他卖命。概括以上几点，司马光称赞卫青"有将帅材"。最后司马光把卫青这位将才的凸显，归功于汉武帝："天下由此服上之知人。"（《资治通鉴》卷十八）汉武帝慧眼识英才，知人善任。

《资治通鉴》的这个观点，可以和《史记》的观点做一个比较。之前讲过，司马迁认为汉武帝对匈奴作战，付出了那么大的代价，却并没有取得理想的效果，关键就在汉武帝不会用人。所以司马迁感慨"唯在择任将相哉！唯在择任将相哉！"（《史记·匈奴列传》）但是司马光通过卫青的例子，下了一个很明确的结论：汉武帝不是不会用人，而是很会用人。

次年，也就是元朔元年（公元前 128 年），卫氏姐弟更重要的人生转机来了。这一年，卫子夫为汉武帝生下了一个儿子，就是汉武帝的长子刘据。这一年汉武帝二十九岁。放在今天，二十九岁生孩子，也属于晚生晚育了。古人到二十九岁才得子，那是实在够晚的了。终于有了儿子的汉武帝非常高兴。汉武帝原来有个皇后，是他姑母的女儿——陈阿娇陈皇后。陈皇后看到汉武帝宠爱卫子夫以后就争风吃醋，闹了很多事情。但陈皇后有个致命伤，婚后十多年一直没给汉武帝生养儿女。元光五年（公元前 130 年），汉武帝就把陈皇后废了。皇后的宝座空了两年左右，到元朔元年（公元前 128 年），卫子夫生下刘据之后，就被立为新一任皇后。

由于这层关系，卫青也就进一步得到汉武帝的重用和信任。当然卫青自己也很争气，屡立战功，逐渐成为抗击匈奴战场上最重要的将领。所谓"英雄不问出处"，功成名就、万人景仰之后，也就没人会在乎他的出身了。此时的卫青，可以说是前程似锦、扶摇直上。

三、大将军的诞生

关于卫青一生和匈奴的作战次数，司马迁作过一次统计："最大将军青，凡七出击匈奴。"（《史记·卫将军骠骑列传》）"最"字在这里表示总计的意思，包括前面提到的元光六年（公元前129年）的那次战役，卫青一共和匈奴打过七次大仗。这里出现一个称号，司马迁称卫青为"大将军"。"大"字在我们汉语里面经常表示赞赏、赞扬。比如这位学者学问特别好，我们可以称之为"大学者"；这位厨师的菜做得特别棒，我们可以称之为"大厨师"。将军也有这种情况，这位将军特别威猛，或者在军队里面比其他将军更有地位，可以称之为"大将军"。但卫青的这个"大将军"可不仅仅是一种虚誉，而是一个实实在在的职位。因为战功，汉武帝拜卫青为大将军。而且讲到汉武帝时代的历史，一提到大将军，一般都指卫青。由此可见，大将军应该是一个地位非常高，而且很具有荣誉性的武将职衔。那么大将军的地位高到什么程度呢？宋末元初的学者胡三省在注《资治通鉴》的时候说："汉大将军比三公。"汉初的三公指的是丞相、太尉、御史大夫，处于官僚集团的最顶端。大将军和这些官员一个级别，也就是说它处于整个文武官僚系统的顶端。卫青从一个出身卑微的奴仆，变成汉武帝的小舅子，在战场上立了功，成为将军，这跟一般人的命运比起来，已经很了不起了。那卫青又是怎么成为"大将军"的呢？这个故事讲起来也挺有意思。

元朔五年（公元前124年），卫青第四次率领军队出击匈奴。匈奴方面负责阻击卫青的，是右贤王的部队。匈奴的组织制度中，在单于下面设有左、右贤王，分管东、西部地区，地位非常高，相当于单于的左右手。所以这位右贤王可以说是一位匈奴的大贵人。但他这次和卫青交锋，犯了一个致命的错误，什么错误呢？过于轻敌。他以为汉军距离他远，一时半会儿到不了跟前，在一个晚上大摆酒席，自己喝得酩酊大醉。谁知道，就在当晚，卫青率领的汉军突然出现在他面前，把他率领的匈奴军队团团包围了。右贤王的酒一下子就被吓醒了，但再组织抵抗是来不及了。这位匈奴大贵人只带着一名小妾，在几百名骑士的保护下，突围而去，连夜狂奔数百里，总算没有被汉军抓获，保住性命一条。卫青的部队当然是大获全胜，战果丰硕。虽然没有抓住右贤王，但抓住了右贤王麾下的小王十余人，其他男女俘虏一万五千多名，缴获的牲畜更是多达几百万头。卫青率领着部队、解押着战利品撤回汉朝边境的时候，汉武帝已经得到捷报了，这当然是令人振奋的消息。汉武帝随即派遣使者，手持大将军的印信，"即军中拜青为大将军，诸将皆以兵属，立号而归"（《汉书·卫青霍去病传》）。汉武帝兴奋得都来不及等卫青回到朝廷以后再行封拜，直接派使者在军中就拜官授爵了。之前其他几支各自独立、共同出击匈奴的军队，这时候也统一归卫青指挥、节度。

想想当年马邑之谋的失败，卫青打出这么漂亮的仗，的确有理由让汉武帝兴奋。等卫青班师回朝以后，汉武帝的高兴头还没过去。除了提高卫青的待遇以外，汉武帝还打算封卫青的三个儿子为侯。这个时候卫青谦退的品格就体现出来了。他对汉武帝说："赖陛下神灵，军大捷，皆诸校尉力战之功也……臣青子在襁褓中，未有勤劳，上幸列地封为三侯，非臣待罪行间所以劝士力战之意也。"（《史记·卫将军骠骑列传》）卫青这话讲得多漂亮！打了这么大的胜仗，没有一句话表彰、夸耀自己，首先把成功归诸汉武帝，说是因为陛下神灵，才有这次大胜；然后推功给部下的军士们，说是因为他们舍命力战，才有这样的成绩。至于自己的三个儿子，卫青说他们哪有半点功劳，不配享受这样的荣宠，不赞成汉武帝给自己的儿子封侯。汉武帝说，将士们有功劳他也是知道的，也要奖赏。于是这次和卫青一起出击的将军中，有七人封侯，三人赐爵，皆大欢喜。卫青的谦退让功，不仅没有使自己的封赏减少，反而赢得了口碑和汉武帝的进一步宠信："于是青尊宠，于群臣无二，公卿以下皆卑奉之。"（《资治通鉴》卷十九）论受到汉武帝的尊宠，群臣当中没有一个比得上卫青的，所有公卿大臣都对卫青礼让三分。

卫青既有战功，为人又这么谦虚谨慎，也很善于处理各种人际关系，再加上他的姐姐卫子夫也受到汉武帝非同一般的宠信，姐弟俩在朝廷内外的位置可以说是固若金汤。但是过了不久，卫青的竞争对手出现了，而且这个人就出在他们家族内部。

四、骠骑将军霍去病

谈到汉武帝时代抗击匈奴的名将，有一个人的名字是和卫青紧紧联系在一起的，这个人和卫青好比是汉武帝时代抗匈名将中的双子座，是众多将星中最耀眼的两颗。他就是卫青的外甥霍去病。

卫青另外有个姐姐叫卫少儿。霍去病就是卫少儿的儿子。但卫少儿的丈夫叫陈掌，她的儿子怎么姓霍呢？原来霍去病也是私生子。卫少儿正式和陈掌婚配之前，也和她的母亲卫媪、妹妹卫子夫一起在平阳侯府里为仆。后来有个低级吏员叫霍仲孺，到侯府当差。霍仲孺和卫少儿私通，于是有了霍去病。霍去病的出生故事和卫青很像。霍去病虽然随父亲姓，却是长养在母亲这边。那不用说，他最初的崭露头角，肯定是沾了姨母卫子夫和舅舅卫青的光。

霍去病有一点像他舅舅，骑马射箭都不赖。之前，曾经两次跟随舅舅出击匈奴，长过些见识。到元朔六年（公元前123年），霍去病十八岁，成人了。这一年正好赶上大将军卫青第五次率军出击匈奴。汉武帝就跟卫青说他这个外甥不错，叫卫青分一小股士兵给霍去病，让他独当一面，历练一下。汉武帝任命霍去病为"票姚校尉"，"票姚"两个字取劲疾之意，即劲锐、快速。事实证明，霍去病的作战风格果然和这个称号很相配。霍去病率领八百名骑士，远离大军，深入敌境，敢杀敢拼，结果获得非常丰硕的战果。不仅斩首二千二十八级，而且斩杀了匈奴单于的一位叔祖，生擒单于的一位叔父，比卫青第一次出征的战绩还要好。挖掘出这么一位少年英雄，汉武帝当然非常高兴，封霍去病为"冠军侯"。不仅封了侯，名号叫起来还特别响亮，"冠军侯"，冠军的意思，就是在这支大军里面就数他是最大的英雄。霍去病的事迹，似乎又一次证明了司马光的观点，汉武帝能识人、能用人。

这一次战役里面，卫青的表现反而平平，没有得到封赏。霍去病可以说一鸣惊人，风头盖过了舅舅。此后，霍去病在对外战争中，风头越来越劲，到第三年，元狩二年（公元前121年），霍去病就被汉武帝封为"骠骑将军"。同年夏天，霍去病再度率领军队出击匈奴，深入敌境，越过居延水，到达祁连山，又是大获全胜。斩首、降服、俘虏的人口数量庞大，不仅俘获了匈奴五个王，而且俘虏了单于的阏氏。匈奴部落里的阏氏就相当于汉朝的皇后。有这么丰厚的战功撑腰，霍去病在汉武帝面前的地位也就越来越高了："由此骠骑日以亲贵，比大将军。"（《史记·卫将军骠骑列传》）霍去病受到的尊宠，和卫青可以平起平坐了，真是后生可畏啊！

元狩四年（公元前119年），汉武帝命令卫青和霍去病各自率领五万大军，重拳出击匈奴。卫青这次和单于正面交锋，汉军虽然略占上风，但伤亡也很大，最后让单于逃脱了。所以卫青这次战绩不是很明显。霍去病可是又露脸了。不仅又俘虏、斩杀了一大批匈奴贵族、将士，而且还在匈奴境内的狼居胥山和姑衍山进行了封禅礼，祭祀天地。这个举动很有胜利者耀武扬威的意味，在敌人境内的腹地祭祀天地，向天地世人宣告，取得了绝对胜利。

这次战役，卫青由于战功不明显，没有得到嘉奖。而霍去病不仅自己受到封赏，跟随他出兵的很多将领也被汉武帝授爵封侯。为了拉平霍去病和卫青之间的待遇距离，汉武帝就在这次战役后不久，设置了"大司马"这个职位，让卫青和霍去病都享有大司马的职名，和百僚之首丞相平起平坐。这样一来，霍去病在官职和俸禄上，就正式全面赶上舅舅卫青了。而且在受汉武帝宠信方面，大有后来者居上之势："自是后，青日衰而去病日益贵。青故人门下多去事去病，辄得官爵。"（《汉书·卫青霍去病传》）卫青受到的宠信日益衰退，霍去病则日益贵重。很多善于见风使舵的人就离开卫青去投靠霍去病了，一巴结上霍去病，就能得到官爵。

为什么汉武帝会这么厚爱霍去病呢？这也是有道理的。因为正是霍去病打了这一仗以后，出现了匈奴"幕南无王庭"的局面，单于把活动中心撤到大漠以北去了。这样就彻底扭转了汉匈力量的对比，匈奴自汉初以来长期的战略优势被打破了，汉朝开始掌握主动权。有了这些胜利作为基础，若干年后，汉武帝才有可能亲自率领军队，跨越长城，登上原属匈奴的单于台，向匈奴挑战。汉武帝派遣使者对单于说："单于能战，天子自将待边；不能，亟来臣服。何但亡匿幕北寒苦之地为！"（《汉书·武帝纪》）意思是：要是能打，你就来打，大汉天子亲自率军，在边境等你来会战；要是不能打，赶紧来称臣，干吗跑到漠北这种寒冷困苦的地方做缩头乌龟呢？这话讲得多刺耳啊，向敌人挑衅、对敌人蔑视。单于听到这番话之后，当然很生气。但他发泄愤怒的方法，也只是把汉朝使者扣留下来，愤怒归愤怒，始终不敢出兵和汉武帝正面对垒。

当然，取得这样的成绩，汉朝付出的代价也是惨烈的。就拿元狩四年（公元前119年）这次战役来说，卫青和霍去病"两军之出塞，塞阅官及私马凡十四万匹，而复入塞者不满三万匹"。(《史记·卫将军骠骑列传》）出征的时候有战马十四万匹，打完仗回来不足三万匹，损失巨大。这说的是战马，那将士的损伤当然也不会在少数。唐代诗人留下过一联名句"凭君莫话封侯事，一将功成万骨枯"！都说男儿应当投笔从戎，"万里觅封侯"，封个侯爵，可以光宗耀祖。但这位诗人却说，不要谈靠军功来博取功名这件事，一位将军功成名就，得用多少白骨来铺路。汉武帝时代的这些历史经验也告诉我们，在残酷的战争中，其实没有绝对的胜利者。

根据司马迁的统计，霍去病在一生中一共六次率军打击匈奴，在次数上比卫青少一次，但在整体攻击质量上，一点也不输给卫青。卫青、霍去病这舅甥二人，作为汉武帝的左膀右臂，帮助汉武帝解决了心头大患：匈奴问题。但就在比较彻底地解决了匈奴问题后不久，霍去病就去世了。霍去病是元狩六年（公元前117年）去世的，年仅二十四岁。距离元狩四年封狼居胥山这次轰轰烈烈的大胜利，三年时间还不到，一颗将星就这样陨落了。关于霍去病的死因，《史记》和《汉书》都没有直接记载，英年早逝，有可能是病故。霍去病这一生就像一颗流星，虽然短暂，却光彩夺目。历史往往有很多巧合，我们仔细研究一下霍去病的生卒年，似乎命运就是特意安排他来帮汉武帝解决匈奴问题的。为什么这么说呢？霍去病是公元前140年出生的，他出生这一年，恰好就是汉武帝即位后的元年。汉景帝在公元前141年去世，同年汉武帝登基，次年，也就是公元前140年，正式以汉武帝的名义开始纪元，霍去病就出生在这一年。到匈奴问题解决了，霍去病也就驾鹤西去了。

霍去病去世以后，汉武帝非常悲痛，举行了规模很大、规格很高的葬礼，就把他葬在茂陵旁边。茂陵是汉武帝为自己营造的陵墓，准备百年之后躺在那儿，现在霍去病先走一步了，就让他躺在自己陵墓的边上，这也显示了汉武帝对这位少年将军的宠爱。而且汉武帝把霍去病的坟墓设计成祁连山的样子，因为霍去病曾经率军抵达祁连山，大破匈奴。这个坟墓设计，就是要表彰霍去病的功业。

到汉武帝元封五年（公元前106年），卫青也去世了，也葬在了这个地方。卫青的坟墓和霍去病的坟墓距离很近，都在汉武帝茂陵的东北角，西边的是卫青的墓，东边的是霍去病的墓。现在，这三位著名的历史人物，都安安静静地躺在那里。

第十二章 卫青与霍去病的人生遭际

我们前面把卫青和霍去病的功业概括性地捋了一遍。其实，在这两个人身上，值得谈论的，不止这些。他们在为人处世的特点上也有很多值得探讨的地方。在这方面，卫青和霍去病有相同的地方，也有很多不同的地方。更重要的是，这些同与不同，能够反映出汉武帝的很多问题，也能够帮助我们进一步把握那个时代的脉搏。

一、卫青与霍去病的性格差异

在长期对匈奴作战的过程中，汉武帝任用过的一些将领，最著名的有卫青、霍去病、李广等。但这几个人的个人际遇和命运很不相同，有的是一帆风顺，有的是命途坎坷。这就引出一个话题，是谁造就了他们的命运，是汉武帝，还是他们自己？这个问题上，司马迁、司马光就有截然不同的看法。司马迁认为这些人命运的差别，取决于他们和汉武帝之间的关系。而司马光却认为，这几个人个性、才能上的巨大差别，造就他们不同的命运。那么这些名将，在个性和才能上到底有哪些差别，他们和汉武帝之间的关系又是怎样的？我们今天就以卫青和霍去病为例，做一些分析。

我们先讲卫青，卫青屡次战胜匈奴之后，在朝廷上、在汉武帝面前的地位越来越高。汉武帝对卫青的厚爱程度，可以从其他臣僚的谈话中体现出来，其中有一位臣僚说："自天子欲群臣下大将军。"（《史记·汲郑列传》）在大臣们看来，汉武帝对卫青已经宠信到希望其他所有臣僚都对卫青毕恭毕敬的程度了。在战场上效力、对国家有功的大臣也不止卫青一个啊，汉武帝为什么独独对卫青厚爱到这种程度？除了汉武帝宠爱卫子夫，爱屋及乌，还有没有其他理由？我们先从卫青的性格上找一找原因。

讲一个故事。元朔六年（公元前123年），卫青又一次率领军队出击匈奴，这一次出击的战功不是很突出，汉武帝没有给卫青加封官爵，但还是赐了他一千金作为酬劳。卫青受到赏赐以后，并不是照单全收，而是把这一千金分出五百金，用来讨好汉武帝的另一位宠妃王夫人。卫青用这五百金为王夫人的父母祝寿。王夫人虽然也很得汉武帝的宠爱，但论地位当然不能跟卫青的姐姐卫子夫比，而且王氏家族里也没有出什么厉害的角色，卫青为什么要这么做呢？

这就体现出卫青为人处世的一个典型特点，非常谦恭谨慎，愿意花精力妥善处理一切可能影响到自己的人际关系。王夫人这件事是卫青身边一个叫宁乘的人提醒他的。宁乘对卫青说："将军所以功未甚多，身食万户，三子皆为侯者，徒以皇后故也。今王夫人幸而宗族未富贵，愿将军奉所赐千金为王夫人亲寿。"（《史记·卫将军骠骑列传》）宁乘告诫卫青，要对自己为什么能享受这么高的待遇有一个清醒的认识。卫青不仅自己高官厚禄，三个儿子也都被封侯，这是为什么？这跟卫子夫在汉武帝面前的地位有着极大的关系。所以宁乘提醒卫青，不要真以为自己的功劳有多大，心安理得地享受这些待遇，要知道他目前所享有的地位、荣誉，皇后是起到极大作用的。现在王夫人同样得到汉武帝的宠爱，但她的家人就不像卫青这样幸运了，她们家没有人因为王夫人受宠而享受这么大的富贵，所以他应该把得到的赏金分给王夫人的家人。

宁乘的这个逻辑，如果不作进一步分析的话，可能很多人看了似懂非懂。卫青能得势的确和卫子夫很有关系，但这和王夫人有什么关系呢？为什么还要顾及王夫人家里的情况呢？这里还有一些话，宁乘点到即止，没有再往下说，其实这里牵涉非常微妙的宫廷政治。王夫人也受汉武帝宠爱，但兄弟子侄里面没有像卫青这样出色的人物，自己的家族也没有享受到这么好的待遇。这就难保他们不会产生嫉妒心理。王夫人如果嫉妒卫家，肯定不是直接去扳倒卫青，而是会想方设法让卫子夫失宠。卫子夫的地位如果保不住，卫青必然受到牵连。宁乘劝卫青的这番话，可以说是未雨绸缪，在这种情况出现之前，先想办法消除隐患。卫青当然是极其聪明的人，这话马上就听明白了。于是就分出五百金献给王夫人的父母，拉拢两家关系。

这么做的效果极佳，可以说是一箭双雕。不仅安抚了王家，而且使得汉武帝非常高兴。汉武帝听说这是宁乘给卫青出的主意，马上拜宁乘为东海都尉。东海郡在今天山东省南部和江苏省北部地区。汉武帝通过给宁乘封赏官职来表达自己对这件事的赞赏。后宫争宠让很多帝王都感到头疼，这背后还牵涉不同家族的利益。卫青能这么做，是想表明卫家不仅不会跟其他外戚家族争权夺宠，还愿意团结、平衡这些家族。这当然会让汉武帝高兴。

这也展现出卫青性格当中非常独特的一面：他很有远见，愿意放低姿态去迎合那些目前地位比他低的人，把这些潜在的竞争对手转化为朋友。低调谦退的处世风格，是卫青始终能获得汉武帝信任的秘诀。史书总结卫青的性格和处世作风，有这么一句话："大将军为人仁，喜士退让，以和柔自媚于上。"（《资治通鉴》卷十九）卫青为人仁厚，对下，能够礼遇士人，谦恭退让；对上，也就是在汉武帝面前，圆滑取媚，懂得如何讨汉武帝欢心。总结起来就是一句话，从不得意忘形。这些事情说起来容易做起来难，有多少人曾经因为一时的成功，得意忘形，最终黯然退出历史舞台。

霍去病在战场上和他舅舅卫青一样，都曾经叱咤风云，立下赫赫战功。但在生活中，无论是个人品性，还是与人交际，都和他舅舅大不相同，甚至可以说二人是属于性格完全相反的两种人。何以见得呢？霍去病仗打得很好，但有一点一直受到人们的诟病，那就是在带兵的时候不体恤下情。"重车余弃粱肉，而士有饥者。其在塞外，卒乏粮，或不能自振，而骠骑尚穿域蹋鞠。"（《史记·卫将军骠骑列传》）粱，是比较好的米。行军打仗的时候，霍去病身边的人日子过得很好，肉米吃不完都扔掉，而普通的士兵却有吃不上饭的。对于士兵缺乏粮食，霍去病也不关心，不仅不想办法帮助他们解决问题，甚至还要建场地踢蹴鞠。蹴鞠是比较古老的一种球类游戏。这些行为就体现出霍去病是一个非常自我为中心的人。这和卫青礼遇下士，无论是什么样的人，都希望极力和他们相处好这样的性格，简直是天壤之别。

那么这一对舅甥为什么会有这样的差别呢？依我看，关键是两个人早年经历有很大不同，故而造成性格的巨大差异。卫青我们以前说过，小时候去找亲生父亲，结果父亲让他放羊，还受同父异母兄弟们的欺负。在自己父亲身边都遭这么大罪，所以卫青一定是从小养成了谨小慎微、对周围的人和事都极其敏感的性格，对所有的人和事都是加倍小心，唯恐出错。能讨好的尽量讨好，没法讨好的至少不要得罪。这是卫青的青少年时代。那么霍去病呢？霍去病建元元年（公元前140年）才出生，第二年，他的姨母卫子夫就被汉武帝带进宫去了；接下来，整个卫家就咸鱼翻身，从一个极其低微的奴仆家庭，一下子成为皇亲国戚了。霍去病一定是从小锦衣玉食、娇生惯养，泡在蜜糖里长大。你跟他说要顾及别人的感受，什么叫别人的感受？没概念。司马迁也说，霍去病是"少而侍中，贵，不省士"（《史记·卫将军骠骑列传》）。从小就待在汉武帝身边，身份贵重，不知民生艰苦，也不懂得体恤下情。这是卫青和霍去病性格、处世作风上最大的差别。这舅甥二人虽然有着如此之大的差距，但在他们身上并不是完全找不到共同点。这个共同点是什么呢？

二、卫青与霍去病的共同点

霍去病有一句名言："匈奴未灭，无以家为也！"（《史记·卫将军骠骑列传》）汉武帝要为霍去病造房子，霍去病说匈奴还没有消灭，要这些房子干什么。这句话一直传诵到今天，用来鼓励年轻人树立远大志向。其实霍去病说这句话还有另外一层意图，长久以来被人们忽略了。《史记》里边说霍去病讲完这句话以后，"由此上益爱重之"。汉武帝听完霍去病这句话，愈发地宠信霍去病了。这就让人琢磨，霍去病在讲"匈奴未灭，无以家为"的时候，除了表达消灭匈奴的志向之外，是否还有其他目的？司马迁特别强调汉武帝在听完霍去病这句话后十分高兴，这里面可能有文章。霍去病固然有不灭匈奴不罢休的豪情，但恐怕同时也是想赢得汉武帝的欢心。从汉武帝的反应来看，霍去病的这个目的达到了。

霍去病虽然不太懂得顾及别人的感受，但他毕竟是一个极其聪明的人，他知道自己这一切是从哪里来的。所以他可以不顾及其他任何人的感受，唯独一个人的感受他必须认真对待，那就是汉武帝。这一点，他和他舅舅想得一样明白。卫青和霍去病最大的共同点，就是极其注意汉武帝的喜好，也极其配合汉武帝的政治策略。最能说明问题的，就是这两个人在收养门客问题上的态度。

我们介绍汉武帝"内强皇权"的时候提到过，汉武帝统治初期，诸侯王、公卿大臣豢养门客的风气很流行，他们以此来培植自己的势力集团。对于这一点，汉武帝非常不满意。其中收养门客的代表人物淮南王刘安，曾受到汉武帝的沉重打击。另外在公卿当中，收养门客比较著名的人物窦婴、田蚡，也让汉武帝感到十分不满。当卫青取得一定地位之后，也有人劝卫青招徕天下名士。卫青说："自魏其、武安之厚宾客，天子常切齿，彼亲附士大夫，招贤绌不肖者，人主之柄也。人臣奉法遵职而已，何与招士！"（《史记·卫将军骠骑列传》）魏其侯就是窦婴，武安侯是田蚡，这两个人花费重金，结客养士，让汉武帝痛恨到"切齿"。所以卫青得出经验教训，说招徕贤才是皇帝特有的权力，做臣子只要安于职守就可以了，千万不要去招揽人才，否则就有可能重蹈窦婴、田蚡、刘安这三个人的覆辙。卫青不愿意豢养门客，也就是在告诉汉武帝，他不敢培植自己的私人势力。这样他才博得汉武帝的信任和扶植。

卫青是这样一个认识，霍去病呢？司马迁说："骠骑亦放此意。"骠骑指的就是霍去病，霍去病在这个问题上的认识和卫青是一样的。这舅甥二人，无论在为人处世上有多大的区别，在配合汉武帝政治意图这一点上非常一致。

在尊崇皇权方面，卫青还有一件事值得一提。元朔六年（公元前123年）卫青率领军队攻击匈奴，他麾下的右将军苏建吃了大败仗，单身一人跑回来见卫青，一个士兵都没带回来。卫青就问其他随军幕僚，苏建这个事该怎么处理。其中有一个叫周霸的就建议卫青说，大将军行军打仗这么多年，还从来没斩过麾下副将，这次苏建打了这么大的败仗，手下士兵损失得一干二净，正好斩杀他，以树立大将军的权威。卫青却说："使臣职虽当斩将，以臣之尊宠而不敢自擅专诛于境外，而具归天子，天子自裁之，于是以见为人臣不敢专权，不亦可乎？"（《史记·卫将军骠骑列传》）卫青说即便有斩将的权力，他也不打算自己来决断是否要杀苏建，而是要把处置权交给汉武帝，以表明自己不敢专权。我们怎么看待卫青这个态度呢？有句古训叫"将在外，君命有所不受"，身为大将，独断军旅、制定战略战策都需要看实际情况，不必一味听君主的指令，更何况是执行军法、赏功罚过？苏建是斩是赦，卫青理应做出决断，如果凡事都推给皇帝，那要这个大将军在前线干吗呢？更重要的是，卫青明明知道处置苏建是自己职权范围内的事，他还是把这件事交给汉武帝处理，最终的目的是要表示对皇权的臣服。

卫青在这件事上表现出的姿态，固然还是体现了他凡事小心谨慎的性格特征，但这绝不是一个大臣该有的风范。中国虽然有长达两千多年的君主制历史，但理想中的君臣关系，并不是简单的大臣服从君主的关系。恰恰相反，在历史上留下声誉、获得美名的往往是那些敢做敢当，甚至敢于反对皇帝的大臣。真正能被称为国家栋梁、社稷之臣的大臣，也是那些有担当、有作为的大臣，而不是皇帝的应声虫。只知道对皇帝唯唯诺诺，再有能力，充其量也不过是会办事的奴才。但皇帝喜欢的往往就是奴才，因为奴才能凸现皇帝的权威。卫青准确地把握了这一点，所以在处理和汉武帝关系的时候，始终把凸显皇帝权威放在第一位。

卫青这样来处理和汉武帝的关系，荣华富贵是没问题了，但其实是把君臣关系转化为主奴关系。所以史书上才会有这样的记载，说汉武帝有时候见卫青，非常不庄重，"大将军青侍中，上踞厕而视之"（《史记·汲郑列传》）。"厕"的本意，应该是指床或座席的边沿，古人席地而坐，有一套坐姿礼仪。卫青在宫中陪侍汉武帝的时候，汉武帝的坐姿非常随意，两腿或盘或踞，不甚讲究。这种不庄重的仪态，不是接见大臣该有的仪态。后来有人根据这句话的字面，作了进一步发挥，把这个"厕"字解释为厕所，说汉武帝蹲着坑就见卫青了。比如宋代大才子苏东坡，他说过这么几句话："若青奴才，雅宜舐痔，踞厕见之，正其宜也。"（《东坡志林》卷四）苏东坡这话一是比较刻薄，说卫青就是个奴才，汉武帝蹲在厕所里见卫青正合适，正好让卫青给他舐痔疮；二是对"厕"字的理解是错误的。但这番评论体现了苏东坡对卫青和汉武帝之间的关系有很深刻的认识。那么苏东坡为什么要这样评价卫青呢；论功业，卫青、霍去病都是善于征伐、战功赫赫的名将；论背景，卫青、霍去病也的确都和汉武帝有着非同一般的关系。卫青、霍去病能建功立业，究竟靠的是能力，还是他们和汉武帝之间的关系？对于舅甥二人和汉武帝这层微妙的关系，三位史学家又有什么看法？

三、卫青和霍去病获得重用的原因

苏东坡的论点，受一个人的影响很大，那就是司马迁。《史记》里面，卫青、霍去病专门有一篇传——《卫将军骠骑列传》。此外，他们两个人的事迹还频繁见于《匈奴列传》。但除此之外，司马迁还在另一篇传记里提到了这两个人，那就是《佞幸列传》。《佞幸列传》是写哪些人的？司马迁说："非独女以色媚，而士宦亦有之。"（《史记·佞幸列传》）以容颜、外貌取悦于皇帝的，不单单是女子，士人当中、官宦队伍当中，也有人是靠这个博得皇帝欢心的。除了女子之外，靠容颜、外貌博得皇帝欢心的人，就是"佞幸"，所以班固在《汉书·佞幸传》里面就直接称之为"男色"。

司马迁把卫青、霍去病也划在这个群体里面，很多人可能想不到。司马迁有这么一句话："内宠嬖臣大底外戚之家……卫青、霍去病亦以外戚贵幸，然颇用材能自进。"司马迁说汉武帝时代很多宠臣都出自外戚，所谓外戚，就是皇后或嫔妃们的家人，卫青和霍去病也属于这个行列，都是受到汉武帝的宠信才得到荣贵的。当然，司马迁不否认卫青和霍去病也是有才能的，但如果区分类型的话，司马迁说这两个人也可以划入佞幸一类。

卫青贬低自己以抬高皇帝权威，把君臣关系转变成主仆关系；霍去病这么自我为中心的人都十分在乎汉武帝的感受。综合这些情况，再引入司马迁关于"佞幸"的观点，我们对汉武帝和卫青、霍去病之间的关系可以有一些新的认识。司马迁引用了一句谚语："力田不如逢年，善仕不如遇合。"努力耕种，不如等一个风调雨顺的好年成；很有能力，很会做官，不如让皇帝喜欢。所以司马迁认为，卫青、霍去病尽管很有才能，但他们之所以能贵幸，和汉武帝之间的微妙关系也起到了很大作用。

司马迁抛出这个观点，主要意图还是通过卫青、霍去病批判汉武帝，这一招叫隔山打牛。这和司马迁批评汉武帝不能正确选用人才的观点是紧密联系在一起的。司马迁认为汉武帝用人的标准，首先是看这个人和自己亲不亲近，而不是才能。如果汉武帝在用人方面能够去掉这层私心，那么对匈奴作战就更能事半功倍。

司马光在这个问题上的观点和司马迁截然相反。卫青第一次出击匈奴就获得了很大的成功，司马光特地对卫青的成功进行了一番总结，司马光说卫青："善骑射，材力绝人，遇士大夫以礼，与士卒有恩，众乐为用，有将帅材，故每出辄有功。"（《资治通鉴》卷十八）"善骑射，材力绝人"讲的是卫青适合军旅生涯的个人能力；"遇士大夫以礼，与士卒有恩"讲的是卫青团结队伍的能力，适合做领导。把这两点加起来，司马光称赞卫青的确"有将帅材"。司马光后面这句话很重要："每出辄有功。"即每次出征都能建功。如果卫青的功成名就靠的是和汉武帝之间的特殊关系，那么侥幸最多一次两次，怎么会次次马到成功。而且西汉的皇帝几乎都有男宠，光汉武帝的男宠就有好些，为什么不都能像卫青、霍去病那样建功立业呢？所以司马光最后的观点认为，卫青、霍去病能登上历史舞台，成为闪耀千古的将星，主要还是靠自己的能力。

在探讨他们和汉武帝之间关系的时候，司马光是把重点落在汉武帝知人善任上面："天下由此服上之知人。"（《资治通鉴》卷十八）卫青奴仆出身，汉武帝能大胆任用，果然第一次出征就战绩斐然。不仅是卫青，汉武帝后来又挖掘了霍去病这么一位将才，表现比卫青更出色。汉武帝挖人才一挖一个准，这不是用运气能解释得通的。为了突出汉武帝的知人善任，司马光在总结卫青、霍去病和汉武帝关系的时候，只字不提"佞幸"这档事情。

那么班固又是什么观点呢？我们翻《汉书》，发现班固在这个问题上有点和稀泥的味道。《汉书·佞幸传》里有这么一句话："卫青、霍去病皆爱幸，然亦以功能自进。"这句话和《史记·佞幸列传》的意思差不多，点出卫青、霍去病既有才能，又和汉武帝之间存在微妙关系。但班固另外在《佞幸传》的开头，列了一张男宠名单，西汉皇帝，从汉高祖刘邦一直到汉哀帝，爱幸过的男色或准男色，总共十五名。在这张十五人名单里，班固并没有把卫青、霍去病列进去。班固一面承认卫青、霍去病受到汉武帝的爱幸，一面又不把他们两人列进男宠名册。班固也知道卫青、霍去病有出头的机会，是靠了和汉武帝之间的关系，但这样的机会不是谁都能抓得住的，所以才能同样非常重要。至于说卫青、霍去病为什么能成功，主要是因为与汉武帝的私交，还是因为自己的才能，班固并没有绝对的倾向性，更不想利用这件事情来批评乃至否定汉武帝。所以最终的态度和司马迁、司马光都有所不同。

司马迁批评汉武帝用人有私心，选才任能不公允。司马光恰恰相反，赞扬汉武帝知人善任。长期以来，在这两种观点中，支持司马迁的人比较多。除了前面提到过的苏东坡，明代有一位著名学者叫湛若水，他就曾专门批评过司马光的观点："甚矣，史之好以成败论人也！元光御边四将，当以李广为首，而青次之。广为名将而数奇，是以所向无功。故夫成败者，数也，安可遽以此论人，而以青之有功为武帝知人之明哉！"（《格物通》卷七十三）湛若水说，汉武帝时期的名将，论能力当然是李广第一，卫青要排在李广的后面。只不过李广一直运气背，建的功业不如卫青。但并不能以此认为卫青比李广强，更不能把卫青的成功作为汉武帝知人善任的论据。湛若水的这个观点很明显是受司马迁的影响，尤其是把李广拿出来和卫青作比较，这是司马迁在《史记》里批评汉武帝用人不公的一个关键点。我个人觉得，司马迁生活在汉武帝时代，有近距离观察问题的优势，但下结论的时候恐怕也难免受情绪干扰。司马光虽然离那个时代比较远，但也正因如此，能更好地剥离表象，直指本质，所以他的意见是不可轻视的。

第十三章　飞将军李广的传奇人生

　　《史记》塑造了"飞将军"李广这一非常著名的形象。司马迁认为论骑马射箭的技能以及战场上的军事才能，李广比卫青、霍去病强得多，但李广因为得不到汉武帝宠信而命运坎坷，也没有找到更好地发挥才能的机会。司马迁通过描写李广的命运并把他和卫青、霍去病对比，进一步批判了汉武帝任人唯亲而不是任人唯贤的作风。那么司马迁是怎么来讲述李广故事的呢？对于这一点，司马光是不是要给予反驳呢？

一、"飞将军"李广

　　唐代诗人王昌龄曾写过一首著名的《出塞》诗："秦时明月汉时关，万里长征人未还。但使龙城飞将在，不教胡马度阴山。"这是一首抒发保家卫国热情的边塞诗，其中用到的一个重要典故，是发生在汉朝的故事。诗中提到的"飞将"，就是汉武帝时期的名将——"飞将军"李广。这首诗的意思是说，如果有李广这样的将军把守边关，胡人就不敢轻易进犯。那么李广究竟有多大能耐，能让唐代诗人在谈到边疆问题的时候，还能想着他？

　　我们可以用另外一首唐诗来说明这个问题："林暗草惊风，将军夜引弓。平明寻白羽，没在石棱中。"（卢纶《塞下曲》）

诗里面的这位将军非常威武，两条臂膀的力量大得不得了，能把箭射进石头里。这位将军的原型也是汉代的李广。《史记》里说，李广有一次去打猎，草丛中有一块石头，李广以为是老虎，搭弓一箭，射中了，跑过去一看，才知道原来是块石头，再看这支箭，整个箭头都已经扎进石头里去了。无论是箭法还是力量，都令人叹为观止。当然，《史记》渲染的这个故事，难免夹杂文学加工的成分。从现代物理学的角度看，很难想象箭头真能扎进石头里。尽管如此，司马迁说李广弓马本领过硬，应该是一个事实。

李广射箭本领高超，有一些天赋条件，是别人赶不上的。司马迁描写李广的形体，说"广为人长，猿臂"（《史记·李将军列传》）。李广不仅人长得高大，而且两条手臂像猿猴一样，猿臂的特点，一是比较长，二是能运转自如。除了射箭之外，李广的骑术也非常高明。在元光六年（公元前129年）出击匈奴的战役中，李广受伤后被生擒了，匈奴人把并列的两匹马从中间用绳索联结起来，将李广放在上面，这就相当于一个担架了。李广躺在上面装死，然后用眼睛一瞄，发现旁边有一个匈奴人骑着一匹好马，李广"噌"的一下就腾跃起来，身体下落的时候，落点找得非常准确，正好就落在那匹马上，一把将骑马的匈奴人推下去，并且夺了他的弓箭，边驰马边引弓，狂奔数十里，跑了回来。你可以想象一下，这一系列高难度动作要一气呵成，不仅身手要极其敏捷，骑术、射术更不是一般地高超。匈奴那边都知道汉军当中有这么一号人物，赠送他一个雅号，叫"飞将军"。

李广长期和匈奴作战，在对阵的过程中，也体现出了常人所不具备的胆略。有一次李广带着一百名骑兵，遇见了一支由几千骑兵组成的匈奴军队。李广的手下都非常害怕，想赶紧逃。李广告诫他们不能慌，这个时候如果掉头就跑，匈奴人多，追上来的话麻烦就大了。那怎么办呢？李广带着这些人不仅不往回逃，还朝着匈奴军队的方向前进，在距离匈奴军队仅仅二里地的地方停下来。李广让大家放松，解下马鞍，原地休息。这样一来，匈奴人反而摸不着头脑了，以为李广玩的是诱敌之计，说不定身后就有大军埋伏，所以不敢贸然攻击李广。在对峙的过程中，李广还抽空上马射杀了对方一名将领，射完之后又解下马鞍，若无其事地原地休息。匈奴人越发怀疑李广率领的是诱兵，就在半夜悄悄撤军了。第二天早晨，李广带领着自己的手下安全地回到了汉军大营。

这些故事告诉我们，李广无论是个人技能还是胆识，都是非常超人的。所以有李广驻守的地方，匈奴不敢轻易进犯。李广也就成为汉武帝时期非常优秀的一位职业军人。就是这样一位有才能、有胆识且和匈奴打了一辈子仗的名将，汉武帝却始终没封他为侯。所以有个著名的成语叫"李广难封"。同样是名将，卫青不仅自己取得了很高的地位，三个儿子也都被汉武帝封侯。这样难免就会有人批评汉武帝不公平。更关键的是，李广最后一次出击匈奴是受卫青辖制，由于卫青压制李广，改变战略部署，最终导致了李广的死亡。这就更有理由替李广抱不平。那么李广是怎么死的？我们又怎么来看待"李广难封"这个问题呢？

二、李广之死

元狩四年（公元前119年），李广跟随卫青出击匈奴，担任前将军，属于先头部队。这一年李广六十多岁了，用他自己的话来说："结发与匈奴大小七十余战。"（《史记·李将军列传》）古时候，小男孩长到一定年龄就把头发束结起来，叫"结发"。李广的意思是，自己还在童子的时候就开始和匈奴打仗，大大小小的仗，一辈子打了七十余次。但这七十余次战役都没有给李广带来立功封侯的机会。本来这次出征之前，汉武帝觉得李广年龄太大，不想让他再带兵。但李广求战心切，一心想建功封侯，再三请求汉武帝让他出征。汉武帝最后答应了，让他跟随卫青。但没想到，这一次出征不仅没有替李广挣回一个封侯的机会，它竟然还成为这位老将军生命中的最后一战，这一战以后，大名鼎鼎的飞将军李广就从战场上消失了。

卫青率领军队出塞以后，打探到单于所在的方位，决定主动出击。按照原先的队形，李广是前将军，军队要往前推进的话，李广应该走在前面，这样李广就有可能与单于率领的匈奴军队正面相遇。但卫青在发兵之前改变了战略部署，让李广的前军与右军合并，取东面的道路行军，由卫青自己和另一位将军公孙敖一起对阵单于。这样李广就没有正面挑战单于的机会了。李广对这个改变很不满意，认为卫青剥夺了他立功封侯的机会。

那么卫青为什么要改变战略部署呢？他是基于两点考虑。第一，早在出征之前，汉武帝就私下告诫过卫青，不要让李广独自抵挡单于的军队。汉武帝已经发现，李广名声很大，个人能力很强，却这一辈子没打过像模像样的大胜仗。汉武帝说这个人"数奇"，换成今天的话说就是"点儿背"，运气很糟糕。为了确保整场战役的顺利，汉武帝吩咐卫青，不要让李广抵挡单于。第二，让公孙敖取代李广也夹杂着卫青的私心。公孙敖正好在上一次征战匈奴的过程中尝到败绩，失去了侯爵。卫青让公孙敖和自己一起对阵单于，是想让公孙敖重新有一个封侯的机会。卫青为什么这么向着公孙敖呢？因为公孙敖对卫青有救命之恩。当年陈皇后和卫子夫争宠，卫青受到牵连，差点被陈皇后的母亲大长公主杀掉。是公孙敖带了几名壮士，把卫青劫出来，救了卫青一命。这次正好有汉武帝不要让李广抵挡单于的密令在先，卫青抓住这次机会，也算是还公孙敖一个人情。

李广尽管不满，但在卫青的强压之下，只能和右将军一起从东路进军。结果他迷路了，没有按时和卫青率领的大部队会合。卫青和单于打完一仗，往回走的时候才碰到李广。按军法，这就得查问，他是怎么迷的路，为什么没有按时和大部队会合，该由谁负责。李广本来就为改变部署的事窝了一肚子火，现在又出了这么一个差错，心情的愤懑、烦躁可想而知。于是就对卫青派来的人说：别再问了，所有责任都算在我头上，我自己去找大将军。

李广到了大将军幕府以后，就对自己的手下说了这么一段话："广结发与匈奴大小七十余战，今幸从大将军出接单于兵，而大将军又徙广部行回远，而又迷失道，岂非天哉！且广年六十余矣，终不能复对刀笔之吏。"（《史记·李将军列传》）李广说自己一辈子跟匈奴大小打了七十余仗，这次有机会跟随大将军对阵单于，但大将军却改变了他部队的行军路线，让他走一条迂回辽远的道路，又赶上了迷路，这大概是天意要捉弄已经是六十多岁的人了，不能再受那些专爱搬弄是非的文官的侮辱。说完这段话，李广就拔刀自刎了。威震匈奴的飞将军李广，就这样结束了自己的生命。李广在最后的遗言中，虽然埋怨苍天无情，但还是能看得出，他对卫青有一股愤懑之情。引刀自裁也是用一种极端的方式向卫青表示抗议。

回顾李广的经历，可以说非常有传奇性，结局又是这么悲怆，很适合作故事题材。司马迁在《史记·李将军列传》里，用生动而饱含感情的文笔描写了李广的一生，塑造了一个本领高强却一辈子郁郁不得志、最终竟含恨而死的悲剧英雄形象。这篇传记可以称得上是一篇名传，李广的遭遇也深受人们的同情。尤其是在把李广的遭遇和卫青、霍去病的人生历程进行对比之后，人们对李广的同情会加重。李广这样身怀绝技的名将，和匈奴打了一辈子仗，为什么始终封不了侯？卫青和霍去病，论本领不见得比李广强，为什么都年纪轻轻地不仅封了侯，还在朝廷上取得了很高的地位，这难道仅仅用命运不公就能解释吗？卫青、霍去病不仅和汉武帝沾亲带故，而且还被司马迁在《佞幸列传》里点了名。按照这个思路，李广就是汉武帝任人唯亲的牺牲品。那么我们不妨就来探讨一下，"李广难封"的原因到底在哪里？汉武帝在这个问题上要负什么责任？

三、李广与卫青的比较

司马迁在讲到霍去病为什么能取得这么辉煌的战绩时，有一句话："诸宿将所将士马兵亦不如骠骑，骠骑所将常选。然亦敢深入，常与壮骑先其大将军。军亦有天幸，未尝困绝也。然而诸宿将常坐留落不遇。"（《史记·卫将军骠骑列传》）宿将就是老资格的将领们，这个是相对霍去病而言，因为当时的霍去病才二十岁左右，很年轻。宿将们率领的军队在质量上本来就远远不如分配给霍去病的，霍去病率领的都是精锐部队，所以容易立功。霍去病也是仗着率领的精锐部队，敢于深入，而且他的骑兵部队马种比较好，跑得快，经常跑在大军前头很远。这就反过来造成一个问题，那些老将们率领的部队赶不上他，不仅没有立功的机会，反而可能犯延误时机的错误。司马迁讲这个，其实就是在批评汉武帝不公平，预先把最精锐的部队留给了霍去病。所以霍去病十八岁就能被封为"冠军侯"，李广这样的名将打了一辈子匈奴，居然没机会封侯。

这么说起来，"李广难封"好像的确该由汉武帝任人唯亲的作风负责。事实真的这么简单吗？卫青和霍去病取得的功绩，跟他们本人的能力完全不匹配吗？

不妨把李广和卫青做一个比较。我们选三个指标进行对比。首先，看这两个人驰骋沙场的个人技能。卫青虽然很擅长骑马射箭，但肯定不能跟李广比，李广在骑射武艺上，在当时应该是最优秀的。从个人技能的角度看，李广胜出。其次，看带兵的方法与效果。卫青能够善待士卒，有功劳乐于和属下分享，所以得到部下的拥戴。李广呢？李广对自己的部属也非常尽心。得到的赏赐经常分给部下，在边外行军的时候遇到水源，不是每个士兵都喝过水、解过渴了，李广不会靠近水源。到吃饭时，不是每个士兵都有饭吃了，李广不会自己先吃，和士兵同甘共苦，军士们也愿意为他拼死作战。从带兵的角度看，卫青、李广打成平局，都很得人心。第三，看这两个人的性格和处世态度。我们以前分析过卫青，这是一个处世极其谨慎，不敢轻易造次的人。而李广恰恰相反，性格刚烈，心里装不下事情。李广曾经因为败绩要问斩刑，后来拿钱赎为庶人。待在家里没事干，就和朋友打打猎喝喝酒。有一次晚上出去喝酒，喝得很晚才回来，路过一个关口，被一个把关的官吏截住了，对方不许他过去。按照当时的律令，晚间不允许擅自走动。李广的随从就跟这位官吏说，这就是以前的李将军，请他放李广过去。

没想到这位官吏回答，别说以前的将军，现在的将军也不行。最后没有放行。后来由于匈奴入侵，汉武帝又重新起用李广，拜为右北平太守。李广特意请旨，要当时拦截他的那位官吏跟他一起赴任。一到军营，他就把这个人斩了。从这件事可以看出，李广的度量比较小，不能容人。这一点上，李广不如卫青，卫青是一个很宽容的人。

从技能武艺、带兵风格、为人处世这三点比较下来看，李广对卫青，一胜一平一负。技能武艺超过卫青，爱兵如子同于卫青，宽宏大度不及卫青。算总分的话，李广和卫青打了个平手。客观地讲，李广虽然更具备个人英雄素质，但作全面的衡量，这两个人应该是各有优长，很难讲谁比谁更优秀。

接下来我们还可以比较一下李广和卫青、霍去病的战绩。李广一生与匈奴作战无数，司马迁在《史记·李将军列传》里重点描写过的，他和卫青共同参与的对匈奴作战有三次，和霍去病共同出击匈奴一次。李广和霍去病共同出击的这次，我们就不作比较了，因为司马迁批评过汉武帝把精锐部队分配给霍去病，霍去病本来就占有优势，前提条件不公平。但我们还可以来比较一下李广和卫青共同出击的这几次战役。

一次发生在元光六年（公元前129年）。这是卫青第一次带兵出击匈奴，也就是我们开头提到过的李广被生擒的那次。这次战役有四位将军分别领兵出击，唯独初出茅庐的卫青不仅立了战功，而且杀到匈奴祭天的龙城。其他三位，公孙贺无功无过，公孙敖损失百分之七十的兵力，李广被匈奴人活捉。

李广和卫青第二次共同出击匈奴是元朔六年（公元前123年），当时卫青已经是大将军了，李广是后将军，归卫青指挥。这一年汉军整体上的战绩也不错，但结果是："诸将多中首虏率，以功为侯者，而广军无功。"（《史记·李将军列传》）其他将领很多都建了功封了侯，唯独李广又没有立功。

从这两次战役的情况来看，李广没能建功封侯，很难说是汉武帝造成的。李广、卫青最后一次共同出击匈奴，是元狩四年（公元前119年），也就是李广自杀那次。历史无法假设，但经常令人禁不住要假设。假设卫青没有改变战略部署，李广真的和单于对阵了，结果会怎样？李广一定能建功吗？恐怕也未必。李广之前打了那么多次仗，不是没有独挡单于的机会，不也都没建功吗？当然，李广还是有理由对卫青表示不满。如果不是卫青私心偏袒公孙敖，李广能不能建功是一回事，但也未必就这么死了。从这个角度来看，卫青的确亏欠李广。

但话又说回来，这些事情一码归一码，卫青亏欠李广是一回事，李广封不了侯是另一回事。何况卫青之所以要调整部署，有汉武帝的告诫在先。汉武帝觉得李广打了一辈子匈奴，始终打不出漂亮的胜仗，觉得他"数奇"，所以告诫卫青不要让李广抵挡单于。汉武帝站在战略全局来考虑这个问题，也不能说他完全不在理。所以李广的结局固然悲怆，值得同情，但他封不了侯这个问题，看来还的确不能全怪卫青或汉武帝，还得另找原因。

四、"李广难封"的原因

司马迁作过统计，跟随卫青出击匈奴的将校中，立功封侯的共有九人，其中就有李广的堂弟李蔡；跟随霍去病出击匈奴而封侯的将校共有六人，其中就有李广的儿子李敢。李广的这个堂弟李蔡，"为人在下中，名声出广下甚远"（《史记·李将军列传》）。

论才能，在下等行列，根本不能跟李广比。但就这么一个人，元朔五年（公元前 124 年）跟随卫青攻击匈奴右贤王，立了功，被封为乐安侯。把这些情况综合起来看，汉武帝虽然更宠信卫青、霍去病，对他们有所偏爱，但基本的赏罚公平还是能做到的。把李广封不了侯全都怪到汉武帝头上，这对汉武帝来说有失公允。

那么像李广这样一位个人能力如此突出的将领，为什么就是建不了功、封不了侯呢？司马迁也为他找过两条理由。第一条是讲因果报应。李广做陇西太守的时候，处理过一次羌人叛乱。李广诱降了参与叛乱的八百多名羌人，但事后把他们全都杀了。有人对李广说："祸莫大于杀已降，此乃将军所以不得侯者也。"（《史记·李将军列传》）杀已经投降的人，不仅背信弃义，而且残忍。李广不能封侯被认为是杀降的报应。还有一条原因，司马迁是从个人打仗风格的角度，替李广找理由。"其射，见敌急，非在数十步之内，度不中不发，发即应弦而倒。用此，其将兵数困辱，其射猛兽亦为所伤云。"（《史记·李将军列传》）李广的射术虽然高超，但他追求百发百中的精准，所以往往是在离敌数十步内瞄准了再射，这样离敌人就很近，很容易遭到围困。

关于司马迁找的第一条理由，古人相信报应，不能要求他们像现代人一样不迷信。但让现代人来接受，就有些牵强。在《资治通鉴》里，司马光有一段评论分析李广难封的原因，角度和司马迁的很不一样，可以给我们启发。司马光特别提到，和李广同时有一位名将叫程不识，这两个人管理军队的风格截然不同。李广管理军队，整体上说非常放任："广行无部伍、行陈……人人自便，不击刁斗以自卫，莫府省约文书；然亦远斥候，未尝遇害。"（《资治通鉴》卷十七）李广带兵不组织、整理队形，晚上也不巡行警示，军士人人自便，很随意；唯一做的事就是让侦察兵走得比较远，察看敌情。程不识批评李广的这种做法，这样带兵，仓促之间碰到敌人进犯，怎么办？所以程不识带兵的风格和李广恰恰相反，军队组织纪律非常严明。士兵们都喜欢李广这种随意的风格，不喜欢跟随程不识，因为要做到纪律严明很辛苦，跟着李广就比较安乐。针对两人的差别，司马光评论说："治众而不用法，无不凶也。李广之将，使人人自便。以广之材，如此焉可也，然不可以为法。"（《资治通鉴》卷十七）管理、带领一批人，不严明法度是一件很危险的事情，程不识的批评很在理。李广是艺高人胆大，仗着自己的才能敢于这么做，其他人要是模仿他，十有八九要出差错。

司马光的这段评论隐含了一层意思，李广因为本领高强，所以也有很明显的个人英雄主义作风。但行军打仗最终的成败，靠的是整支队伍的协调，而不是个人技能。其实《史记》提到李广打仗，喜欢把和敌军的距离控制在射程范围内，以便他射击，也是典型的个人英雄主义的作风。个人射得再准，当面对上万甚至几十万敌人时，能靠一个人的能力把他们都射死吗？

这样分析以后，再来看为什么很多才能不如李广的人都建功封侯了，李广却不能。李广太相信、太依赖自己的个人能力了。作为一名将领，不能发挥军队整体的作战能力而单靠个人能力，那能力再强，也不见得能最终成功。从司马光的这段评论里可以看到，李广之所以一辈子不能封侯，他自己要负很大的责任。这和司马迁的观点相差很远。司马迁从汉武帝用人、卫青这些佞幸之臣的排挤、因果报应、追求射术完美等多方面给李广的失败找原因；司马光只强调一点，李广自恃才能，在行军部伍中随性任意，这是他不能成功最重要的原因。

对李广问题不同的态度，自然也反映出这两位史学家对汉武帝不同的形象设定。在司马迁笔下，李广现象不能孤立起来看。他的命运，和卫青、霍去病的命运形成强烈的对比。李广一辈子都在第一线和匈奴激战，即便没能打一次大规模的胜仗，但他的为人、才能和经历都值得人们景仰。卫青、霍去病虽然立过不少战功，但如果他们不是汉武帝的宠臣，能取得这么高的地位吗？所以在司马迁看来，汉武帝任人唯亲这个罪责是逃不掉的。

而司马光分析卫青为什么能成功、李广为什么会失败，是站在比较客观的立场讨论这两个人本身的能力、功绩。司马光说卫青之所以能成功，一是综合能力强，二是礼遇士大夫，三是善待士卒。汉武帝能放心大胆地任用卫青这样出身低微、此前又没有太多从军经验的新人，恰恰证明汉武帝知人善任。而李广的失败，司马光也直接指出，他带领的军队在组织纪律上有问题。另外，最后一次出征，汉武帝本来不想让李广去，是在李广的再三请求下才让他去的。说汉武帝不给李广机会，似乎也说不过去。

所以在这个问题上司马迁和司马光的观点有着尖锐的对立。班固在《汉书》里面的处理手法和这两位都不太一样。他既不像司马迁那样对其中某一个人有着特殊的感情，也不像司马光那样专门立论来反对司马迁的观点，只是非常平淡、客观地把这些人的问题叙述带过了。

第十四章 通使西域的旷世壮举

前面几章对汉武帝时期对匈奴作战的几位名将，作了一些分析。其实在策划对匈奴作战的过程中，汉武帝还一度想过要寻找盟友共同对付匈奴。汉武帝要寻找的盟友是谁？有没有获得成功呢？

一、遥远而陌生的地域

建元三年（公元前138年），汉武帝刚刚登基不久，一些投降汉朝的匈奴人提供了一个信息，说匈奴打败了它西边的月氏国，并且杀了月氏王，把他的头盖骨做成饮酒的器具："月氏遁而怨匈奴，无与共击之。"（《汉书·张骞李广利传》）月氏人为了躲避匈奴，暂时逃走了，但心里非常怨恨匈奴，苦于找不到一起攻击匈奴的盟友。这个信息让汉武帝萌生了一个念头。当时汉朝和匈奴之间还勉强维持着和亲关系，但和平基础并不坚实，战争恐怕是迟早会到来的。如果汉朝单独采取军事行动，结果会如何，汉武帝心里也没有底。当汉武帝从匈奴降人嘴里得知这个信息后，就打算布一局棋：联合月氏人，共同抗击匈奴。

那么，月氏国在哪儿？怎样才能找到他们？月氏人的活动范围，属于当时所谓的西域。今天的甘肃敦煌市附近有两个关口，一个叫玉门关，一个叫阳关。出了这两个关口，一直往西就到达了葱岭地区，也就是今天的帕米尔高原，这一整块地区，我们的古人称为"西域"。这片地区对当时汉王朝的人来说是十分陌生的地方。班固在《汉书·西域传》里说："西域以孝武时始通，本三十六国，其后稍分至五十余。皆在匈奴之西，乌孙之南。"这句话告诉我们几个信息，第一个信息，西域这片地区在汉武帝之前，和华夏民族基本上没什么来往，相互之间都不了解；汉武帝时代开始，双方才建立了一些联系并有了相互了解。第二个信息，这片区域的族群很复杂，分布着大大小小三五十个部族和王国。从更具体的记载来看，这些族群和王国，相互之间也是风俗迥异，有些接近匈奴，过着迁徙不定的游牧生活；有些则更像汉人，在城郭中定居，也从事农业耕种；甚至还有些生活在高山峻岭中、文明程度比较落后的族群。这里有人口几十万的大国，也生活着只有几千人乃至千把人的小族群，情况非常复杂。第三个信息，从相对地理位置来看，这些族群都在匈奴的西边，这里提到的乌孙国也是西域诸国之一，而且是比较大的一个王国，它的地理位置是在匈奴的西南。西域的其他王国基本都分布在乌孙的南面。

那么汉武帝要寻找的月氏人当然也在匈奴的西面。汉朝的位置则在匈奴南面，如果能够说服月氏和汉朝联手，一起发动对匈奴的进攻，很容易形成对匈奴的钳势包围。在这个构思的推动下，朝廷招募愿意出使月氏的人。对于当时的人来说，西域是一块非常陌生的地方，要出使的话，该走哪条路？会碰到些什么？怎么应付那些语言、习俗迥异的异族人？路上断粮断水了该怎么办？这些问题都没有现成的答案。所以寻找月氏人的路，必然是一条充满艰险的坎坷之途。但在汉武帝时期，就有这么一个人，他愿意踏上这条险途，为大汉帝国的外交开辟一片新天地。

二、张骞出使西域

这个主动请缨奉使西域的人，名字叫张骞。张骞面对的任务是非常艰巨的，因为当时匈奴的势力非常大，控制了西边大部分地区，扼制着交通要道，想要到达月氏，必须经过匈奴控制的区域。张骞带领着一批人，在穿越匈奴势力区的时候，被匈奴人抓住了，并被带到了单于面前。单于得知张骞是汉朝的使节且想借道出使月氏之后，既没有放行，也没有遣送他回来，而是把张骞一行人扣留在匈奴，一扣就是十多年。匈奴人对张骞倒还算客气，还给他分配了个老婆。张骞羁留匈奴，没事可干，就在匈奴养儿育女。但他始终没有忘记自己的使命，十多年来很谨慎地保护着汉朝政府颁发给他的"节"，这是使命和身份的象征。张骞一直在寻找机会，而匈奴人在时间久了以后也对他放松了警惕。后来张骞终于抓住了一次机会，带着几名随从逃出匈奴，往西暴走数十天，到达了大宛国。大宛王派人把张骞送到康居国，康居又派人把张骞送到大月氏。就这样，历经十余年的艰辛，张骞终于到达了出使的目的地，找到了汉武帝最初打算结盟、共同出击匈奴的月氏人。

那么月氏人对于张骞的出现是什么反应呢？月氏人知道张骞的来意之后，对他提议的共同打击匈奴这件事并不感兴趣。这时候离月氏王被匈奴杀害已经很久远了，他们迁徙到一块新的土地上，日子逐渐安定下来："地肥饶，少寇，志安乐，又自以远汉，殊无报胡之心。"（《史记·大宛列传》）他们现在居住的这块地方非常肥沃，也没有什么人侵犯他们，所以月氏人过着安乐的生活。

当时的月氏人，已经没有想要报复匈奴的想法了，而且觉得和汉朝的距离这么远，对共同打击匈奴的战略是不是有操作性也心存疑虑。

张骞历经千辛万苦到达大月氏，却并没有说服月氏人和汉朝联手对匈奴采取军事行动，在大月氏停留了一年光景，始终不得要领，只能回来。结果在回来的路上，又被匈奴人逮个正着。好在这一次没过多久单于就死了，匈奴内部发生混乱，张骞就趁机跑了回来。张骞回来的时候已经是元朔三年（公元前126年）了，一晃十三年过去了。走的时候带走的一百多名随从，回来的时候只剩一个跟班。当然张骞还多带回来一个人，就是在匈奴娶的老婆。真所谓"少年子弟江湖老"，张骞人生中的黄金时刻，要么是在登山涉水、横渡流沙，要么就是被匈奴扣留，过着半囚徒的生活。但正是这些苦难让张骞留名青史，成为沟通西域的第一人。虽然张骞没有完成出使的初始任务，但是张骞带回了很多有价值的信息，改变了当时人对世界的认识，推动了华夏文明和域外文明的交流。也正是这些信息，使得汉武帝决定第二次派遣张骞出使西域。

张骞第一次出使一去十三年，中间杳无音讯。汉武帝当然等不了，在张骞回来之前，已经发动过几次对匈奴的战争并取得了一定成绩。张骞这次回来，虽然没有带回月氏人愿意联合出兵的喜讯，但张骞的个人经历却给汉朝军队的行动带来了很大的便利。因为久留匈奴，张骞对匈奴境内的地形很熟悉，知道水草分布情况。汉武帝让张骞跟随卫青行军，张骞借助自己的经验知识，使得大军从来不缺水，战马和其他随军牲畜也不缺草料。因为这些功劳，汉武帝封张骞为"博望侯"。两年之后，张骞和李广分别率军出击匈奴。李广的军队被匈奴围困了，而张骞没有及时前来会合，导致李广所部损失惨重。由于这个过失，张骞本来是要问斩的，他出钱赎罪，但博望侯这个爵位被削夺了。

辛辛苦苦，付出这么大的代价，好不容易才挣到的侯爵，就这么失手了，张骞有点不太甘心。他想找机会再把侯爵挣回来。他想起自从回来以后，汉武帝一直对西域的情况保持着浓厚的兴趣，曾经多次向他问起那边的情况。张骞就打算从这里做文章，看看有没有机会再搏一个封侯的机会。

上一次出使月氏没有达到目的，这次张骞又给汉武帝提供了一个潜在盟友——乌孙国，说可以联合乌孙一起打击匈奴。根据张骞的介绍，乌孙和月氏、匈奴之间都有恩怨、过节，乌孙老首领曾经被月氏人攻杀，后来新一代乌孙王打败了月氏，迫使月氏人往西迁徙。在乌孙人往西追击月氏的过程中，匈奴人就趁机控制了东边原属乌孙的地盘。张骞对汉武帝说："蛮夷恋故地，又贪汉物，诚以此时厚赂乌孙，招以东居故地，汉遣公主为夫人，结昆弟，其势宜听。则是断匈奴右臂也。"（《汉书·张骞李广利传》）张骞劝汉武帝用重金贿赂乌孙，一起攻击匈奴。如果能成的话，对于乌孙来说，既能得到汉朝的财物，又能重新夺回被匈奴占有的故土。而对于汉朝来说，乌孙从西边牵制住匈奴，使匈奴不能专心对付汉朝，就好比断了匈奴的一条臂膀。而且为了确保联盟的稳固，张骞还建议汉武帝嫁一个公主给乌孙王，以此坚固双方关系。

这个愿景听上去很美好，但其实都是张骞一厢情愿。张骞说用这些手段拉拢乌孙，乌孙"其势宜听"，意思就是说，照道理他们是会答应的。但张骞认为有道理的事，乌孙人并不见得也是这么想的。张骞之所以这么说，是他自己求侯心切，必须找一个理由说服汉武帝同意他再次出使。为了增加成功的把握，张骞不仅让汉武帝花重金贿赂乌孙，还劝汉武帝嫁一位公主过去。虽然张骞在中国历史上是一位很了不起的人物，但在这件事上也体现出了人性的阴暗面：为了给自己寻找一个封侯的机会，他可以耗费民脂民膏，可以牺牲其他人的幸福，可以不择手段。这就又要提到司马迁对汉武帝这个时代的批评："世俗之言匈奴者，患其徼一时之权，而务谄纳其说。"（《史记·匈奴列传》）很多人都是利用汉武帝想消灭匈奴的心理，也顺着汉武帝好大喜功的脾气，给他出各种各样的主意，其实根本的目的是为自己捞好处。从张骞的事例来看，司马迁的批评很到位。

那么张骞这次出使有没有成功呢？汉武帝又是怎么看的？

三、汉武帝对西域的经营

汉武帝对西域也充满了兴趣。当张骞提出想第二次出使西域的时候，汉武帝答应了。但这次派遣张骞出使，汉武帝在目的上和上次已经有了很大的不同。

建元三年（公元前 138 年），汉武帝第一次派张骞通西域时，还没有对匈奴开战，那个时候结交西域盟友共同对付匈奴是汉武帝最重要的目的。而第二次派遣张骞的时候，汉武帝已经取得了多次对匈奴作战的胜利，并且掌握了战争的主动权，对于这个时候的汉武帝来说，有西域盟友共同对付匈奴当然更好，如果没有，汉朝也能凭自己的力量把对匈奴的战争扛下来。所以汉武帝这次把张骞派出去，最大的目的并不是联结对付匈奴的盟友。

那他的目的是什么呢？张骞曾对汉武帝说，如果能在西域建立大汉的权威："诚得而以义属之，则广地万里，重九译，致殊俗，威德遍于四海。"（《汉书·张骞李广利传》）如果西域诸国能够归附汉朝，那么大汉在名义上控制的地域就多出几万里，而且每年都有大量操着不同语言、有着不同生活习俗的异族人来朝见，这样一来，皇帝的威德就能遍于四海了。听完张骞这番话以后，"天子欣欣以骞言为然"（《汉书·张骞李广利传》）。这次张骞在陈述出使理由中，又强调了这句话："既连乌孙，自其西大夏之属皆可招来而为外臣。"（《汉书·张骞李广利传》）可以让大夏这些西域诸国成为大汉的"外臣"，也就是藩属国。张骞这话就是摸准了汉武帝想让自己"威德遍于四海"的心态。张骞这番话也的确是说到汉武帝的心坎上了。抱着这样的心态，汉武帝第二次让张骞踏上了通往西域的道路。

张骞到乌孙，见到了他们的最高统治者昆莫，对昆莫说，如果乌孙愿意向东迁徙，并且和汉朝联手进攻匈奴的话，汉朝就愿意嫁一个公主过来，和他们结成兄弟关系。不幸的是，昆莫出于三点考虑，拒绝了张骞联汉抗匈的提议：一是乌孙内部分化很厉害，昆莫年龄也大了，控制不住局面；二是乌孙贵族们也都不太愿意迁徙；第三，乌孙曾经有很长的服从匈奴的历史，而且他们也是逐水草而居的游牧民族，在风俗上很接近匈奴，但对于汉朝，乌孙贵族们却并不了解，距离又远，所以不敢贸然答应。就这样，张骞第二次出使西域，试图找到共同对付匈奴的盟友，又失败了。

但这次和上次不同，没找到盟友不要紧，还可以接着完成第二项使命：替汉武帝宣扬大汉的富足和威德。张骞出发的时候，汉武帝就给他配备了很多财物："赍金币帛直数千巨万。"（《史记·大宛列传》）带着价值几千万乃至上亿的金币、布帛去出使。张骞自己待在乌孙，同时派遣了很多副使到西域其他各国，比如大宛、康居、月氏、大夏，等等，赐给他们金帛，夸耀大汉的富足，劝说他们臣服汉朝。

西域那些对汉朝不了解的国家，包括乌孙在内，也趁机派遣使节，跟随汉使来到长安，名义上是报谢汉武帝的馈赠，实际上是来窥探汉朝的虚实。这些西域使者来到长安，亲眼看到了汉朝的富庶繁华，也知道了汉朝疆域广大、实力雄厚，把这些信息带回了西域，使得西域各国越来越重视和汉朝的关系。

"威德遍于四海"的目标初步实现了。而且汉武帝还看到了很多新鲜的东西，不仅汉使们带回各种各样的奇珍异物，比如名贵的玉石；西域各国也有各种各样的贡品，比如有西域使者进贡了一种大鸟卵，有人说这大鸟其实就是鸵鸟。今天的人都知道鸵鸟了，那时候的汉人看到这东西却感觉新鲜，居然有这么大的鸟蛋。还有个国家进贡的东西很特别，不是什么具体的物什，而是一批具有特殊技能的人，这类人叫"眩人"，能够表演各种各样奇奇怪怪的幻术，能够吞刀吐火，可能类似于今天的杂技魔术。总之，都是闻所未闻的新鲜事物。汉武帝在高兴之余，盛宴款待西域各国的使者："设酒池肉林以飨四夷之客。"（《汉书·西域传》）好酒好肉，质高量足，招待这些域外来宾。

在汉武帝经营西域的过程中，有两位女性的命运也发生了改变。她们是谁？在她们身上又发生了怎样可歌可泣的故事呢？

四、两位"公主"的命运

公元前 105 年，一个由汉朝政府派出的使团出现在通往西域的道路上。出使目的地是位处西域北端的乌孙国，任务是护送一位和亲"公主"。前文提到，张骞第二次出使前，游说汉武帝与乌孙结盟，说这样可以在战略上起到斩断匈奴右臂的作用。为确保盟约缔结，张骞还建议汉武帝嫁一名公主到乌孙。乌孙国最初并没有答应汉朝的结盟提议，后来遭受匈奴攻击，想起了汉朝的结盟许诺，又主动遣使求尚公主。乌孙的出尔反尔自然使汉朝君臣反感。但当时的汉朝，因与匈奴连年征战，战马吃紧。乌孙出产的马匹，质量远远高于汉地所产，曾被汉武帝誉为"天马"。于是汉武帝和他的大臣们趁机向乌孙王索取良马作为聘礼。当乌孙国进献的一千匹良马到达长安后，汉武帝履行了嫁出公主的诺言。

据《汉书·西域传》记载，乌孙国首都赤谷城，距离长安八千九百里。古人重乡土，谁家愿意让闺女奔波万里，远嫁异国，在一个言语不通、风俗不合、举目皆是异族人的城邦中生活一辈子？当时的乌孙王八十多岁，老迈昏聩，哪个姑娘又愿意和这么个老头厮守？即便是普通百姓家的女儿，也不会愿意，更何况是金枝玉叶、皇家脉裔。但这位走在通往乌孙之路上的"公主"没有选择，因为她是罪人。"公主"名叫刘细君，并不是汉武帝的姐妹或女儿。刘细君的父亲是江都王刘建。刘建因荒淫无耻、暴虐专杀而臭名昭著，公元前 121 年涉嫌谋反而自杀。刘建自杀的时候，刘细君尚年幼，身为反贼之女，从此也被深深地打上了"罪人"的烙印。由于史料的缺乏，我们不知道远嫁乌孙那年刘细君的确切年龄，也不知道她在此之前是否有过婚姻生活。当乌孙的聘礼到达长安时，看来汉武帝并不舍得用自己的亲生女儿去换这一千匹战马。此前为朝廷所不齿的罪人之女刘细君，这时被想起来了。汉武帝赐予刘细君"公主"封号，君恩浩荡，无上荣光。随后汉武帝又命她为国家大计，远嫁乌孙，即便是横渡流沙，去国万里，刘细君又有什么能力反抗呢？

"吾家嫁我兮天一方，远托异国兮乌孙王。穹庐为室兮旃为墙，以肉为食兮酪为浆。居常土思兮心内伤，愿为黄鹄兮归故乡。"这首著名的思乡曲，即出自刘细君手笔，只要能回故乡，哪怕是化身为黄鹄。据说这首思乡曲传回长安，也换回了汉武帝的几分悲悯，隔三岔五派遣使者带着汉朝的帷帐锦绣，颁赐刘细君。

刘细君远嫁乌孙所遭受的磨难，远远不止这些。刘细君到了乌孙后，治宫室别居，和言语不通、年老昏迈的乌孙王一年见不了几次面，没有真正的婚姻生活。更糟的是，按当地风俗，新乌孙王可以继承老王留下的妻妾。所以老乌孙王在指定他的孙子为继承人的同时，也要求刘细君必须嫁给这个孙子。这严重违背了汉人的伦理观念。汉武帝派人带话给刘细君："从其国俗，欲与乌孙共灭胡。"（《汉书·西域传》）为联合乌孙消灭匈奴，汉武帝要刘细君忍下这些委屈。新乌孙王如愿以偿地得到了刘细君，并育有一女。刘细君却在乌孙生活了四年之后，郁郁而终。为了继续保持和乌孙的同盟关系，太初四年（公元前101年），汉武帝又嫁了一位"公主"到乌孙。

这位"公主"叫刘解忧。无独有偶，她和刘细君一样，都是罪臣亲属。刘解忧的祖父楚王刘戊，不仅和刘细君的父亲刘建一样暴虐荒淫，而且曾参与汉景帝时期著名的"七国之乱"，后因兵败自杀。作为国家的"罪人"，刘解忧同样获得了一次为国效力的机会。汉武帝把她封为公主，让她到乌孙国替代悒郁而终的刘细君。

刘解忧有很多遭遇与刘细君相同，比如她也曾被继任的乌孙王强娶，生育了一个男孩。但她有一点比刘细君幸运，虽然经历了很多磨难，刘解忧还是活到了七十多岁。她上书给汉朝皇帝，说自己年老思故土，愿归葬汉地。皇帝答应了刘解忧的请求，将她接回长安。其时已经是汉宣帝甘露三年（公元前51年），刘解忧在乌孙整整生活了半个世纪。少年出嫁，白首归来，日夜思念的故国早已人物两非，其悲何如？

《汉书·西域传》说乌孙国"随畜逐水草，与匈奴同俗……故服匈奴"，乌孙不仅和匈奴地域接近，和匈奴一样也是游牧民族，而且有很长的屈服于匈奴的历史。单靠远嫁一名公主，汉朝是否就能成功笼络住这位千里之外的"盟友"，这是一件很可疑的事情。当刘细君嫁到乌孙后，匈奴人听到这个消息，也送了一名女子到乌孙。乌孙王立刘细君为右夫人，立匈奴女子为左夫人。从风俗与后援距离的角度看，刘细君的竞争劣势，不言而喻。而在匈奴的威慑下，乌孙王又岂敢得罪匈奴，专事汉朝。所以，即便撇开两位和亲"公主"的个人命运沉浮不谈，用这样的方式来寻求政治突破，其效可验。后来的事实证明，这个策略不仅凭空毁了两位和亲"公主"的一生，也给汉朝政府带来了很多麻烦，结盟西域、共击匈奴在汉武帝时代从来未奏效过，相关影响却波及昭帝、宣帝时代。

昭帝时，匈奴曾联合车师，入侵乌孙。刘解忧上书汉廷，要求发兵相助。廷议许以出兵，后因昭帝崩逝，该项行动被取消。到宣帝时期，因乌孙而引发的汉匈战争还是爆发了。就在汉宣帝继位不久的本始三年（公元前71年），匈奴派遣使者至乌孙，敦促乌孙人将刘解忧押解至匈奴，试图通过这个方法切断乌孙和汉朝的联系。这也是匈奴用最直接的方式，对汉朝和乌孙通过婚姻缔结盟约表达不满。汉廷得到刘解忧的奏报后，汉宣帝发动十五万骑兵，五道并发，支援乌孙，共击匈奴。这次协同作战大破匈奴，获得了不小的战绩。元康二年（公元前64年），乌孙王再次向汉廷提出了姻盟请求，愿以良马千匹为聘礼，让自己的儿子尚娶汉公主。乌孙王在呈奏中特别指出，自己的这个儿子是"汉外孙"，希冀以此打动汉廷。在收到乌孙的聘礼后，汉宣帝决定以刘解忧的侄女刘相夫为公主，继续这桩政治婚姻，并事先安排刘相夫学习乌孙语。护送刘相夫的队伍到达敦煌的时候，得到了乌孙内乱的消息。乌孙王死，他和刘解忧的儿子，也就是向汉廷求亲的"汉外孙"没能顺利继承王位。汉廷内部讨论是否要继续护送刘相夫到乌孙，完成婚姻诺言。大臣萧望之说，此前汉朝嫁公主到乌孙已经四十余年，这四十余年除了不断给汉朝带来麻烦外，没有起到任何作用。再嫁公主，以后乌孙若有麻烦，汉朝于情于理又都不能坐视不理。因此，萧望之建议汉宣帝，趁此机会停止与乌孙的和亲。汉宣帝采纳了萧望之的建议，将刘相夫召回。

刘相夫算是躲过一劫，没有走上刘细君和刘解忧的老路。但已然卷入乌孙国政治漩涡的刘解忧，却将因此而遭受更大的不幸。乌孙贵族共同策立的新任乌孙王，因行事狂悖而被称为"狂王"。正是这位"狂王"，在听说汉宣帝半路召回刘相夫之后，强娶了刘解忧。刘解忧不仅饱受"狂王"羞辱，还被迫为他生育一子。刘相夫被召回后，汉朝虽再未派遣过和亲乌孙的公主，但由于这段特殊的历史，乌孙一旦遭到内忧外困便会牵动汉朝的神经，给汉朝带来无穷无尽的麻烦。班固在《汉书·西域传》中，用这么一句话点评汉朝和乌孙国之间的关系："汉用忧劳，且无宁岁。"

当初张骞的一个私念，不仅改变了刘细君、刘解忧的人生轨迹，也通过涉外战争等形式影响到了生活在汉帝国内部的每一个人。当然，换一个角度也可以说，刘细君和刘解忧借这个机会挣脱了罪人子孙的身份，变身为肩负国家使命的"公主"。幸与不幸，难以评说。

悖论在于，从宏观历史的角度看，这些给生活在当时的很多个体、群体造成伤害的行为，却也推动着历史的发展。认知的扩大、文明的交流、物种的传播，乃至我们今天多民族统一国家的形成，无不借助着轰轰烈烈的西使运动得以实现。在这幅绚丽多彩的历史图卷中，刘细君和刘解忧的个人命运显得如此卑微；是该更重视个体价值，还是该更重视人类文明整体成绩的取得，这个话题可以无休无止地争论下去。若今人果真能穿越往古，把宏观历史框架下通使西域的正面意义告知刘细君和刘解忧，她们又会作何想？

张骞和汉武帝的行为造成了几个后果：首先，由于张骞通过出使扬名立万，封侯取贵，于是就有了很多效仿张骞的人。"自骞开外国道以尊贵,其吏士争上书言外国奇怪利害,求使。"（《汉书·张骞李广利传》）不管是不是真知道西域情况，都争着给汉武帝上书，希望获得出使的机会。出使干吗呢？这毕竟不是个快活差事，一路风霜寒露，得吃很多苦。之所以有这么多人愿意走上这条路，是因为这里有巨大的利益回报。汉武帝每次派遣使者，都会让他们带很多钱币、货物去颁赐蛮夷，夸耀富豪。这些出使的人"皆私县官赍物,欲贱市以私其利"（《汉书·张骞李广利传》）。这些争着想出使的人，用司马迁的话讲，都是些"妄言无行之徒"，本来就想打这些财物的主意才申请出使，等到拿到汉武帝给他们送往西域的货物之后，就合计把这些东西给贱卖了，变成自己腰包里的现钱。那么第二个后果就摆在我们眼前，在沟通西域的名义下，大量民脂民膏成为无耻贪蠹的猎取目标。加强与西域的交流本来是件很有意义的事，现在却成为耗费国库的无底洞。

人类文明史的进程经常出现这样的悖论，一些有着重要意义的事情，是被荒谬的理由和手段推动着的。这些频繁的出使活动拓宽了古人的视野，使得当时人对世界的了解更进了一步，这是一个事实。但这些频繁的出使活动同样深深伤害了生活在那时的劳动人民，他们的血汗被践踏、被挥霍。正因为有着这样一个悖论，所以史学家们面对这样的事件，心态也是复杂的，最终由于他们和这个时代的距离不同，评论方式也各异。

在《史记》里，司马迁把这些事情集中在《大宛列传》中叙述。最后司马迁对通使西域的点评，仅仅是落在当时人们地理视野的拓宽和认知的改进上。他说在张骞出使以前，根据《禹本纪》这类书籍的记载，大家都认为黄河的源头在昆仑山，而昆仑山被描述得神乎其神：说太阳、月亮都居住在山里，轮流着出来放光，山上面还有醴泉、瑶池。后来张骞西使，知道了黄河的源头，才知道哪里有这样的昆仑山存在！说明《禹本纪》《山海经》这些书都是荒诞不经的。

司马迁是一个好奇心很强、对新鲜知识抱有浓厚兴趣的人，他用张骞的实践经验来纠正当时人从书本上得来的错误认识，对人们重新认识世界有很大帮助。但我们再仔细琢磨一下，这里似乎少了些什么。司马迁是一个感情非常丰富、对他所生活的时代也非常敏感的人。通西域这么大的一件事，中间充满了离奇曲折的故事，司马迁想说的难道仅止于这些地理认识问题吗？当时那么多人或因为贪功，或因为贪财走上通往西域的道路，司马迁批判意识这么强烈、思想这么活跃的一个人，对这场轰轰烈烈的西使运动就没什么其他想说的吗？

司马迁曾说过这么一句话："孔氏著《春秋》，隐桓之间则章，至定哀之际则微，为其切当世之文而罔褒，忌讳之辞也。"（《史记·匈奴列传》）他说孔子著《春秋》，对于鲁隐公、鲁桓公时代的历史，就讲得很明白、很透彻；对于鲁定公、鲁哀公时代的历史，就讲得很含蓄、很隐晦。为什么呢？因为鲁隐公、鲁桓公的时代离孔子很遥远，所以孔子能讲、敢讲。而鲁定公、鲁哀公时代，正是孔子自己生活的时代，所以好多话不能讲得太透彻。当代修史，颇多隐讳，这个事情即便是像孔子这样的大圣人也难免。司马迁讲这个，当然是为了说自己，意思就是说他描写汉武帝这个时代，很多话也不好讲得太明太透。

正因如此，司马迁很多意旨就需要读者细心地到他的行文当中去寻找。关于通使西域这件事，司马迁描写过汉武帝这样一个行为：域外的使节到了之后，汉武帝"令外国客遍观各仓库府藏之积，见汉之广大，倾骇之"（《史记·大宛列传》）。带领这些外国客人参观了所有国家仓库，让他们看到丰富的钱粮、珍宝储藏，向外国人夸耀富足，使他们惊叹。虽然在通使西域这件事上，司马迁没有直接评论汉武帝的所作所为，但就这么一件事的描写，就足以把帝国的虚荣呈现在读者眼前。

班固对通使西域的评价方式就和司马迁很不一样，因为他不需要像司马迁那样顾虑那么多。前面介绍过的这些事，班固在《汉书》里分成两篇传记来记载，一篇是《张骞李广利传》，一篇是《西域传》。在《西域传》的末尾，班固非常直接地对不计成本地通使西域提出了批评。班固的评论很长，重点讲了两个问题，一是批评汉武帝用极其沉重的代价得到这些奇珍异物，之后又用极其奢侈的手段享用娱乐："广开上林，穿昆明池，营千门万户之宫。"（《汉书·西域传》）为了放养外国进贡的禽兽并为自己游玩享乐提供方便，设置皇家林苑，开凿人工湖，大规模营建繁华的宫殿。于是这就出现第二个问题："民力屈，财用竭，因之以凶年，寇盗并起。"（《汉书·西域传》）老百姓的人力、财力都耗费在这上面了，一碰到农业收成不好，百姓们生活无着落，一些愿意铤而走险的人就拿起武器，变成社会不安定因素。这段评论，可以说是《汉书》中少见的直接批评汉武帝的文字。

司马光在《资治通鉴》中对西域问题的处理，以整理《史记》《汉书》所记载的相关事迹为主，基本没有什么具体评论。这是为什么呢？司马光难道对这件事没看法吗？我认为，这是因为司马光在整体上，对汉武帝开拓四夷是持否定态度的："内侈宫室，外事四夷，信惑神怪，巡游无度，使百姓疲敝，起为盗贼，其所以异于秦始皇者无几矣。"（《资治通鉴》卷二十二）这句话我们引用过多次了。正因为司马光在整体上对汉武帝外拓四夷持否定态度，所以就没有必要再来具体评论通使西域这件事了。不像班固，班固在武力对付匈奴问题上是支持汉武帝的，但他看到，在寻找盟友共同对付匈奴的名义下，花了那么大的代价沟通西域，在对付匈奴上却并没有起到太大的作用，反而满足了一批冒险之徒的私欲。所以班固要把西域问题单独拿出来评论一下，表明他在对匈奴问题和西域问题上的看法，是有区别的。

第十五章 为了传说中的汗血宝马

在汉武帝沟通西域的过程中，还有另外一件事值得大书特书，什么事呢？汉武帝为了得到一种名贵的宝马，发动了一次大规模的战争。这种马到底有什么特点，使得汉武帝非要得到不可呢？

一、"神马当从西北来"

从文化交流的角度看，张骞沟通西域是非常有意义的。单说物种传播的历史，我们今天的人仍然受到张骞的影响很大。举一个例子，今天常见的葡萄，最早就是从西域引进的。汉武帝之前，古人不知道葡萄。张骞从西域回来以后，告诉汉武帝，西域很多地方盛产葡萄，而且善于用葡萄酿酒，好的葡萄酒可以封藏几十年不坏。这以后，葡萄就逐渐为汉人所知了。类似的例子还有很多。汉武帝从张骞口中得知很多西域的情况以后，所有新鲜事物里面，最能引起他兴趣的，是一种动物。这种动物其实并不稀奇，在汉朝地区也很多见，但生产于西域的这种动物的品种，有很多特殊之处，和汉朝本地所产的品种有诸多不同。为了得到这一特殊品种，汉武帝甚至不惜发动大规模战争。这种动物为什么会有这么大的魅力，能让汉武帝不惜发动战争来得到它呢？

汉武帝对匈奴的大规模军事行动，持续了很长时间。匈奴是游牧民族，所以和他们打仗，有一样东西特别重要，那就是战马。在和匈奴的长时间战争当中，战马的消耗、损失非常大。所以汉武帝对马一直很感兴趣。前面提到的常见动物的特殊品种，就是产于西域的优良马种。

汉武帝曾经用《易经》卜卦，说："神马当从西北来。"这个西北到底是哪里呢？后来张骞第二次出使西域，到了乌孙国，乌孙国曾派遣使者跟随张骞回到汉朝，进献给汉武帝几十匹乌孙马。汉武帝一看这马好，高大、威猛，比汉朝本土出产的马种强多了。乌孙的地理位置恰好又在长安的西北方向，汉武帝就想，当年卜卦所得"神马当从西北来"这句话，莫非就应验在乌孙马上了？于是就给乌孙马起了个非常威风的名字，叫"天马"。后来乌孙国为了免受匈奴迫害，到汉朝来求亲，希望和汉朝结成同盟关系。汉武帝和大臣们商量后对乌孙使者说，和亲可以，但得先送聘礼来。乌孙国就送了一千匹良马作为聘礼，汉武帝把江都王刘建的女儿刘细君嫁到了乌孙。乌孙马就这样在汉朝立住脚了。

但所谓没有最好，只有更好。世界上的东西，就怕货比货。乌孙马和普通马种比，已经非常好了。但后来汉武帝看到了另一种更加神奇的马，立即就把"天马"的称号从乌孙马那儿剥夺下来，送给了这另一个马种，并将乌孙马改称为"西极"。那么这种新的"天马"产自哪里？又有何神奇之处呢？

这种马产自西域的另一个王国：大宛。大宛马不仅比乌孙马更加高大、壮实，更具有野性，它还有一个非常显著的特征：流的汗是血色的，这个特征是世界上其他地区的马种都不具备的。

所以这款马，有一个非常漂亮的名字，叫"汗血宝马"。

关于汗血宝马的来源，有一个非常美丽的传说。据说大宛国境内有一座高山，这座山上生活着一群极品马，当地人称之为"天马"。但它们是野马，非常彪悍，想人工驯服它们，那是不可能的，因为根本抓不住。不能力擒，那只能智取。人类和其他动物共同生活在地球上，核心竞争力就在于时不时能动出一些脑筋。当地人就在人工驯化过的马群里弄了各色各样的母马，放养在这座高山下面作为诱饵，引诱"天马"下山。果然，到了晚上，就有"天马"从山上下来和这些母马交配。当地人虽然得不到原装"天马"，但马种却通过这些母马留下来了。产下的马驹的确比一般的马要强多了，而且有出汗如血的特征，这就是汗血宝马了。当地人称这些马为"天马子"。

大宛有宝马的消息传到汉武帝耳朵里了。

二、遣使求马

根据《汉书》的记载，最初把"汗血宝马"的信息带给汉武帝的是张骞。张骞出使西域回来以后，就跟汉武帝讲过这件事。汉武帝对这些马很有兴趣。之前提过，自从张骞树立了出使觅侯的榜样以后，有很多人效仿，争先恐后地踏上出使西域的道路。其中就有使者到大宛，想得到几匹宝马，可以回来进献给汉武帝。但是大宛国的贵族们怎么也不肯，把宝马藏起来，不让汉使得到。这些使者回来都跟汉武帝说，大宛国的确有宝马，这种马就养在贰师城。但他们去的时候，这些马都被大宛人藏起来了，不让看。

汉武帝听了这些使者对宝马的描述之后，好奇心越发浓重了，也更想得到这些宝马。于是就派遣使者"持千金及金马以请宛王贰师城善马"（《史记·大宛列传》）。跟大宛王明说想要宝马，派人拿这些金钱还有用黄金浇铸成的马的模型，交换活马。

大宛国的贵族们都不太肯给马，觉得这些马是大宛的国宝，不能轻易送给汉朝。但再转念一想，不给的话，要是汉朝派军队来讨伐怎么办？于是就聚在一起商量怎么应付这件事情。当中就有人提出，汉朝离大宛那么远，当中还隔着盐泽湖，也就是今天的罗布泊。汉朝军队如果走北道，就会碰上匈奴军队，如果走南道，流沙千里，根本解决不了饮水和粮草问题。根据以往的经验看，汉朝派遣一支几百人的使者队伍，都会因为在路途中缺少饮用水和粮食，死掉一半，怎么可能发动大批军队来攻击他们呢？所以根本不用害怕，不必把宝马献出去。

大宛蓄养汗血宝马的贰师城，在今天的土库曼斯坦境内，的确离长安很远。《汉书·西域传》里说，大宛的都城贵山城距离长安一万二千五百五十里，而大宛以西的这些国家，"自恃远，尚骄恣"（《汉书·张骞李广利传》）。仗着离汉朝远，不把汉朝当回事。

汉使得到大宛贵族不愿献宝马的答复之后，当然非常生气，"妄言，椎金马而去"（《史记·大宛列传》）。嘴巴里讲了些不太中听的话，并且在气愤之下，当着大宛贵族的面，把汉武帝让他们带来的金马给敲碎了，拂袖而去。大宛贵族们看到这一幕，当然也非常愤怒，说："汉使至轻我！"（《史记·大宛列传》）汉使居然敢这么无礼，这么轻蔑他们，于是就通知郁成王，让他派人攻劫汉使。郁成应该是臣属于大宛的一个小部落，在大宛的东边，是汉使回长安的必经之道。郁成王就按照指示，派人在半道上攻杀汉使，并且劫夺了使团随身携带的财物。

这件事情传回长安，汉武帝勃然大怒。本来是礼尚往来，用财物换宝马，现在大宛不仅不给宝马，还杀使节、劫财物，公然挑衅大汉。大宛既然是料准汉朝军队不可能作这么远距离的攻击，才敢这么做，那么汉朝就真的无计可施了吗？

三、贰师将军

对于大宛国这种挑衅行为，汉武帝觉得是可忍孰不可忍，决定派遣军队进行军事报复并夺取宝马。太初元年（公元前104年），汉武帝派遣了一支数万人的军队，千里行军，攻击大宛。以前我们谈到过的名将卫青、霍去病、李广这些人，这时候都已经去世了，汉武帝任命李广利为统军将领。这个李广利何许人呢？李广利的身份和卫青有些类似。李广利有个妹妹，是汉武帝的宠妃，史书上称作李夫人。李夫人也为汉武帝生养过一个儿子，就是历史上的昌邑哀王，名叫刘髆。因为这层关系，汉武帝想给李广利一个建功立业的机会，就像以前的卫青一样，用军功来换取富贵。于是汉武帝就让李广利率领这支军队，讨伐大宛。因为这次行军的一个重要目的，是要到贰师城，夺取宝马，所以汉武帝就给了李广利非常特殊的封号，叫"贰师将军"。

李广利率领着军队出发了。汉军前行途中的情况果然被大宛贵族们料到了，非常艰难。首先面临的就是粮草问题。汉军到达大宛之前，要经过很多西域小国。这些小国都对汉军采取了坚壁清野政策，坚决不向汉军提供粮草。李广利只能一路打过去。如果能迅速攻破一个城邑，就能得到一批粮食。如果花了几天时间还是打不下来，赶紧绕道走，千万不能耽搁，一耽搁，粮食又不够了。所以大军基本上过着吃了上顿没下顿的日子，时间久了以后，战斗力可想而知。就这样一路走，最终到了郁成，就是在大宛指使下攻杀汉使的这个小部落。到达郁成的时候，李广利率领的几万人的大军只剩下几千人了，而且个个面黄肌瘦、营养不良。没办法，既然到了这里，只能打。李广利指挥部下对着郁成就是一阵猛攻，但遭到了顽强的抵抗，攻了好久，打不下来。眼看着粮食又是一天比一天少，这么下去可不行，李广利就跟身边的人合计：打一个郁成都呛成这个样子，怎么到得了大宛的都城啊，怎么到贰师城去抢宝马啊？于是李广利无奈之下，只能带领着剩下的兄弟们回来了。第二年，也就是太初二年的时候，回到了敦煌。当初几万人的大军，这个时候活着回来的，只剩十分之一左右。

汉武帝得到这个消息之后大怒，这样的战争结果，大汉威严何在？以后西域各国，谁还把汉朝放在眼里？汉武帝立马派使者赶到玉门县，把李广利的队伍挡住，谁敢擅自跨过玉门一步，斩！李广利吓得只能暂时把军队屯驻在敦煌，不敢往前走一步。[1]

这次战争的确给汉朝在西域的声誉带来了极大的损害。"宛小国而不能下，则大夏之属渐轻汉……乌孙、轮台易苦汉使，为外国笑。"（《汉书·张骞李广利传》）大宛离汉朝虽然远，但只是一个小国，最终让汉朝军队狼狈不堪。这场战争，使得西域的其他国家逐渐看轻汉朝了。乌孙这些国家开始刁难汉朝的使节，故意不给过往的汉使提供饮用水和粮食，困苦他们。这些汉使不

---

[1] 根据王国维等人的考证，当时的玉门并非今天的玉门关，而是地处敦煌东面的玉门县。之后有将玉门西移的举动，才有了今天处于敦煌之西的玉门关。

仅没有起到宣扬大汉天威的作用，反而成为西域各国的笑柄了。这是汉武帝最不能容忍的情况。

四、再伐大宛

太初三年（公元前102年），汉武帝决定再次发动讨伐大宛的大规模军事行动。为了确保兵源，汉武帝赦免因徒，征发地方上的不良少年，让他们从军，同时调动驻守边境的骑兵部队。这次动员的军队，在人数上远远超过上一次，光正式编制的军人就有六万，这个数字不包括各种各样的后勤人员。这些人都到敦煌集结，由李广利统一率领，浩浩荡荡向大宛进发。

吸取了上一次征伐粮食短缺的教训，这次出兵之前，汉武帝给这支军队配备了大量物资。根据史书记载，随大军出发的，有牛十万头、马三万匹，另外负责驮运粮食的驴、骆驼，各有上万头。汉武帝还派遣大量罪犯给军队输运粮食，车队从长安可以排到敦煌，"天下骚动，转相奉伐宛"（《汉书·张骞李广利传》）。为了这次讨伐大宛，汉武帝征集兵源、牛马、粮草物资，几乎动员了全国的力量，使得天下骚动。出行的时候，汉武帝还特意安排了两位懂马的技术人员跟随李广利一起出发，可以在攻破大宛之后负责挑选好马。从这一点就可以看出，汉武帝这次是志在必得。

果然，这一次很多西域小国的态度就不一样了。西域很多小族、小国，所有人口，男女老幼统统加起来也就几万人，甚至还有万把人都不到的，哪有能力抵抗这么庞大的一支军队。"所至小国莫不迎，出食给军。"（《汉书·张骞李广利传》）这些小国纷纷把粮食贡献出来，犒劳汉军。所以汉军一路上基本没有碰到太大的麻烦。只有到了轮台这个地方，遭到当地军民的激烈反抗。因为这次兵精粮足，打了几天，李广利就指挥军队把这个地方攻克了。攻破轮台以后，李广利下令屠城，以儆效尤。非常残酷。

就这样一路无风无浪，大军到达了大宛。到达大宛的时候，汉军还有三万人。虽然只剩百分之五十，但在绝对数量上，不容小觑。根据班固在《汉书·西域传》里的记载，大宛整个国家的人口也就在三十万左右，可以充作兵源的总共不过六万人。这六万人不可能一下子全都动员起来，更不可能马上集结在一起。所以面对李广利三万人的军队，大宛贵族们有些害怕了。还有一个更致命的情报被汉军掌握了。什么情况呢？这片地区的人民在那个时候还没有掌握打井的技术，要用水只能到城外汲取河水，这多麻烦。中原这边的古人很早就掌握了打井技术，到秦汉时期，这门技术已经很成熟了。但当时的大宛人还不知道怎么凿井，生活用水是靠引进城外的水流。汉军利用这个情况，切断了大宛人的水源，把他们包围在城里。这下城里的大宛贵族们真慌了，没水怎么活呀？还谈什么打仗！

于是大宛贵族阵营发生了分裂，其中有一部分贵族聚在一起密谋，当初藏匿宝马、劫杀汉使都是王的主意，大宛王名字叫毋寡。这些贵族就联合起来把毋寡杀了，拿着毋寡的人头去见李广利，要求汉军停止军事攻击，作为妥协的条件，宝马可以任汉军挑选，并且愿意为汉军提供粮食。如果汉军执意要攻破城池，那么他们先把宝马全杀了，跟汉军来个鱼死网破。而且西域其他国家的救兵马上也要到了，胜败还未知。

正在这个时候，李广利也听说城里面的大宛人已经找到汉人帮他们打井了。如果城里不缺水，又有充足的粮食的话，那么旷日持久对汉军来说是不利的。而且大宛贵族已经杀了毋寡，表现出了和谈的诚意，李广利就答应跟他们和平解决这个问题。

于是大宛贵族们就贡献出蓄养在贰师城的汗血宝马，任由汉人挑选。这时候，汉武帝派过来相马的那两位就派上用场了。最后挑选了最上等的宝马几十匹，中等以下宝马三千余匹，搭配好雌雄比例，送回汉朝。汉武帝这次当然是如愿以偿。但代价也是惨重的。两次征伐，历经四年，无论是人力、物力还是财力的消耗，都是巨大的，对国内的民生也造成了很大的影响。更有甚者，据历史学家记载，这三千匹宝马，顺利抵达汉朝境内的只有三十匹，数量非常少。这就更显得汉朝付出的代价太大了。

司马迁在《史记·大宛列传》里，详细介绍了汉武帝第一次派遣军队攻伐大宛的前期准备情况。在谈到为什么要挑选李广利作为率军将领的时候，司马迁说："欲侯宠姬李氏，拜李广利为贰师将军。"是说汉武帝在这件事上有很明显的私心，他宠爱李夫人，想让李夫人的家族分享这种恩宠，就让李夫人的哥哥李广利走卫青当年的路线。卫青抗击匈奴建立奇功，一门荣宠。这次攻伐大宛也是建功立业的绝好机会，就让李广利去，希望他建功回来以后可以封侯。在介绍完相关情况后，司马迁紧接着有一句："是岁太初元年也。而关东蝗大起，蜚西至敦煌。"蝗是指蝗虫，蜚字在这里是"飞"的通假字。从关东地区一直往西，到敦煌地区，都出现了妨碍农业收成的蝗灾。这句话放在这里显得很突兀，甚至有些扎眼，因为它看上去和西伐大宛没有任何关系，只是介绍蝗灾。那司马迁为什么要在这个地方讲这么一句话呢？

司马迁这句话看上去和伐大宛没什么关系，但再仔细想想，这正是司马迁在这件事上批判汉武帝的落脚点！为什么这么说？

在古代中国，对于农业最大的伤害之一就是蝗灾。蝗灾严重的话，影响到农业收成，从事农业生产的老百姓不仅交不上税，连自己的基本生活保障都成问题。作为一名负责任的皇帝，应该停下来好好想一想，在这个时候发动这样一场战争是不是合适，是不是应该把更多的人力物力用到缓减灾情上去。

令司马迁感到失望的是，汉武帝没有把灾情放在首要位置来考虑，而是继续推动战争。在这样的语境下面，"关东蝗大起，蜚西至敦煌"，这十个字，初一看，平平淡淡，细细推敲却饱含普通百姓生活的艰辛与愁苦。

那么除了批评汉武帝不关注民生，司马迁对汉武帝抢汗血宝马这件事本身有什么看法呢？在这个问题上，司马迁没有明确表态的文字，但根据我个人读《史记》的体会，对于获取汗血宝马这件事，司马迁也不见得是持简单否定态度。为什么这么说呢？司马迁在谈到汉朝和匈奴之间战争的时候，有这么一句话，值得注意："自大将军围单于之后，十四年而卒。竟不复击匈奴者，以汉马少。"（《史记·卫将军骠骑列传》）这里讲的大将军围单于，指的是元狩四年（公元前119年）卫青和匈奴的一次正面交锋。这次战争非常惨烈，汉军虽然取得了胜利，但损失巨大，以战马为例，当时出关的战马十四万匹，回来的只剩三万匹。自打这次以后，直到卫青去世，中间整整十四年，汉武帝没有发动过大规模对匈奴作战。那时候的匈奴，已经被汉朝军队打得很狼狈了，跑到漠北去了，汉武帝为什么不乘胜追击，而在这个关键时刻停了下来呢？司马迁解释，说其中有一个重要原因，就是缺乏战马。

对游牧民族作战，战马极其重要。对于匈奴的战争虽然告一段落，但是并没有完全结束。汉武帝如果想保持已经取得的对匈奴的战略优势，那么战马是必须解决的问题。从这个角度，我们就可以理解，汉武帝为什么对西域的优良马种这么感兴趣，一开始是喜欢乌孙马，当得知还有比乌孙马更优良的汗血宝马之后，要不惜一切代价得到，这都是有战略考虑的。这些情况，作为生活在那个时代的司马迁，应该都有很透彻的了解。一定要得到汗血宝马，主要出于改良马种、繁殖战马的战略考虑，这也是很多现代学者比较支持的观点。[1]

根据这些情况，司马迁对于汉武帝出征大宛、抢夺汗血宝马整件事的看法，我们可以这样理解，司马迁并不反对在改良马种、繁殖战马上采取实际行动，但这目的未必非要靠战争来解决。如果要动用战争手段解决这个问题，未必非要选择在蝗灾遍地的时刻。皇帝的责任是面对全国的民众，即便是在万不得已动用战争手段的时候，协调民生犹比为自己宠妃的哥哥寻找建功机会重要。司马迁的批判重点，时刻不离我们前面多次强调过的问题，汉武帝在关系到国家大局的用人问题上，充满了私心杂念。这些私心杂念让老百姓付出了极其沉重的代价。

班固对这个问题什么看法呢？《汉书·西域传》篇尾的评论有这么几句话，说汉武帝"睹犀布、玳瑁，则建珠崖七郡……闻天马、蒲陶则通大宛、安息。自是之后，明珠、文甲、通犀、翠羽之珍盈于后宫，蒲梢、龙文、鱼目、汗血之马充于黄门……殊方异物，四面而至"。玳瑁是海龟的一种。犀牛、玳瑁，这些动物主要生长在南方，对生活在长安的汉武帝来说，都是稀奇东西。为了得到犀牛、玳瑁，汉武帝向南开拓到海南岛；为了得到汗血

---

[1] 余嘉锡先生有《汉武伐大宛为改良马政考》一文，可资参考。载《余嘉锡文史论集》，岳麓书社1997年版，第160—165页。

宝马，汉武帝又花这么大的代价开辟西域。这以后，包括汗血宝马在内的各种各样的奇珍异物蜂拥而至，满足着汉武帝的种种好奇与欲望。这段话，班固是把汉武帝的很多对外拓张行为和他个人的享乐联系在一起，包括沟通西域。班固认为汉武帝花这么大代价，把汗血宝马弄回来，主要是满足自己玩乐的欲望。这个观点不是没有道理，但我们认为是不够全面的。

那司马光对这个问题是什么看法呢？司马光把关注点放在汉武帝任命李广利为主帅这一点上。司马光为什么要关注这个问题呢？因为汉武帝让李广利用军功来换侯爵这个做法，赢得了很多人的赞赏。他们觉得汉武帝做得好，即便是自己宠妃的亲哥哥想封侯、想富贵，还是要拿功劳来换，而不是利用手中的皇权随随便便给予他赏赐。这叫公私分明、赏罚公正。但司马光却说，这种观点只知其一，不知其二，看上去很有见地，其实荒谬。为什么呢？司马光说："夫军旅大事，国之安危、民之死生系焉。苟为不择贤愚而授之，欲微幸咫尺之功，借以为名而私其所爱，不若无功而侯之为愈也。"（《资治通鉴》卷二十一）汉武帝为了给李广利找建功的机会，拿军国大事开玩笑。李广利这个人有多大才能，考量过吗？事实证明李广利的才能的确不怎么样，两次打大宛，任务完成得并不出色，最后是靠大宛贵族内讧才解决问题。同样是一仗，一个明智的将领能给国家减少多少损失，一个愚蠢的将领会给国家增加多少损失，这个问题要考虑啊。所以司马光说，与其这样，还不如直接给李广利封侯呢，至少还能减轻国家的损失。

对司马光这个观点，不能孤立来看。以前我们谈卫青的时候就提到过，司马光特意要总结卫青的过人之处，并且称赞汉武帝提拔卫青是慧眼识英才。现在在李广利的问题上批评汉武帝用人不负责任，这是不是前后矛盾呢？我认为并不是这样。司马光和司马迁、班固之间的距离，在观察汉武帝这段历史上的优势，就在这件事上体现出来了。卫青和李广利的身份看上去相似，但司马光并没有把他们混为一谈，而是根据实际情况，区分对待。对于汉武帝，司马光也不是用固定的、不变的眼光来看待。在选拔人才上，汉武帝做得好的，司马光给予赞赏，汉武帝做得不好的，给予批评。

第十六章 汉武一朝之财政 *

汉武帝四处征伐、人力、财力耗费之巨，可想而知。那么这又对汉朝的内政产生了什么影响呢？

一、 财政状况急转直下

在汉武帝之前，经过几十年的文景之治，汉代社会呈现出比较富裕、安定的局面。经济状况的改善，可以从一个细节当中得到体现，这个细节也跟马有关系。史学家们有一个很生动的描写，汉初刘邦的时代，"自天子不能具钧驷，而将相或乘牛车"（《史记·平准书》）。天子都找不齐四匹毛色一致的马来拉车。将相那只能用牛拉车了。当时一匹马价值一百金，几个人买得起？这从侧面反映出汉初物品稀少、物价昂贵的困难局面。历经"文景之治"，到汉武帝初年，国库丰裕，民间财富也得到了积累，不仅天子将相，连老百姓都开始讲究了："众庶街巷有马，阡陌之间成群，而乘

* 关于汉武帝财政政策的总结，参考了钱穆《秦汉史》第四章第一节《汉武一朝之财政》中的内容，生活·读书·新知三联书店 2009 年版，第 165—198 页。关于汉代皇室财政和国家财政的区分，采用的是日本学者加藤繁在《汉代的国家财政和帝室财政的区别及帝室财政一斑》中的观点，载《日本学者研究中国史论著选译（第三卷）》，中华书局 1993 年版，第 294—388 页。

字牝者傧而不得聚会。"（《史记·平准书》）马变得根本不稀奇了，走在大街小巷都看得到。聚会的时候，不允许乘母马的人参与。为什么不能乘母马呢？这事有两种理解，一种是说母马价低，所以相应地，乘母马的人档次也低。另一种理解认为当时聚会的规矩是必须乘公马，如果既有乘公马又有乘母马的，这马和马之间就难免多事，人在里头忙，马在外头忙，公马母马纠缠不已。这边主人该走了，那头马跟马好上了，不肯走了，这不耽误工夫吗？所以干脆统一乘公马，免得麻烦。这两种理解，无论是哪一种，都说明一个问题，当时的老百姓乘马已经不是问题。也反映出社会经济得到很大的改善。

但到了汉武帝统治的中后期，由于四面征伐，国家财政越来越拮据。还是用几个数据来说明问题。刘邦的时候"漕转山东粟，以给中都官，岁不过数十万石"（《史记·平准书》）。转运东部地区的粮食，作为中央政府官员的俸禄，每年不过几十万石，说明汉初的行政开支并不大。汉武帝的时候，把匈奴往北赶，在抢过来的地盘上建朔方城，光这一项工程，就耗费几十乃至上百亿。赏赐在打击匈奴战争中立功的将士，一次可能就要黄金二十余万斤。为了开凿通往西南的道路，把整个巴蜀地区的租税搭进去都不够。当时东南西北都有战场，派遣的军队、役夫动辄几万人甚至几十万人，耗资巨大，可想而知。于是国库出现大面积亏空，老百姓赋税负担直线上升还不足以应付。

《老子》有一句名言："大军之后，必有凶年。"大型的军事行动之后，必然伴随着饥荒。为什么？大量青壮年劳动力要么从事征战，要么为军队运输粮食，还剩多少人从事正常的农业生产呢？而且祸不单行，上一章讲过，为夺汗血宝马而对大宛采取军事行动的时候，全国发生大面积蝗灾，农业收成更是雪上加霜。这些原因综合起来，就产生了大量的饥民、流民。元狩五年（公元前118年），山东地区又遭受大规模水灾，为了解决灾民的吃饭问题，需要迁徙的人口达到七十余万，"其费以亿计……县官大空"（《史记·平准书》）。为了解决这件事又是耗资上亿，国库一下子就空了。

这里还只是挑了几个例子，并不是全部。看了这些情况，整体给我们一个什么印象？汉武帝登基的时候，底子很不错，国库丰盈，百姓富足。但经过一段时间之后，却变得国库空虚，民不聊生了。为了维持统治，经济上老这样不成啊。于是汉武帝就想办法要改善财政状况。

二、汉武帝扭转财政的政策

汉武帝改善财政的政策，我们概括一下，重要的大概有六项。

第一项叫"盐铁专卖"。盐和铁都是生产生活必需品，早些时候允许私人经营。比如大家都知道汉武帝时代有一位大文豪叫司马相如，司马相如是个穷小子，没房没车，凭借着自己的才华娶了房好太太，也是中国历史上非常著名的一位女性，叫卓文君。卓文君可是当时著名的富二代，卓家光役使的仆人就多达八百口，家族的富足可想而知。如果当时也有富豪排行榜的话，卓文君的父亲卓王孙肯定上榜。卓家哪来那么多钱呢？就是在四川汶山一带开铁矿，冶铁。当时全国各地像卓家这样靠冶铁致富的家族，还有不少。另外还有靠生产、销售食盐致富的。这些从事盐、铁买卖的私营经济主们，个个都富比王侯。

这是一个大宝藏，汉武帝的智囊们看准了这两笔生意，把盐和铁的经营权收归国有，由政府垄断经营。大概在元狩四年（公元前 119 年）前后，汉武帝用了两个人，一个叫东郭咸阳，一个叫孔仅，请他们两位来主管官营盐铁这件事。为什么用这两个人呢？东郭咸阳本来是山东一带的煮盐大户，而孔仅是居住在南阳的冶铁大户。这两位是盐铁经营的专家。然后朝廷下了一道禁令：百姓"敢私铸铁器煮盐者，鈦左趾，没入其器物"（《史记·平准书》）。敢擅自铸冶铁器、生产食盐的，没收生产工具，还要让他左脚上穿个铁鞋子。鈦就是用铁做成的鞋子，是一种刑具。那么那些原来靠煮盐、铸铁为生的私营经济主怎么办呢？汉武帝让他们转变身份，都变成朝廷吏员，帮助政府经营盐铁。这个政策当然帮助政府增加了一大笔收入。在汉武帝晚年，又增加了一项专卖政策，叫"榷酒酤"，"榷"就是专卖的意思，把酒也作为政府的专卖产品。酒也是很大的消费项目，利润丰厚，政府也把它的交易权收归国有。

第二项政策叫"算缗"，简单地讲就是征收资产税。"缗"是用来穿钱的丝线，古代的钱币中间有方孔，用丝线穿起来，一缗就是一千钱。"算"也是计数单位，一算是一百二十钱。武帝政府颁布"算缗令"，让商人和手工业者自己申报所拥有的货物的价值，商人是一缗一算，也就是每一千钱抽取税赋一百二十钱，换算一下就是 12% 的税率；手工业者是二缗一算，每两千钱收税一百二十钱，税率是 6%，这是对工商业征收的税额。此外还有运输业，对运输工具也要征税。一般人如果有辆小马车，就交一百二十钱的税；商人翻倍，同样的马车要交二百四十钱；所有人，如果拥有一条长度在五丈以上的船，就得交一百二十钱的税。

突然颁布这么严格的一条税收命令，老百姓当然有本能的自我保护意识。虽然命令里说，如果隐瞒财产，不如实申报，一经发现，不仅财物充公，还要发配到边疆戍守一年，但绝大多数人还是有强烈的逆反心理，不愿如实填报财产。所以伴随着"算缗令"的，还有一条"告缗令"，奖励告发。如果有人瞒报，知情人可以告发，一经查实，被告人一半财物归告发者，作为奖赏。汉武帝还任命了一个叫杨可的人，专门负责执行告缗令。杨可果然不负所望，派了很多爪牙，用尽一切手段，明察暗访，重点打击工商业者，史称"杨可告缗遍天下"（《史记·平准书》），几乎所有中等资产以上的工商业者都破产。通过没收这些人的财产，政府得到一大笔财富，财物上亿，奴婢上千万。一般在大的县里面，通过没收得到的田产有几百顷，小县也有百来顷，这些都收归国有了。

第三项政策叫"平准均输"，是一个叫桑弘羊的人给汉武帝出的主意。这个政策具体执行起来比较复杂，简单地归纳一下：所谓"平准"，就是中央政府专门设置一个机构，根据市场上货物的价格，贱买贵卖以牟利。所谓"均输"，本来各个地方每年都要向中央进贡些土特产，由地方负责征集，并运输到长安。现在也由中央政府向地方派遣均输官，由他们统一征收。但征收上来的物品不一定运往长安，如果收上来的物品正好在其他地方可以高价出售，就把物品运去那里出售。政策出发点很好，但在执行过程中走样了：本来地方上是有什么特产就贡什么，这个政策出台以后，官员们往往是看市场上什么走俏就问百姓征集什么，很多东西根本不是百姓拿得出来的。这就成为变相盘剥老百姓，增加了百姓的负担。

这项政策也给政府带来了丰厚的回报。后来汉武帝往北、往东巡行，用作赏赐的布帛百余万匹，金钱上亿，都是靠"平准均输"的盈利。但也正是因为这项政策，桑弘羊成为中国历史上臭名昭著的人物。为什么？这项政策让官府直接参与商品经营，不仅与民争利，而且改变了官府的基本职能。官府本来是要维护社会秩序，主持社会正义，这项政策却让官府成为一个逐利机构。如果官府本着唯利是图的心态跟老百姓抢生意，这个社会能正常吗？所以历代主流史学家，基本都对桑弘羊持批判态度。

第四项政策是"铸钱币"。在汉武帝以前，政府可以把铸造钱币的权力下放给私人。诸侯王和地方政府也可以铸造钱币。比如汉文帝有个男宠叫邓通，相面的说这个邓通以后得饿死。汉文帝听了很不高兴，就赐给邓通一座铜山，让他铸造钱币，希望他能摆脱被饿死的命运。诸侯铸造钱币最有名的，是七国之乱中为首的吴王刘濞。当时号称"吴、邓氏钱布天下"（《史记·平准书》）。景文帝即位后，有人告发邓通出塞外铸钱，景帝因此没收他全部家产，邓通从此身无分文，寄食他家而死。

铸造钱币是一件非常有利可图的事，所以民间也开始盗铸。有些甚至就把外面流通的铜钱拿来，磨一磨，磨下铜屑，然后把这些铜屑放到高温炉里面重新熔一熔，打个模型，变成新钱。这就势必导致市场上流通的钱币质量低劣，货币市场极其混乱。于是汉武帝就把货币铸造权收归中央。

规范货币市场的做法并没有错。引起诟病的，是张汤发明的"白鹿皮币"。什么叫"白鹿皮币"呢？它是用一种白鹿的鹿皮做成的，规定王侯宗室朝觐天子，或是他们之间有相应的礼节来往，要用这种白鹿皮币献礼，所以对王侯宗室来说，这是必需品。但这种白鹿非常特殊，只有皇家林苑里才有，所以也就只有中央政府手里才有白鹿皮币。一种必需品，又必须向中央政府购买，定价是一个皮币四十万。通过这个方法，张汤帮朝廷敛了不少钱。

第五项政策是"增口赋"。"口赋"简单地讲就是人头税。收人头税是秦汉政府一直有的政策。刘邦的时候规定，十五岁到五十六岁的成年人，每人每年向政府缴纳一百二十钱的人头税。这也就是说，十五岁以下的未成年人和五十六岁以上的老人是不用缴纳人头税的。武帝政府为了弥补财政缺口，规定从三岁到十四岁的儿童也要缴纳人头税，每人每年向政府交二十三钱。这条命令催生了一个令人痛心的社会现象，家庭交不起人头税，父母甚至经常亲手把孩子杀掉。

第六项政策是"鬻爵"，出卖爵位。爵位在分封时代，有公、侯、伯、子、男五等，代表诸侯的等级、地位，可以世袭。秦以后，爵位扩充到二十级，很多老百姓都被纳入这个等级体系中。高等爵位用来奖赏那些有功劳的人；很多低等的爵位并不尊贵，但还是享有一些特权，比如可以免除徭役，犯了法之后，可以用爵位赎罪。汉武帝的时候，广开卖爵之路，愿意买的人出钱、出粮，政府赐他一个爵位，或在其原有爵位基础上给予更高的品级。这对政府来说其实是没本钱的买卖。赐爵无非是给个许诺，政府不用付出实质性代价。和买卖爵位类似的，汉武帝时候还有"入羊为郎"的政策，向政府缴纳一定数目的羊，就可以获得"郎"的资格。郎可以成为皇帝的护卫和侍从官。

武帝政府广开财源，措施还不止这些。这里介绍的盐铁官营、算缗、平准均输、造币、增口赋、鬻爵是比较重要的几项。通过这些措施，国家财政缺口得到一定程度的弥补。但人类社会是复杂的，并不是把财政缺口堵住，就能起到有效管理国家的作用。

三、政策造成的社会后果

武帝政府的财政改革，也对当时的社会产生了负面影响。这里举三个方面的例子。

第一，"盐铁官营"降低了老百姓的生活、生产质量。由汉朝政府垄断经营的盐和铁，价格高、质量差。"民用钝弊，割草不痛。"（《盐铁论·水旱》）铁器钝得草都割不了。食盐也一样，苦恶难食，根本不符合食用标准。于是出现这样的情况："贫民或木耕手耨，土耰淡食。"（《盐铁论·水旱》）有些贫民干脆就尽量减少这方面的消费，用木头甚至手工来代替铁器，平时也都吃些淡菜淡饭。

第二，大量民间财富的流失，导致社会不稳定。根据学者的估算，武帝政府在征收常规田租之外，增加口赋、资产税，又把盐铁经营权收归国有，这些项目叠加起来，民间财富流向官方的量，比以往增加了二十倍，对民生造成了很大影响。有句古话叫"仓廪实而知礼仪"，普通老百姓，跟他们讲太深奥的道理，未必有用，但一定要让他们温饱有着落，再来谈礼义廉耻。老百姓吃不饱穿不暖，表达自己不满的方式也很简单，轻者触犯法网以求生存，重者甚至揭竿而起。这就是所谓的"百姓疲敝，起为盗贼"（《资治通鉴》卷二十二）。

第三个不良影响，使得官吏队伍混杂，官吏选拔制度遭到破坏。政府将盐铁收归官营，把原先从事盐铁生产的私营经济主变成国家官吏，让他们替政府打理盐铁买卖。本来官是官，商是商，工作方法和思维方式都不一样。现在把这么一大批商人放到官吏队伍里面来，自然会把商业思维带到政府工作中来，也就难免增加了政府的逐利性。另外，卖官鬻爵、以羊换郎，官吏选拔的基本原则，从才能变成了财产。

四、史学家的不同评述

多数传统史学家受儒家观念影响深，比较关注民生，所以对武帝政府的财政改革措施，很少持正面评价。我们无论是读《史记》《汉书》还是《资治通鉴》，可以看到这三位史学家对这一系列政策的批判态度都是很明确的。只不过这三位史学家在表达上有很大的区别，因为这牵涉到他们最终如何在整体上把握汉武帝的形象。我们挑一个角度来比较一下。

《史记·平准书》里有一段话，涉及怎么评价国家政策对社会的影响："于是外攘夷狄，内兴功业，海内之士力耕不足粮饷，女子纺绩不足衣服。古者尝竭天下之资财以奉其上，犹自以为不足也。"这段话里，司马迁劈头盖脸批评了一种国家行为：对外发动战争，对内大兴土木，搞各种大型活动，耗费大量财富，使得男人拼命种地，女人拼命纺织，生产出来的衣粮、财富都不够消耗。就像古时候有一种很糟糕的统治者，把天底下所有的财富都拿来供他一个消耗，满足他一个人的欲望，还嫌不够。

司马迁这段话，从文字上看并不深奥。但有一个很奇怪的特点：整段文字没有主语！"于是外攘夷狄，内兴功业"，这说的是谁呢？

再通过《史记》原文往回找找，看司马迁讲这段话之前，在说些什么，能不能从中找到主语。在这之前，司马迁在介绍秦朝的货币政策："及至秦，中一国之币为二等。"秦统一中国以后，也着手统一货币的工作，把货币分为两等。讲完这个以后，司马迁话锋一转，就是我们前面引的这段文字，批评"外攘夷狄，内兴功业"这些行为。给读者的感觉，司马迁前言不搭后语，前后说话连不起来。

其实《史记》里这种情况很多见。凡是碰到这种情况，我们都要仔细地想一想。司马迁是写文章的超级高手，不可能连最基本的文意通顺都做不到。凡是这种文义不通的地方，必然有深刻的含意。

司马迁因为生活在汉武帝这个时代，所以很多话讲得比较隐晦。这个地方也一样，司马迁不愿意把话讲得太透亮，所以把主语掐掉了。然后还是不放心，又用了个"障眼法"，在讲这段话之前，谈了谈秦代货币改革的情况，造成在讨论秦代的假象。司马迁批评了汉武帝，却又要小心翼翼地把这个意图掩盖起来。

班固在《汉书》里把司马迁这段话改写了一下，改得很有意思："至于始皇，遂并天下，内兴功作，外攘夷狄，收泰半之赋，发闾左之戍。男子力耕不足粮饷，女子纺绩不足衣服。竭天下之资财以奉其政，犹未足以澹其欲也。"（《汉书·食货志》）这段话的核心内容，都是从司马迁那儿来的，"内兴功作，外攘夷狄""男子力耕不足粮饷，女子纺绩不足衣服"，这不都是司马迁的原话吗？但有意思的是，班固给这段话加了个主语："始皇"。

班固这是什么意思呢？我们前面说司马迁是用"障眼法"，明明是批评汉武帝，却故意扯上秦代。班固现在明确地把主语敲定为秦始皇，其实是帮汉武帝撇清，他还是要顾及汉武帝的整体形象，即便有不赞成的地方，也要把握尺度。

在财政改革这件事上，班固虽然有维护汉武帝的倾向，但对于这些政策本身，班固也是不赞成的。这从《汉书》对待桑弘羊的态度上可以看得出来，桑弘羊既是武帝政府财政改革最为核心的智囊人物，也是汉武帝临终托孤的四位顾命大臣之一，政治地位、历史地位都是非常高的。但《汉书》根本没有给桑弘羊立传。照理说这是不应该的，尤其是班固，是个一板一眼、很守规矩的史学家。这应该体现了班固对桑弘羊及其主张的财政政策的批判。

大家看司马迁和班固这两个人：一个是使用"障眼法"，既要批评汉武帝，又表达得很隐晦；另一个是既要批评相关的政策，又要顾及汉武帝的整体形象，都是煞费苦心。这些到了司马光这儿都不成为问题。在司马光看来，批评秦始皇或汉武帝，哪还需要遮遮掩掩？而且司马光抓住秦始皇、汉武帝不放，关键是要通过批评这两个人，提醒他自己面对的宋神宗。

公元1082年，也就是《资治通鉴》修成前的几年，司马光得了一次中风，健康状况很不好，这应该和他没日没夜修《资治通鉴》有关。司马光担心自己时日无多，心里想着还有很多话要跟宋神宗说，于是就写了一份《遗表》，把临终前的遗言都写在这上面。其中就有这么几句："臣所惜者，以陛下之圣明，不师虞舜、周宣之德，反慕秦皇、汉武之所为。借使能逾葱岭，绝大漠，鏖皋兰，焚龙庭，又何足贵哉！"意思是：老臣我这辈子最痛惜的事，就是陛下你这样明白事理，但不学古时候虞舜、周宣这样的仁德之君，却要学秦皇、汉武这样穷兵黩武的。仁德之君的关键是什么？关键是能让百姓安居乐业。秦皇、汉武，看上去很有作为，但在他们的统治之下，却是民不聊生。国内都民不聊生了，就算统治的地盘能跨越葱岭、横绝大漠，又有什么用呢？司马光接着说："自古人主喜于用兵，疲弊百姓，致内盗蜂起，或外寇觊觎者多矣！"历史经验告诉我们，穷兵黩武的统治会变得非常危险、非常不稳定，因为内部有起而反抗的人群，外部也有虎视眈眈的敌人。司马光对宋神宗的批评是非常直接、非常有力度的。而他立论的依据就是历史上的经验教训。

第十七章 榜样的力量

历史学家着重强调的，基本都是武帝政府财政改革的负面效应。但在当时的民间，却有这么一个人，非常支持汉武帝的事业，希望通过自己的行动，帮助汉武帝完成宏图大业，渡过财政难关。

一、卜式对汉武帝的支持

面对当时的财政状况和财政政策，社会各阶层都持什么态度呢？尤其是富裕阶层。"算缗令"要求商业和手工业从事者，申报自己储藏的货物资产，分别征收 12% 和 6% 的资产税，这对富裕阶层来说，是意外增加的一大笔负担。所以绝大多数人都不愿意缴纳，隐瞒资产，不肯申报。政府为了贯彻这项政策，随之又颁布了"告缗令"，鼓励对那些隐瞒财产的人进行告发，把被告人的一半财产分给告发人作为奖赏。"告缗令"在执行过程中，引发了很大的社会矛盾，这本身就说明，当时社会上隐瞒财产、抗拒缴纳新增税项的情况非常严重。在绝大多数富人都不愿意配合新政策的同时，却有这么一个富人，他的态度和其他人都相反，不仅不隐瞒自己的财产，还主动把自己的财产贡献出来，响应汉武帝，希望和朝廷共渡难关。

这个愿意把财产贡献出来的人，名字叫卜式。卜式何许人也？他是生活在当时河南地区的一个富人。他致富是靠养羊。卜式第一次提出要把家产贡献出来，是汉武帝正和匈奴打仗打得热火朝天的时候。卜式说，愿意贡献家产的一半，用于补助军费。汉武帝第一次听到这个事情，觉得很奇怪，就派人去问卜式，是想当官呢，还是想申冤？否则为什么平白无故捐献一半财产？卜式说他既不想当官，也没什么冤枉需要申诉，就是想为消灭匈奴作一点贡献。汉武帝就把这件事告诉了当时的丞相公孙弘。公孙弘说："此非人情！"这不是人之常情。人之常情是拼命保护自己的财产。公孙弘说卜式这么做，一定有什么目的，建议汉武帝把这个人先晾在一边。

这一晾就是好些年，汉武帝差不多都把这个人给忘了。可是这些年，朝廷一边要应付对匈奴的战争，一边要安顿国内的贫民，财政越来越紧张，国库差不多都空了。这次卜式不跟汉武帝说了，直接拿了二十万钱去找河南太守，让河南太守拿这些钱去安顿迁徙的贫民。事后河南太守就把出钱帮助官府安顿贫民的富人名单上报给汉武帝了。汉武帝一看名单，马上就认出卜式这个名字了，想起当年他曾经想给朝廷捐献财产这件事。汉武帝很感动，因为和卜式相比，当时社会上绝大多数富人都是争相把财产隐匿起来，生怕被朝廷掠夺。像卜式这样三番五次表示愿意向朝廷贡献财产，并且付诸实际行动的，实在少之又少。所以汉武帝决定奖励卜式，给全社会树个榜样，一下子就给了卜式十二万。卜式捐了二十万，却得到十二万的奖赏，如果他把这钱收下，那就等于花八万钱买了个名声和皇帝的信任。所以卜式没拿这钱，还是把这笔钱捐给国库了。

这样一来，汉武帝就越发觉得卜式为人厚道，捐钱是真心想帮朝廷解决问题，而不是另有目的。于是汉武帝对卜式说：你放羊放得这么好，干脆替我去管理皇家林苑里的羊群吧。卜式就很高兴地上任了，去做汉武帝的"御用羊倌"，把汉武帝的羊养得很肥，繁殖得也很好。汉武帝对此很欣赏，卜式就跟汉武帝讲了一番牧羊经，说管理羊群和管理老百姓的道理是相通的。汉武帝觉得这个人是个奇才，就慢慢地让卜式走上仕途，开始让他当官了。

到元鼎五年（公元前112年），卜式又做了一件让汉武帝感觉十分欣慰的事。这一年，汉武帝为了摆平南越，派遣了大批军队对南越实施军事打击。前线打得非常激烈，虽然汉朝军队实力上占据优势，但士兵们不服南方水土，军队也蒙受了不小的损失。这个时候的卜式，已经是当时一个诸侯国齐国的相，当了不小的官。卜式给汉武帝上书："请父子与齐习船者往死南越。"（《资治通鉴》卷二十）他愿意带领自己的儿子，和齐国懂得怎么划船的人一起赶赴南越前线，为国效力，甚至愿意死在那儿。因为南方水系复杂，和南越打仗，很多时候需要水战，所以卜式说要带领那些懂划船的人去。这件事说明，卜式对汉武帝的支持是全方位的，不仅在财政上给予支持，而且支持汉武帝进行对外征服活动。

汉武帝看到这份上书之后，又是非常高兴。当然，他不会真的让卜式去前线，去了也没用。但汉武帝认为卜式这种愿为国家效死捐躯的精神，值得鼓励。于是就因为这封上书，汉武帝赐给卜式一个"关内侯"的爵位，这已经是很高的爵位了，只比正式的侯爵低一个等级；外加黄金数十斤，良田十顷，布告天下。汉武帝这么做的目的是什么呢？当然是想激励更多的人主动报效国家，尤其是那些以前通过积累军功而拥有侯爵的人，这些人都是行军打仗的老手，如果都能学习卜式精神，积极响应号召，赶赴战场，那前线形势就会好多了。那结果怎么样，汉武帝达到预期目的了吗？结果是"天下莫应"！根本没有人响应，冷场了。

这个结果当然让汉武帝很不舒服。战争处于这么艰难的状态，愿意站出来为朝廷分忧解愁的，是卜式这样没有军事经验的人。那些有着丰富行伍经历并享受着国家优厚待遇的人，一个都不愿意站出来。皇帝很生气，后果很严重。正好这年九月，列侯要献"酎金"。就是皇帝祭祀宗庙的时候，列侯都要贡献一定数量的黄金。汉武帝命令有关部门严格审查这些黄金，凡是有贡献黄金分量、成色不足的，一律严惩，严重的要剥夺爵位。结果这一下子就剥夺了一百零六位侯爷的爵位。这是汉武帝给他们的一个教训，不积极配合国家政策，治他们的方法多的是。

对于卜式呢，汉武帝继续提拔，过了不久就让他做了御史大夫，这是相当于副丞相的高官。但也正是在卜式做了御史大夫之后，他和汉武帝之间的"蜜月期"宣告结束了。

二、卜式是如何失宠的

卜式到了御史大夫这个位置上以后，不知怎么回事，不像以前那样专做让汉武帝开心的事了，也开始批评汉武帝了。批评汉武帝什么呢？卜式首先对盐铁官营政策提出了不同意见。另外，他也对征收资产税提出了批评，说这事实上增加了经营成本，抬高了物价。汉武帝什么反应呢？"上由是不悦卜式。"（《史记·平准书》）从此就不太喜欢卜式了。所以卜式只在御史大夫的位置上待了一年左右的时间就被罢免了。但汉武帝罢免卜式的理由很有意思，说他"不习文章"，不懂文章，也不会写文章。汉武帝认识卜式不是一天两天了，卜式会不会写文章，到这个时候才知道吗？显然只是一个借口。

这还不是卜式和汉武帝之间矛盾冲突的高峰。就在卜式被罢免后不久，有些地区出现了旱灾，汉武帝就让官员们求雨，缓减灾情。结果卜式不仅没去求雨，反而说了一句很刺耳的话，他说："亨（烹）弘羊，天乃雨。"（《史记·平准书》）把桑弘羊煮了，老天就下雨了。怎么又牵扯到桑弘羊了？因为桑弘羊是汉武帝理财方面最重要的助手。卜式说这句话，就是对当时一系列财政改革措施的否定。

对比一下卜式前后不同的表现，会很有意思。卜式是靠支持汉武帝的政策跻身于朝廷大臣行列的，无论是汉武帝想要钱，还是想打仗，卜式都表示无条件支持，所以才有机会从一个民间牧羊人，一路上升到御史大夫。但是他一做上御史大夫以后，就开始反对汉武帝的财政政策。把这些情况摆在一起，我们会发现卜式这个人的表现，前后是非常矛盾的。那么卜式这个人到底怎么回事，他和汉武帝究竟是怎样一种关系呢？

三、卜式和汉武帝是什么关系

有一种观点认为，卜式的表现看似前后矛盾，其实也很好理解。为什么呢？卜式之前把财产贡献出来，目的是想为国家尽点力，觉悟比较高。反对汉武帝的财政政策，是因为他的确看到了这些政策的负面效应。这恰恰说明卜式是一个很朴实的人，在做这两件事的时候，都是"本色"演出，做他愿做的事，讲他想讲的话，其实没什么矛盾。班固在《汉书》里面对卜式事迹的描述，基本上就体现了这种观点。班固在《汉书》里专门为卜式列了一篇传记，称赞卜式这个人质朴、正直。

那么在《汉书》里面，卜式的经历又体现了汉武帝怎样的形象呢？卜式这人，能从一个民间牧羊人走进历史舞台的中心，成为汉武帝时期的高官，班固认为这再次体现了汉武帝善于识别英才的眼力和不拘一格用人才的魄力。在《汉书》里面，班固是把公孙弘、卜式、儿宽这三个人并在一起立传的。这三个人有一个共同特点——出身都不高贵，但经过汉武帝的慧眼识拔以后，都位极人臣。公孙弘和卜式尤其像，公孙弘早年替人放猪，卜式则是养羊。但这两个人都被汉武帝赏识，分别做到了丞相和副丞相。所以班固说他们：“远迹羊豕之间，非遇其时，焉能致此位乎？”（《汉书·公孙弘卜式儿宽传》）豕就是猪。成天跟猪啊、羊啊待在一块儿，这样的人，如果不是碰上这么好的机遇，怎么可能当这么大的官呢？班固所说的机遇，指的就是他们正好赶上汉武帝求贤若渴的时机。

所以在班固看来，理解卜式现象的关键，就是卜式这个人具有忠厚质朴的品质。这种品质为汉武帝所赏识，并且加以任用，进而反映出汉武帝能识人、用人。

《史记》里面并没有卜式的独立传记，在司马迁看来，卜式还不够独立拥有一篇传记的资格。所以司马迁把卜式的事迹集中在《平准书》里，这是专门描写经济题材的一篇文字。谈到卜式的时候，司马迁有两句话值得细细推敲。第一句：“天子既下缗钱令而尊卜式，百姓终莫分财佐县官，于是告缗钱纵矣。”汉武帝一方面下达了征收资产税的命令，一方面把主动捐献财产的卜式树立为榜样，希望大家都能学他。但整个社会上始终没有出现第二个卜式，于是鼓励告发的"告缗令"就诞生了。第二句："卜式相齐，而杨可告缗遍天下，中家以上大抵皆遇告。"卜式做了齐国的相，与此同时，杨可帮助汉武帝执行告缗令，全天下几乎所有中等资产以上的人家都因为被告发而破产。卜式做齐国的相和杨可执行告缗令有什么关系呢？司马迁为什么要放在一起讲呢？司马迁可能是在暗示，表彰卜式，是汉武帝请大家喝敬酒，你看卜式这样一个牧羊人，都能够通过捐献财产做到齐国的相，只要你们都来配合政策，把部分财产贡献给朝廷，朝廷是不会亏待你们的。结果这杯敬酒无人领情，那对不起，汉武帝只能接着请你们喝罚酒了，于是让杨可粉墨登场，大搞告发。

司马迁的这两句话，其实代表汉武帝实行算缗、告缗的两个阶段。第一个阶段，汉武帝推广算缗令，告缗令还没被全面执行之前，就有卜式的身影；第二个阶段，算缗令推行不下去，广泛执行告缗的过程中，又有卜式的身影。把这两句话合起来，司马迁告诉我们一个非常有价值的信息，卜式是武帝政府施行算缗、告缗步骤当中的重要人物。卜式能登上历史舞台和武帝政府试图征收资产税密不可分，并不像班固说的那样，只是一个识拔人才的问题。

沿着这条思路继续追问，卜式和汉武帝之间到底什么关系？非常可惜，牵涉汉武帝时代的人和事，司马迁一如既往地隐晦。他并没有给我们留下现成的答案。那再看《资治通鉴》。《资治通鉴》对卜式相关事迹处理得非常简洁，只把最重要的部分保留下来了。在卜式做御史大夫之前，司马光对他的描写，重点讲三件事。

第一件事，卜式想为消灭匈奴作贡献，第一次向朝廷捐献财产，"上由是贤之，欲尊显以风百姓，乃召拜式为中郎，爵左庶长，赐田十顷，布告天下，使明知之。未几，又擢式为齐太傅"（《资治通鉴》卷十九）。汉武帝把他树为榜样，封官赐爵，给予奖赏，目的是要让天下百姓都向他学习。司马光的描述，和《史记》《汉书》比，最大的特点是什么？紧凑。前面介绍过，按照《史记》《汉书》的记载，卜式第一次提出要捐献财产和汉武帝开始信任他中间，隔着好多年，也发生过很多事情，司马光把这些枝节全都删掉了，非常紧凑。

第二件事："上既下缗钱令而尊卜式，百姓终莫分财佐县官，于是杨可告缗钱纵矣。"（《资治通鉴》卷二十）这句话很熟悉，其实它是把司马迁在《史记》里讲卜式和告缗令之间关系的那两句话合并成一句话了，直接指出卜式和杨可一样，都和告缗令有着密不可分的关系。不像司马迁表达得那么隐晦。而且紧接着，司马光讲了一件事，有一个叫义纵的人，因为阻挠告缗令，被诛杀了。这个义纵，是武帝时期的酷吏代表之一，也替朝廷做过不少事，但这个时候因为阻挠告缗，被无情诛杀。这就告诉我们，无论是卜式还是杨可，背后都站着汉武帝。

第三件事，就是汉武帝打南越的时候，卜式要求赶赴前线，为国效力。汉武帝又把卜式树立为榜样，结果没人响应，汉武帝一怒之下剥夺了一百零六人的侯爵。文字还是非常紧凑。

通过这么紧锣密鼓的叙述，删除所有细枝末叶，一谈到卜式，就让读者看到汉武帝的意图在哪里。这么紧凑的文字，其实是把卜式和汉武帝之间的关系拉近了。这么拉近了一看，细心的读者就会猜测，他们俩到底什么关系？卜式该不会是汉武帝的"托"吧？

如果卜式是靠做托做到御史大夫的，为什么不继续"托"下去，而要跟汉武帝唱反调了呢？《史记》里虽然没有明说，但是有三个字非常耐人寻味，叫"既在位"，说卜式已然处在御史大夫这么一个高官的位置上了，于是开始提反对意见了。这三个字，对卜式发生前后变化的原因，给出了一个提示：卜式有可能就是到了这么一个高位以后，开始有自己的独立意识了，不甘心一味地做"托"了。但这也意味着卜式的仕途走到头了。"既在位"这三个字十分关键，不仅《资治通鉴》保留了，连《汉书》都保留了，这说明班固也注意到了，卜式在做御史大夫前后，对汉武帝的态度是有所变化的。

四、国家财政与皇室财政之别

把卜式解读为武帝政府精心安排的"托"，有没有其他依据呢？有一个旁证可作为参考。汉武帝为了解决财政困难，有很强烈的"化私为公"倾向，很想把社会上的许多私人财产收进国库，为了达到这个目的，他不仅把卜式树立为榜样，要大家来学习，同样也把自己的钱拿出来，贴补国家财政。这一背景，能加深我们对卜式和汉武帝关系的理解。

说到汉武帝把自己的钱拿出来贴补国家财政，史书上有很明确的记载。《史记·平准书》上就说"郡国颇被菑害，贫民无产业者，募徙广饶之地。陛下损膳省用，出禁钱以振元元"。有不少地方受到灾害影响，农业收成有问题，很多贫民只能迁徙到土地和自然条件比较好的地方，重新安排生计。迁徙这些贫民当然得花钱，汉武帝为了这些事，省吃俭用，把自己的钱拿出来，赈济老百姓。

从这个角度看，能让我们对汉武帝产生同情。朝廷的确很困难，老百姓也的确苦，为了赈济老百姓，皇帝都把自己私房钱贡献出来了。这样看来，征收资产税等措施有其合理性。当社会上绝大多数富人隐匿财产，不体恤国情时，像卜式这样主动捐献财产的人当然值得鼓励和学习。

不过这里有个背景知识，我们要稍作介绍。西汉时期的财政分为两大块，一块是国家财政，主要用于支付各级官僚的俸禄和军国大事的各类开销。比如养兵、打仗、派遣使节等，都归国家财政拨款。国家财政的来源，主要是靠常规征收的农业税、人头税。另一块是皇室财政，和皇帝个人活动、宫廷生活有关的财政开支得另起炉灶，不纳入国家财政。皇帝个人的各种活动，要出门巡行，要赏赐自己喜欢的人，要给宫里面杂七杂八的人发工资，所有这些和皇帝个人或他这个家族有关的事情，大到祭祀祖庙，小到生病吃药，都得从皇室财政支出，不能动用国家财政。这个区分非常严格，比如皇帝坐的车都要分种类，如果是他日常出行的车子，这个钱就得皇室财政自己支付，不能动用国库。如果是打仗了，皇帝要亲自统率出征，那皇帝的战车就归国家财政支付。这说明什么？说明当时的财政，对于公和私这两块是分得很清楚的。哪怕是皇帝，如果他的活动不属于军国大事的范畴，不能动用国库，只能用自己的"小金库"来支付。

那么皇室财政，也就是皇帝自己钱袋子里的这些钱，它的主要来源是什么？主要来源也还是靠一些税收。农业税、人头税要归入国家财政，剩下的还有一些矿产税、商业税、渔业税等，都作为皇室财政的收入。所以，所谓汉武帝"自己的钱"，还不是从老百姓那儿来吗？

按照本来的制度，虽然皇室财政也是靠税收，但把它和国家财政加以区别，其实也是对皇帝的一个限制。花钱的时候公私分明，皇帝自己要花钱，不能动国库，这也是让帝王花钱有个节制。现在汉武帝把自己的钱拿出来贴补国家财政，看上去是德政，但其实有一个潜在的危险，那就是混淆了公私界限。汉武帝在很多方面花钱是个无底洞。他今天把私房钱拿出来补贴国用，大家一致称好；改天自己没钱花了，要把国库里的钱拿来归自己用，谁又能拦得住呢？事实证明，的确发生了这种情况。比如《史记·平准书》里记载过这么一个情节："于是天子北至朔方，东到太山，巡海上，并北边以归。所过赏赐，用帛百余万匹，钱金以巨万计，皆取足大农。"大农是什么？大农就是管理国家财政的机构。这里说的是，元封元年（公元前110年）汉武帝一次大规模、长距离的出游巡行，足迹从今天的内蒙古一直到山东海岸。巡游途中，汉武帝给予各种人的赏赐，布帛百余万匹、金钱上亿，都由国家财政开支。照道理这是不对的，根据制度，皇帝的巡行活动、他给其他人的赏赐，这些钱都应该由皇室财政承担，不应该动用国库的钱。但汉武帝这次动了国库的钱办他自己的事，而且这种情况不止发生过一次。所以要是仔细算算账，汉武帝补贴给国库的钱，远远不如他从国库里拿走的。

总结一下，汉武帝把自己的财产拿出来"化私为公"，他还有重新从国库里把钱"化公为私"的机会。所以光汉武帝自己"以身作则"不行，别人都看得明白，于是就得找卜式这么一个民间代表来做托，让他给社会上其他人做榜样。从这个角度来看，"卜式现象"就能得到解释。

第十八章 司马迁与汉武帝之间的恩恩怨怨

汉武帝时期长年的对外战争，正负两方面影响是同时存在的。正面影响是在国防方面取得了战略优势，负面影响是消耗了大量社会财富，影响民生。除此之外，这段历史也意外地把生活在当时的大史学家司马迁牵扯进去了，并且直接影响了《史记》的撰写。

一、李陵事件与司马迁受刑

在本书的序章里我们就介绍过，《史记》的作者司马迁和汉武帝这个时代，有一种非常特殊的关系。他不仅是这个时代的观察者和记录者，他还是这个时代的参与者，甚至是受害者。为什么说他还是这个时代的受害者呢？他和这个时代的特殊关系，又对《史记》的写作产生了怎样的影响？这是一个非常值得探讨的话题。

前面的章节介绍过汉武帝时代的一位名将——"飞将军"李广。司马迁和汉武帝之间的恩怨过节最终爆发出来的时候，这根导火线还就埋在李家。李广有一个孙子叫李陵，所谓将门无犬子，李陵也继承他先人的遗志，在战场上很积极地和匈奴人作战，表现很不平凡。但李陵在一次和匈奴作战过程中所做的事情，却给与他素无来往的司马迁招来了不测之祸。

天汉二年（公元前 99 年），汉武帝派遣李广利带领三万骑兵出击匈奴。这位李广利就是到大宛抢汗血宝马的贰师将军，这次他又奉汉武帝的命令去打匈奴。同时汉武帝又派李陵率领五千步兵，作为偏军。结果就在这次战争中，李陵战败投降匈奴了。在投降前，李陵的确作过艰苦的抵抗。但李陵率领的军队只有五千人，而且都是步兵，他们被一支八万人的匈奴部队包围了，凶多吉少可想而知。李陵率领部下且战且退，连续战斗了八天。李陵的祖父李广，最大的特长就是善于射箭。李陵也继承了这门绝技，他率领的部下，基本上都是他训练出来的神箭手。但连续战斗八天，随身携带的箭渐渐射完了，粮食补给又跟不上，也没有援军，所以尽管李陵作战非常英勇，带领着部下杀敌万余，但自己的队伍也损失了一大半。这时候单于一面加紧对李陵部队的攻击，一面派人招降李陵。李陵说自己把仗打成这样，没脸回去了，于是就投降了匈奴。事情大概的经过就是这样。

消息传回长安，汉武帝雷霆大怒。这件事发生在公元前 99 年，已经是汉武帝晚年了。这个时候的汉武帝，年长威重，已经是一位权威不容置疑的帝王了。所以龙颜一怒，几乎所有公卿大臣都顺着汉武帝的旨意，纷纷谴责李陵的叛国行为，说他罪不容诛。这时候，只有一位地位并不算太高的臣僚愿意为李陵作辩护。这个人就是当时的太史令司马迁。太史令负责观察记录天文星象，主持编订历法，也负责历史文献的整理、保存。所以太史令往往很有学问，但政治地位并不高。

汉武帝看大臣们都说要加罪于李陵，就问司马迁有什么看法。以司马迁的地位，本来不一定打算发言，况且司马迁和李陵并没有什么太深的交往。但被汉武帝问到头上了，司马迁就说了几句，替李陵进行了辩护。他怎么说的呢？司马迁的发言有三个重点：第一，司马迁和李陵虽然没有深交，但通过多方观察，司马迁称赞李陵是"国士"，是国家难得的贤才。为什么呢？司马迁说李陵这个人，仁孝、诚信，平时善待士卒，很得人心，上了战场以后，经常怀着以身殉国的豪情壮志。第二，李陵这次率领的只有五千步兵，面对匈奴八万铁骑，能够这么勇敢作战，坚持这么久，已经很了不起了，已经大长了汉朝的军威。第三，根据对李陵为人的判断，根据对这次战争经过的了解，司马迁强调李陵的投降可能有隐衷。李陵不像是个贪生怕死的人，投降很可能是权宜之计，因为敌人实在太多，实在是寡不敌众。所谓"留得青山在，不怕没柴烧"，李陵可能是打算先在匈奴潜伏下来，等待机会为汉朝做事。

司马迁既然和李陵没什么交情，为什么要为李陵讲这么多好话呢？一个原因，可能是司马迁对世代为将的李家比较敬佩，尤其对充满了传奇色彩的"飞将军"李广充满景仰之情，所以愿意为他的孙子李陵说句话。另外，司马迁后来自己回忆这件事情，说他当时讲这番话"欲以广主上之意，塞睚眦之辞"（*司马迁《报任安书》*）。这句话有两种理解，一是认为当时很多人落井下石，尤其是和李陵有过节的人，趁机打击他，司马迁希望汉武帝不要偏听偏信。还有一种理解，司马迁讲这些是为了宽慰汉武帝，让他想开些。因为汉武帝以前挺欣赏李陵，听到李陵投降的消息，除了一般的愤怒之外，还有一种被辜负的感觉，这种感觉更加令人伤心。所以司马迁说，李陵很可能是假投降，以此来安慰汉武帝。

司马迁自认为出于好意的这番话，却在无意中触碰到了汉武帝的一个软肋。前文介绍过，这次李陵率领的只是偏师，真正主力是李广利率领的三万骑兵。李广利战况如何？首先，李广利面对的不是由单于亲自率领的匈奴精兵，因为单于的部队被李陵遇上了。其次，李广利虽然在战争一开始取得了一些胜利，但后来被匈奴军队包围，损失了百分之六七十的兵力。把李广利的战绩和李陵的战绩比对一下，谁更英勇？显然是李陵。李陵率领五千步兵抵挡单于亲自率领的八万精兵，还能重创匈奴军队；李广利率领三万精锐骑兵，和匈奴次一等的军队作战，尚且损失百分之六七十，李陵的仗打得比李广利漂亮多了。

根据这个情况，司马迁越是盛赞李陵的作战能力和成绩，越反衬出李广利的无能。李广利和汉武帝什么关系？类似于民间的郎舅关系。从打大宛开始，汉武帝就希望这个大舅子能立点战功，以便于封赏他。但李广利实在不争气，汉武帝不断给他机会，他却从来没有大摇大摆地胜利过。这很有可能成为当时舆论的一个话柄。所以一听司马迁这些话，汉武帝的神经就很敏感，以为这是拐弯抹角地抨击李广利，当然也牵涉他自己的用人问题。所以司马迁说这番意在劝慰的话，汉武帝不仅没有领情，反而产生了误会，一怒之下把司马迁打入大牢，处以宫刑。宫刑，就是阉割男性的生殖器，不仅是十分残忍的刑罚，而且是极大的人格侮辱。这件事对司马迁的心理打击很大。

由于司马迁和汉武帝之间有这么一层恩怨关系，那就必然牵扯出一个问题，《史记》在描写、评价汉武帝的时候，能不能做到公平客观？

二、李陵事件对《史记》写作的影响

所谓人非草木，再伟大的历史学家也是人，不是机器，总有感情、有立场。李陵事件对《史记》写作肯定有影响，只不过我们要仔细辨别，司马迁是如何拿捏这个分寸的，不能简单地认为司马迁因为记恨汉武帝，就往他脸上抹黑。

关于李陵事件对《史记》的影响，可以举个例子。比如，《史记》到底写到什么时候为止，也就是它里面描写的历史事件，时间下限在哪儿？这在学术界一直有争议。因为今天看到的《史记》，讲述了很多较晚的事情，这些内容并不是司马迁亲笔写的，而是后人添补进去的。对于这个问题，至少有两种见解和李陵事件有关。一种见解，认为司马迁写《史记》，只写到汉武帝天汉年间，"天汉"是汉武帝晚年的年号，也就是李陵事件发生、司马迁受宫刑的时候。这以后的事情，司马迁就不写了。班固的《汉书》，就是持这种看法。还有一种见解，认为《史记》也记载了李陵事件以后的事，司马迁亲笔写下的最后一个历史事件，是征和三年（公元前90年）李广利投降匈奴。司马迁为什么用这件事作为《史记》的结尾呢？学者们解释说，当初李陵投降匈奴，司马迁替他说情，汉武帝认为司马迁的真正意图在于毁谤李广利，于是非常残忍地把司马迁处以宫刑。没想到若干年之后，汉武帝极力偏袒的李广利也投降匈奴了。而且当年李陵是真降还是假降，很难讲，后面李广利的投降，那是投降得很彻底。司马迁用这件事替《史记》收尾，除了抒发自己的愤懑之外，还在讽刺汉武帝。这种观点也有来头，民国大学者王国维就是这么认为的。①

这两种观点，虽然具体意见不一样，但有一个共同点，那就是都认为李陵事件对《史记》写作产生了重大影响。那么，这件

---

① 王国维的观点见氏著《太史公系年考略》。逯耀东在《抑郁与超越：司马迁与汉武帝时代》中重申了这个观点，见该书《对匈奴问题处理的限制》等篇章。

第十八章　司马迁与汉武帝的恩恩怨怨

229

事是不是更深层地影响到了司马迁对汉武帝的评价？我们不妨就以李陵事件为例，比较一下《史记》《汉书》《资治通鉴》对这件事的描写，看有哪些区别。

三、三部史书对李陵事件描写的差异

《史记》对李陵事件的描写非常简单，战争是怎么发生的，李陵在战场上表现如何，他在什么样的情况下投降了匈奴，司马迁只用了寥寥两三百字全说完了。司马迁自己受到这件事的牵连，也只在《史记》最后一篇《太史公自序》里带到一句，至于整个过程是怎么发生的，他到底对汉武帝说了些什么才遭受不测之祸，司马迁只字不提。司马迁作为当事人，对这件事的处理是相当隐晦的。

尽管如此，我们还是可以从司马迁的文字里读出很多内容。比如讲到这场战争的部署，司马迁只用两句话就交代完了："贰师将军李广利将三万骑击匈奴右贤王于祁连天山，而使陵将其射士步兵五千人出居延北可千余里，欲以分匈奴兵，毋令专走贰师也。"（《史记·李将军列传》）汉武帝派遣李广利率领三万骑兵，到祁连山攻击匈奴。为了避免所有匈奴军队合击李广利，汉武帝又派遣李陵率领五千步兵分散敌人的注意力。单看这句话，就难免令人起疑。让李陵出兵，是为了分散李广利的压力，但在人员分派上，只给了李陵五千步兵。步兵怎么跟匈奴骑兵对阵？这不是存心让李陵去做炮灰吗？这是司马迁对李陵事件起因的交代。

再看《史记》对这件事结果的处理，也非常简略，只用了一句话："汉闻，族陵母妻子。"汉朝这边听说李陵不仅投降了匈奴，而且单于还把女儿嫁给了李陵，就把李陵的母亲、老婆、孩子全杀了。从这句话来看，汉武帝对整个事件的处理，轻率、粗暴。这是司马迁对李陵事件结果的交代。我们把这两部分内容合起来看，一头一尾，一个起因、一个结果，李陵这就算被汉武帝害死了。在司马迁笔下，李陵和他祖父李广一样，在权贵的迫害下，最终英雄末路，悲壮而凄凉。

有一句话叫"兼听则明，偏信则暗"，对于任何事情、任何人的话，都要多方面考察，不要轻易接受。关于李陵事件，再看看《汉书》的记载，我们会发现，事情可能并不是这样的。

李陵为什么只带了五千步兵就上战场了？是汉武帝存心让他去送死吗？《汉书》的记载比《史记》复杂得多。最初，汉武帝并没有让李陵上战场，而是命令他为李广利押运辎重，也就是随军粮草和军用物资。结果李陵不接受这个命令。不接受的理由是什么？汉武帝质问他是不是不愿意听从李广利的节制、调度。对于汉武帝的这个质问，李陵默认了。李陵对汉武帝说，愿意另外带领一支军队，"分单于兵，毋令专乡贰师军"（《汉书·李广苏建传》）。分散匈奴军队的注意力，为李广利分担战场压力。汉武帝对李陵说：你拒不接受我派给你押运辎重的任务，要自己申请一个新的任务，直接和匈奴人对阵，但我并没有多余的骑兵可以分配给你。李陵说，不需要骑兵，他只要带领自己的五千步兵，照样可以直捣匈奴王庭。这一点上李陵很像他的祖父李广，个人英雄主义作风浓厚。

把《汉书》和《史记》比较一下，在《史记》里，吸引匈奴注意力、减轻李广利的压力，是汉武帝派给李陵的任务；而在《汉书》里，是李陵自己不愿意承担押运辎重的任务，转而向汉武帝申请了新使命。这是第一个不同点。

那面对李陵的申请，汉武帝什么态度呢？"上壮而许之。"(《汉书·李广苏建传》) 汉武帝觉得李陵豪情干天，就答应他了。那汉武帝是不是真的放心就这么让他去了，而不仔细考虑一下这五千人的生死？不！"因诏强弩都尉路博德将兵半道迎陵军。"(《汉书·李广苏建传》) 汉武帝知道李陵势单力薄，打仗光靠豪气是不行的，于是安排了另一位叫路博德的将军，率领军队策应李陵，作为援军。这个重要情况，司马迁在《史记》里没提。这是第二个不同点。

关于李陵为什么带领五千步兵上战场的情况，《史记》和《汉书》有这两点重要区别。这两点直接牵涉该怎么评价汉武帝在整个事件中的表现。我们再看，最后汉武帝为什么要杀李陵的老婆孩子，《汉书》的记载和《史记》又有什么不同？

从《汉书》的记载来看，并不是单于把女儿嫁给李陵的消息传回来以后，汉武帝就暴跳如雷，动手杀人。这里面另有曲折：当时有人从前线打探回来一个消息，说李陵投降匈奴以后，帮助单于练兵，专门指导匈奴军队怎么对付汉军。这个消息回来以后，汉武帝才决定族灭李陵的家属，作为对叛将的惩罚。

不过《汉书》又解释了一下，说其实是探听消息的人搞错了，帮助单于练兵的那个李将军叫李绪，不是李陵。那么责任在打探消息的人。作为汉武帝来说，他的行动依据是这个消息。早年李陵刚开始带兵的时候，汉武帝挺欣赏他的，觉得李陵有他祖父当年的风范。这个时候听说李陵居然帮助匈奴训练军队，专门对付汉朝，汉武帝虽然是听信了错误的信息，但他的愤怒之情是可以理解的。

可能有读者会提出另外一个问题：我们以前一直讲班固非常注意维护汉武帝的形象，在这件事上，班固是不是也在为汉武帝找开脱的理由？《汉书》的记载是不是完全可信呢？其实《汉书》除了这些内容之外，也花重墨描写了李陵在战场上的英勇表现，对李陵最终兵败降敌，也充满了同情，其中很多细节也是《史记》里没有的。

我们可以举几个例子。李陵和匈奴军队进行一番艰苦的战斗以后，很多士兵都受重伤了，李陵下令："三创者载辇，两创者将车，一创者持兵战。"（《汉书·李广苏建传》）身受三处重伤者，用车载着走；身上有两处伤口者，负责赶车；身上有一处伤口的，拿起兵器继续战斗。这么一个细节，使我们看到了当时战争的残酷状况。也让我们看到，李陵这支部队的英勇：五千步兵对八万铁骑，死的死、伤的伤，但没有人放弃，都鼓舞斗志，宁愿战斗到最后一刻。李陵的确是个令人敬佩的将军，他率领的是一支令人敬畏的部队。

李陵就这样不屈不挠地和单于战斗，反倒让单于恐慌起来，几乎打算放弃了。为什么呢？单于看到，李陵率领的是这么顽强的一支部队，仗打到这个份上还毫不气馁，有点不可思议。单于就琢磨，李陵这么有恃无恐，他带领的会不会只是一支诱敌部队，想把自己的匈奴军队引诱到汉军的包围圈里面？为了谨慎起见，单于打算撤兵。恰好在这个关键时刻，李陵手下出叛徒了，跑到单于那儿，让他放心打，说李陵就是孤军作战，根本没有汉军的大包围圈，而且他的箭也快射完了，粮食也消耗殆尽，已经被逼到绝境了。得到这个消息之后，单于才敢放手出击，而且开始派人诱降李陵。匈奴人这一波进攻是毫无顾忌地放开来打，他们在兵力上毕竟占有绝对优势，李陵终于扛不住了，最终决定投降。而且李陵的投降是有用意的，他希望通过自己的投降来减缓匈奴的攻势，这样汉军部队里就有人能够活着跑回去给朝廷送信，最后也的确跑回来四百个人。

这些关于李陵在战场上的细节，《史记》里面也都没有交代，是靠《汉书》的记载保留下来的。从这里面，我们可以看到班固对李陵的英雄气概是非常赞许的，对他最终无奈地投降也表示同情。既然是这样，那么我们前文介绍的，班固说李陵带着五千步兵上战场，并不是汉武帝存心让他去送死，他投降匈奴以后，汉武帝也不是不分青红皂白杀他全家，这些内容我们也不能把它当作是班固为汉武帝撰写的辩护词。我们应该看到，相对于司马迁的《史记》，班固在《汉书》中的描述更为详细，也更为客观。

正因为如此，司马光在编《资治通鉴》的时候，对李陵事件的描写，基本上都采信《汉书》的内容。司马光另一个非常巧的地方，是在交代完李广利的正面战场之后，紧接着讲李陵事件。李广利的战绩，"汉兵物故什六七"，士兵损失百分之六七十。讲完这个，司马光马上展开对李陵事件的描写，李陵在战场上的英勇表现和李广利的无能，对比就更明显。但对于李陵为什么带领五千步兵就上战场，《资治通鉴》和《汉书》一样，保留了李陵拒绝汉武帝的命令而主动请战的记载。这就说明司马光看待这段历史，一方面，他对汉武帝凭亲戚关系任用李广利给国家造成这么大的损失，持批判态度；另一方面，对于李陵事件，也进行了客观描述，不认为李陵的失败全怪汉武帝。

四、司马迁做错什么了吗

最后我们必须要谈到司马迁受宫刑这件事了。这件事对司马迁评价汉武帝到底发生了什么样的影响，我们应该如何来看待这种影响？司马迁由于受到宫刑的屈辱，所以在《史记》里面对李陵事件着墨不多；对于他自己在当时是如何与汉武帝对话的，是怎么替李陵辩护的，司马迁甚至只字未提。

《汉书》里面详细记录了司马迁当时的发言，在谈到这个问题的时候，班固用了一个形容词，说司马迁"盛言"如何如何。所谓"盛言"，我们可以这样理解，是强调司马迁的发言非常雄辩，辞藻也很华丽。司马迁自己认为，为李陵辩护的这番言论是站得住脚的，而且可以起到宽慰汉武帝的作用，但是却被汉武帝误会了。汉武帝用如此残忍的刑罚对付司马迁当然是非常过分的，但从班固用"盛言"这两个字来形容司马迁的讲话来看，司马迁恐怕也有不得体的地方。在军国大事发生重大变故，整个朝廷气氛非常凝重的情况下，司马迁作为太史令，这样一位掌管天文、文献而不从事民政、军事工作的官员，滔滔不绝发表高论，而且论调和所有人相反，这未必是合适的做法。

所以我们看《汉书·司马迁传》，班固对司马迁的评价，是分两方面的。一方面称赞司马迁的"良史之材"，是写历史的好手。另一方面又感叹，"以迁之博物洽闻，而不能以知自全"。说司马迁懂这么多，这么有学问，却缺乏自我保护的智慧。最后班固引了《诗经》里的一句话说："夫唯《大雅》'既明且哲，能保其身'，难矣哉！"《诗经·大雅》里的这句"既明且哲，能保其身"，就是成语"明哲保身"的来源。一个明智的人，能够避开危险，保全自己。但班固感慨说，要做到明哲保身，看来是很难的，连司马迁这么聪明、这么有学问的人，都难免因为一时不慎遭受非刑。

我们再看《资治通鉴》。司马光编《资治通鉴》非常珍惜笔墨，要在有限的篇幅里面把一千三百多年的历史交代清楚，文字不简洁不行。所以我们经常看到，在其他史书里面非常复杂的历史过程，司马光三言两语就交代完了。但司马迁为李陵辩护的这番说辞，司马光却基本上一字不落地保留下来了。而且非常关键的是，司马光也保留了"盛言"这两个字，用来形容司马迁讲话时那番滔滔不绝的情形。

从这个细节就可以看出，班固和司马光这两位后代史学家，虽然对司马迁的史学成就非常认可，对他的遭遇也非常同情，但还是非常委婉地指出，司马迁自己在处理这件事的方法上，有考虑不周到的地方。

在李陵这件事上，司马迁是当事人，所以《史记》的记载有值得辨析的地方，这是不是就能得出一个结论，说司马迁在整部《史记》当中对汉武帝的评价都是不客观的呢？如果这样认为的话，那就太小看司马迁了，司马迁就当不起"中国史学第一人"的称号。东汉末年有一位大臣叫王允，他对《史记》有一个非常著名的评价，说《史记》是一本"谤书"，是专门用来毁谤皇帝、毁谤朝政的书。王允的一个重要立论依据，就是认为司马迁遭受了宫刑迫害，所以著书立说，毁坏汉武帝的名声，进行报复。

我们仔细研究《史记》，仔细研究汉武帝这个时代，王允这个观点，我们不能赞成。首先，《史记》的编写，在司马迁遭受宫刑之前就已经开始了，而且这是司马迁的父亲司马谈于弥留之际嘱咐司马迁需要完成的任务。所以司马迁肯定不是为了诽谤汉武帝才写《史记》。其次，除了李陵事件这样特殊的事件之外，司马迁对汉武帝时代整体的描述，还是接近事实的，用《汉书》里的话说，司马迁写历史"不虚美，不隐恶，故谓之实录"。即不作虚假的美化，也不隐瞒罪恶，接近于实录。比如，《史记》对汉武帝个人性格和信仰的描写，就是我们后人全面评价汉武帝的重要依据。

第十九章 汉武帝聚人用人的谋略

在前面的章节里，我们向各位读者介绍了汉武帝时代的很多人物，这些人物各有特点，各有所长，在汉武帝的时代发挥着不同的作用。那么对于汉武帝本人来说，他的个人性格有哪些特征？他的信仰世界又是怎样的？我们不妨从聚集在汉武帝身边的另一些人谈起，这些人也能从一个角度折射出汉武帝本人的一些特点。

一、"滑稽"东方朔与汉武帝的用人策略

汉武帝刚继位的时候，汉朝已经建立六十多年了，社会很安定，国库很丰裕。但是和周边民族的关系尚未处于融洽的状态，国内很多制度建设也不完备，所以汉武帝励精图治，求贤若渴，希望得到各方面的人才。求贤得贤，在汉武帝这种精神的感召下，很多人才开始聚集在朝廷上。比如文臣公孙弘、董仲舒，武将卫青、霍去病，文章高手司马迁、司马相如，法律专家赵禹、张汤，外交人才张骞、苏武，这些都是我们比较熟悉的。当然还有很多其他人才，有些善于天文历数，比如和司马迁一起编订历法的唐都；有些长于算术，比如帮助汉武帝进行财政改革的桑弘羊；有些擅长音乐，比如李广利的哥哥李延年。个性上，有些人朴实，

比如我们以前提到过的"万石君"家族的人；有些人耿直，比如老是当面批评汉武帝的汲黯；有些人诙谐幽默，比如大家也非常熟悉的东方朔。班固说汉武帝统治时期人才济济，其中就提到"滑稽则东方朔"，说东方朔属于"滑稽型"人才。

"滑稽"这个词，本意是指一个人的言谈举止经常不按常理出牌，起到诙谐幽默的效果。史书上记载的有关东方朔的事迹，的确有不少这方面的内容。比如东方朔向汉武帝作的自我推荐就很有意思，他说："臣朔年二十二，长九尺三寸，目若悬珠，齿若编贝，勇若孟贲，捷若庆忌，廉若鲍叔，信若尾生。若此，可以为天子大臣矣。"（《汉书·东方朔传》）说他二十二岁了，身材高大，九尺三寸，这是按当时的长度单位算的，折算成今天的单位也得两米多了。接着东方朔又说自己的长相，两只眼睛就像明珠一样炯炯有神，牙齿就像编得整整齐齐的贝壳。在才能和品格上，东方朔说自己像孟贲一样勇猛，孟贲是古代非常有名的勇士，能够力搏猛兽；像庆忌一样敏捷，庆忌这个人跑起来箭射不着、马追不上；像鲍叔一样廉洁，鲍叔这个人重义轻财；像尾生一样讲信用，尾生和姑娘约好在桥下相会，结果姑娘没来，那边开始涨潮水了，尾生为了守信，不离开桥下，最后被淹死了。大家看东方朔把自己夸得这么好，但是语气又非常搞笑。

这还不止，谈到才华，东方朔说自己十三岁开始学习，用了三年时间，文史方面的知识就足够用了，十五岁的时候开始学习击剑，到后来又学习兵法。东方朔夸耀说，自己在文史经学方面能背诵的文字达到二十二万言，兵书战策方面能背诵的文字又是二十二万言，加起来四十四万言，堪称文武全才。所以班固在《汉书·东方朔传》里说他："文辞不逊，高自称誉。"言辞很不谦逊，把自己抬得这么高。但汉武帝却觉得这个人很奇特，把他留下来，给他俸禄，但是一开始也没怎么亲近他。后来汉武帝慢慢注意到这个人，越来越觉得这个人有意思。

有一次汉武帝要给身边的人赐肉。按规矩应该先来一个负责的，宣读一下皇帝的旨意，然后大家再分肉。但到很晚了，那个负责的官员还是没来。东方朔就拔出剑，把放在那儿的肉割了一点，揣在怀里就走了。后来负责的官员就报告汉武帝，说东方朔不等诏旨，私自割肉。于是汉武帝把东方朔叫来责问，并让他作检讨。东方朔说好，就开始自我检讨。怎么检讨呢？东方朔开始叫自己的名字：东方朔啊东方朔，你居然不等皇帝的诏命就拿肉，太无礼了！但是你居然有这样的胆量做这样的事，也是壮举啊！肉呢，就割那么一点，东方朔，你真是廉洁！就这点肉，拿回去还不是自己吃，给夫人吃了，东方朔，你好仁爱啊！汉武帝听完之后哈哈大笑，这哪是什么检讨，但很有趣。所以汉武帝不仅没有处罚他，还另外赏赐他一石酒、一百斤肉。

本来违反诏命是一件很严重的事情，汉武帝为什么不严肃处理，还要给东方朔这么一个表演的机会呢？这说明汉武帝其实是把东方朔当作一个解闷的开心果。东方朔做事很搞怪，行事语言很幽默，这是他性格使然。但在东方朔自己看来，逗皇帝开心并不是他该做的正经事。这是倡优佞宠们的事。那东方朔心目中的正经事是什么呢？

《汉书·东方朔传》里面有这么一句话："武帝初即位，征天下举方正贤良文学材力之士，待以不次之位。"汉武帝刚刚即位的时候，就开始选拔天下有品德、有学问、有才能的人，遇到的确有学问或德才兼备的，汉武帝会不拘常规提拔他们。这句话也就告诉我们，东方朔是在汉武帝这样的人才政策下冒出来的，东方朔自然也是把自己当作对国家有益的人才看待的。

仔细研究东方朔的事迹，这个人虽然大话连篇，生性幽默，但绝不是一个只会插科打诨的小丑，东方朔有非常值得我们敬佩的一面：这个人敢说话，敢提意见。讲一个事例。汉武帝年轻的时候，对宫廷生活很厌倦，想到外面走走看看。所以他经常装扮成其他身份，带一些随从趁天黑以后出宫游玩。到了山间田野，不仅打猎，还和随从们策马奔驰，经常把老百姓的庄稼毁坏得一塌糊涂，非常扰民。后来汉武帝觉得老这样也不行，而且也挺不安全，就决定在宫廷外面他经常出去走的那块地方，圈出一大片土地，把里面的老百姓全都迁走，作为皇家林苑。这样既可以供他游玩，又可以增强安全性。这就是后来"上林苑"的由来，这个林苑范围涵盖几个县的地盘。因为这件事，东方朔就曾批评过汉武帝。东方朔对汉武帝说，作为一名皇帝，不谦逊爱民，想出这种骄奢淫逸的方式供自己玩乐，为了这件事还把老百姓全从土地上赶走，既剥夺了他们的祖业，也剥夺了他们的生计。汉武帝就是想养点动物，打打猎，这和国计民生比，哪个更重要呢？历史上有多少帝王是因为这种骄奢淫逸的行为而灭亡的呢？

东方朔这番话，讲得是义正词严、非常诚恳，和那个善于玩笑诙谐的东方朔判若两人。因为东方朔这话说得在理，汉武帝也不能公开说他不对，于是就给东方朔升了官，还赐了他一百斤黄金。汉武帝这是表彰东方朔直言敢谏，并且打算听从他的意见吗？不，赏赐东方朔之后，上林苑照建不误。这就是汉武帝的性格，他欣赏那些敢于提出不同意见的人，但也很坚持贯彻自己的意图。

从这件事情就可以看出，东方朔是一个以匡救时弊为己任且敢于直言批评皇帝的人。但是长久以来，人们记得更多的，却是他诙谐玩笑的一面。这或许跟汉武帝对待东方朔的态度很有关系。汉武帝通过人才选拔的途径把东方朔选拔上来，本来应该把他放在对国计民生有用的岗位上，然而汉武帝并没有这么做。反而是东方朔那些荒诞不经的言语举止，引起了汉武帝极大的兴趣。所以班固说，东方朔在汉武帝身边只不过是"诙啁而已"，也就是解闷调笑。那么我们不禁要问了，对于东方朔这样精挑细选上来的人才，汉武帝为什么对他的正经才能视若无睹，而热衷于他那些嬉笑顽皮的偏才呢？汉武帝又到底是怎么看待这些人才的呢？

谈东方朔，我们首先得看《汉书》。班固在《汉书》里介绍的东方朔事迹，是最全面的。班固对于汉武帝为什么这样对待东方朔，也有一套解释，重点在于强调东方朔的个性。班固说："武帝既招英俊，程其器能，用之如不及。"（《汉书·东方朔传》）汉武帝找了很多贤才，都能量才录用，而且任贤使能的心情非常迫切，唯恐不及。所以当时朝廷上人才济济，班固举了一串人的名字，其中有我们以前提到过的公孙弘、董仲舒、主父偃、庄助、汲黯、司马相如，也包括《史记》的作者司马迁，等等。这些人，汉武帝都能根据他们的特长一一任用，为什么就是东方朔，汉武帝不好好重用呢？班固说这原因得从东方朔自己身上找。班固评价东方朔，说他最大的特点还是能像倡优一样进行玩笑表演，说到真才实学，那是名过其实。所以班固给东方朔的定位，叫"滑稽之雄"，类似今天的幽默大王。

但我们翻《资治通鉴》，看司马光对东方朔事迹的取舍，就会发现这里面和《汉书》恰恰相反。在《资治通鉴》中留下来的东方朔事迹，全是给汉武帝提意见，没有一个玩笑故事。这当然跟《资治通鉴》这部书的性质有关系，那些玩笑故事无益于提炼治国经验，而臣子能给皇帝提供正确的意见和建议，往往是合理治国的关键，所以司马光才会有这样的选择。

我们如果翻阅《史记》的话，会发现在《史记·滑稽列传》里面有一篇东方朔的传记。司马迁用《滑稽列传》来记载那些举止诙谐却能用幽默智慧办正事的人。但要注意，我们今天看到的《史记》里关于东方朔的内容，不是司马迁亲笔写的，而是后来人补进去的。《史记》在流传的过程中，有不少内容遗失了，于是就有人对遗失的内容进行补写。但对于东方朔，很有可能司马迁本来就没给他立过传，因为汉武帝晚年的时候，东方朔还健在，不在司马迁立传的范围之内。但司马迁一定对东方朔这个人印象很深，因为他们曾经有很长一段时间在汉武帝身边共事。所以司马迁一定会通过东方朔看到很多东西。而汉武帝对待东方朔的态度，很可能也触动了司马迁。为什么这么说呢？

关于汉武帝对待东方朔的真实态度，班固和司马光都把握到了一句话："以俳优畜之。"汉武帝把东方朔当作倡优蓄养着，专供调笑娱乐。"以俳优畜之"这句话跟司马迁曾经说过的一句话很像。司马迁在谈到汉武帝对待他自己的态度，用过一句话："倡优畜之。"汉武帝对待司马迁，也是当作倡优一样。这里虽然有司马迁作为当事人的自怨自艾之辞，但也在很大程度上代表了一种真实，就是汉武帝对于身边的这些人才，有一种帝王的游戏心态。他对东方朔如此，对司马迁也是如此。这就引出一个话题，汉武帝和他身边这些人究竟处于怎样一种关系状态？汉武帝到底是怎样用人的？

二、班固对汉武帝用人谋略的赞赏

我们讲东方朔，只不过是一个引子，目的是引出一个重要的话题：汉武帝怎样用人的。班固对汉武帝选拔人才的成绩，非常肯定。他说汉武帝识拔人才，有这么几个特点，首先，选拔出来的人才各色各样，类型很齐全，文臣公孙弘、董仲舒，武将卫青、霍去病，文章高手司马迁、司马相如，法律专家赵禹、张汤，外交人才张骞、苏武，这些都是我们比较熟悉的。当然还有很多其他人物。总之，通过班固的总结，给我们的印象就是，汉武帝时代人才济济，什么样的人物都不缺。"汉之得人，于兹为盛……后世莫及。"（《汉书·公孙弘儿宽传》）从整个汉朝得到贤才的状况来看，就数汉武帝这一朝最鼎盛，后来就没能超过这个时期。

第二个特点，班固说汉武帝选拔贤人秉承一个原则，即英雄不问出处。所以汉武帝选拔上来的人，有很多是出身不太高甚至不太光彩的。比如卫青就是奴仆出身，桑弘羊生长在商贩家庭。后来汉武帝临终托孤，有位顾命大臣叫金日磾，这个人甚至是投降汉朝的匈奴人。从这些人身上可以看到，只要你有才干，不管你是什么出身，汉武帝都能放心大胆地任用，不拘一格用人才。在汉武帝这种精神的感召下，出现了"群士慕向，异人并出"的局面，各种有特殊本领的人才都被感动了，纷纷出山，为朝廷、为国家服务。

第三个特点，班固说汉武帝对这些人才都是很真心的，而且是由衷佩服他们的才干。关于这点，班固也举了个例子："以蒲轮迎枚生。"枚生的名字叫枚乘，在文学上很有成就，赋写得特别好。汉武帝即位的时候，枚乘年龄已经很大了。汉武帝仰慕他的大名，想见他。那个时候交通条件不好，老年人长途奔波挺累。汉武帝就让人用蒲草把车轮包裹起来，这样可以减少颠簸幅度，老人家坐在上面舒坦些。不过枚乘还是在半道上生病去世了，汉武帝没能见着他。但这件事表明了汉武帝有尊重贤人、仰慕贤人的姿态。

这是班固描绘的汉武帝汇聚人才的盛况。客观地讲，班固的评述还是比较符合当时的历史实况的。汉武帝时期的确人才众多，才质各异，超过了汉代的其他时期。而且，汉武帝也的确有不拘一格用人才的魄力，并且取得了良好的效果。至于这些人才是在怎样的机制下发挥作用，最终形成了怎样的政治、文化生态，不同的史学家有不同的着眼点。所以，我们仍然可以听听司马迁和司马光怎么说。

三、杰出人才的幸与不幸

对于汉武帝能汇聚人才，司马迁和司马光没什么不同意见，但他们也观察到了一些不同的侧面。生活在那个时代的司马迁，亲笔记录过汉武帝时期很多突出人才，但这些人往往一辈子为朝廷卖命，最后却落得身败名裂，没有好下场。之前的章节提到过一个叫庄助的人，这个人支持汉武帝发动对南方闽越国的战争。庄助是汉武帝选拔出来的青年才俊的典型。汉武帝继位早期，在一些重大决策问题上，老是受到元老重臣们的反对。比如汉武帝要打闽越，他舅舅田蚡反对，叔叔淮南王刘安也反对，很有名望的大臣汲黯同样反对。这个时候，是庄助这样的后进晚辈，坚定地站在汉武帝这边，支持他的决定。关于要不要打闽越，庄助还

第十九章　汉武帝聚人用人的谋略

和田蚡进行过一场辩论，词锋犀利，把田蚡驳得哑口无言。最终汉武帝决定出兵闽越。

但庄助的人生结局并不完美。后来朝廷审查淮南王刘安的谋反案时，主办大臣张汤说庄助和淮南王来往密切，就把庄助作为刘安的同党给杀了。庄助和淮南王的确有些来往，为什么会有来往呢？就是因为当年淮南王反对汉武帝打闽越，汉武帝派庄助去跟淮南王沟通，两个人由此结交。所以庄助与刘安的交往本来是出于公差，最后反而因为这件事断送了性命。主张杀掉庄助的张汤是那个时代的酷吏代表。作为曾经大力支持汉武帝决策的智囊，最终成了酷吏政治的牺牲品，不能不说是一件令人扼腕叹息的事。不过张汤自己的结局也不好，我们在之前的章节里介绍过。

这些人的命运沉浮，都是司马迁亲眼所见。客观地讲，汉武帝的统治还是重视法的，而且秦代以及汉初以来的司法传统在这个时期仍有很强的表现。只是为了加强皇帝的决策权，酷吏成为当时政治的一种衍生品，很多好不容易被选拔出来的人才都成为这一现象的牺牲品。亲眼看见这类情状的司马迁，其惋惜之情，一定比通过看历史才知道相关情况的后人更为强烈吧。

四、汉武帝用人策略的得与失

在司马光看来，能聚人和会用人是两码事。《资治通鉴》在谈到这个问题的时候，有两处比较重要的言论。第一个地方，司马光描写汉武帝和他的大臣汲黯之间的一场对话，对话的核心内容就是如何对待人才。

在描写这段对话之前，司马光先介绍了一下汉武帝对待人才的整体情况："上招延士大夫，常如不足；然性严峻，群臣虽素所爱信者，或小有犯法，或欺罔，辄按诛之，无所宽假。"（《资治通鉴》卷十九）司马光承认，汉武帝的确在延揽人才上花过不少心思。但是汉武帝的性格严厉冷峻，不能容忍小过。好不容易选拔上来的人才，只要一发现这人有问题，哪怕是再小的问题，也要严厉处罚，有很多都被杀头。

针对这个问题，汲黯对汉武帝说："陛下求贤甚劳，未尽其用，辄已杀之。以有限之士恣无已之诛，臣恐天下贤才将尽，陛下谁与共为治乎！"（《资治通鉴》卷十九）他说陛下花这么大精力寻访贤才，贤才一到，大用场还没派上，就已经因为一些小错误被杀了。天下人才是有限的，这么杀下去，迟早有一天会被杀完，到时候谁来帮助你治理国家呢？

汉武帝却回答说："何世无才，患人不能识之耳。……夫所谓才者，犹有用之器也。有才而不肯尽用，与无才同，不杀何施！"（《资治通鉴》卷十九）人才世世都有，只要肯找，总能找得到。但这些找来的人，如果不能倾尽他们的全力为我所用，那和没才能有什么区别呢？不杀他们还留着干吗？汲黯听了汉武帝这番话，心肯定是凉透了。汉武帝还对其他大臣说：你们看，汲黯这个人，多么愚蠢，多么迂腐啊！

这里面体现出来汉武帝的冷峻无情，和司马迁笔下的汉武帝有神似之处。这是《资治通鉴》第一个值得注意的地方。还有一个地方，也值得我们注意。汉武帝晚年改弦易辙，开始注重农业生产，任用了一个叫赵过的人。赵过是当时一位了不起的农业专家。司马光特意对汉武帝任用赵过这件事作了点评。司马光说："天下信未尝无士也！"（《资治通鉴》卷十九）天底下的确时时刻刻都有人才。接着司马光又说，当汉武帝一心拓张、发动对外战争的时候，那些敢于冲锋陷阵、舍生忘死的勇士就充满着朝廷；后来汉武帝重新注重农业生产了，赵过这样的农业人才又脱颖而出，使老百姓都能获益。这说明什么？说明天下的确不缺人才，只不过哪种类型的人才当道，取决于帝王的意向和喜好。

把《资治通鉴》和《汉书》作个对比，我们会发现一个很有意思的现象。班固在《汉书》里罗列了一张很长的名单，用来说明汉武帝时代人才济济，各色各样的人才都有，但这张名单里没有赵过。赵过在整部《汉书》中，只在《食货志》里出现过一次。在班固看来，论汉武帝时期的人物，赵过还排不上号。文臣、武将、使节、谋臣，都是一摞一摞的，哪轮得到搞搞耕种的赵过？司马光恰恰相反，对班固这张名单里的人，绝大多数没什么特别评论，单单看中了赵过。赵过从事农具改良，推广先进的农耕方法，踏踏实实，默默无闻，不像汉武帝时代的宠臣们锦衣玉食、前呼后拥，不像驰骋沙场的名将们那般光芒万丈。但司马光偏偏要通过赵过的事迹，来点评汉武帝在用人上的得失。这说明什么？这说明历史学家自身的立场，一定会反映在他对历史的解读上。正因为司马光是一位非常注重民生的政治家和思想家，所以他才会对汉武帝晚期这位致力于民生建设的农业专家赵过，有着特殊的青睐。

第二十章 向道求仙的强烈冲动

我们前面提到不少汉武帝时代的"人才"，绝大多数也在班固的人才名单上出现过。但是汉武帝身边还有一类非常重要的人物，这类人对汉武帝本人和当时的国家社会都造成了重大影响，但班固的人才名单上对这类人却一个都没提起。那么这到底是怎样一群人，他们又是怎样影响汉武帝和那个时代的呢？

一、善为巧发奇中的李少君

汉武帝在中国历史上留下过很多有影响的事迹，除了内强皇权、外服四夷之外，他的个人信仰以及为了这些信仰所进行的一些活动，也是非常重要的。而且这些活动也影响到汉武帝时代的政治。比如，我们都知道汉武帝晚年有"巫蛊之祸"，和他的亲生儿子，也是当时的太子反目成仇。父子间的矛盾为什么是以巫术的形式爆发出来的呢？这就跟汉武帝的信仰有关系。我们想要更好地了解汉武帝，更深入地走进汉武帝的世界，这方面的活动也是必须要了解的。那么关于汉武帝这方面的事迹，史书有哪些记载呢？

司马迁的《史记·封禅书》，是一篇专讲历代帝王举行封禅和其他各种祭祀大典的文字。在这里，司马迁有很大篇幅是在描述汉武帝的活动，讲述汉武帝如何追慕神仙、追求长生不老。司马迁这些文字，成为我们今天研究汉武帝个人信仰的重要依据。

我们仔细读《史记·封禅书》，看看这里面汉武帝的形象，然后再想象一下，如果汉武帝真像有的人说的那样，亲眼看到过《史记》的话，他的反应会怎样？我想他一定会勃然大怒。《封禅书》里面的汉武帝，举止荒诞，不可理喻。

这事可以从汉武帝身边一个叫李少君的人讲起。李少君能来到汉武帝身边，很有可能是汉武帝的舅舅田蚡推荐的。有个故事，说田蚡在府上摆酒席宴客，李少君也在座。另外有位客人，是九十多岁的老人。李少君跟这位老人说，我曾经和你的祖父，一起到某地出游射猎。老人一听吓一跳，因为他小时候的确跟祖父到过那些地方，那是他祖父喜欢去的地方。老人这一吓，让所有参加宴会的人也都吓了一大跳，为什么呢？你想啊，这位老人九十多了，李少君居然和他的祖父一起射猎，那李少君该多大？

所有人都对这个问题感兴趣，李少君多大？没人能知道。李少君说自己有长生不老的药方，七十岁以后就不再老了。除此之外，还懂得如何祠神祈福，还会支使鬼。很多人听说他有长生不老的妙方，就纷纷给他钱财，希望能得到这个方子。于是李少君就发展了很多信徒。在李少君众多的信徒中，有一个非常特殊的人物，那就是汉武帝。认识李少君的时候，汉武帝还年轻，对李少君非常相信、非常尊重。

汉武帝有个古董铜器，问李少君，这是什么？李少君一看，说这是春秋五霸之一齐桓公的物件，并且断定这是齐桓公做齐国国君第十个年头的时候，放在柏寝台这个地方的。汉武帝让人把铜器拿过来一看，果然上面刻着字，是齐桓公时代的。于是所有人都折服了，纷纷猜测李少君至少该有几百岁了吧，你看他讲起齐桓公寝宫里的东西这么熟悉，那应该是亲眼见过啊。从此之后，汉武帝当然也就更相信他了。接着李少君就跟汉武帝讲他和神仙交往的故事，外加一套益寿延年、求神得道的理论。他说，用丹砂炼成黄金，再把这些黄金做成饮食器具用于餐饮，这样可以长生；然后到蓬莱找神仙，达到像黄帝那样不死的境界。对这一套荒诞不经的说法，汉武帝深信不疑，于是就在李少君的指导下，开始祠神、求仙、炼黄金。

但求神求着求着，发生了一件令人啼笑皆非的事。什么事呢？李少君死了！他不是有长生不老方吗？不是能和神仙来往吗？怎么死了？其实这些事，生活在今天的人能看明白，李少君就是一个江湖术士。司马迁说这个人"善为巧发奇中"，也就是善于利用机会设局，让人惊叹。比如前面讲的，他和九十多岁老人的祖父一起游猎的事情，很可能是他恰好知道那位老人家里的事，也有可能那个老人就是他的托。但汉武帝对这个人却是深信不疑，不相信李少君死了，硬说他是化仙而去。于是汉武帝迷信神仙、期待长生的心理就被一些投机分子抓住了。"怪迂之方士多更来言神事矣。"（《史记·封禅书》）更多的荒诞不经的人来跟汉武帝谈论神仙，帮助他求长生。那么我们怎么理解汉武帝的行为，这些行为有没有历史渊源呢？

历史上总是"秦皇汉武"并称，汉武帝和秦始皇的确非常像。汉武帝做过的很多事，其实秦始皇当年都做过。求神仙、求长生不老就是其中重要的一方面。秦统一以前，西方的秦文化重视祭祀山川大地各类神祇，而东方的齐燕文化重视求仙。这两种传统在秦统一以后结合在一起，秦始皇巡行、封禅、求仙都搞得很热闹。

汉朝建立以来，各类祭祀天地、山川、鬼神的活动，依然得以延续。所以汉武帝的这些行为，其实是有历史渊源的。只不过，汉武帝在这方面表现出了更大的兴趣。司马迁在《封禅书》里面，讲到汉武帝的第一句话就是："今天子初即位，尤敬鬼神之祀。"从李少君的事例来看，司马迁的判断是符合事实的。

汉代，在汉武帝以前的几位皇帝，虽然都祭祀鬼神，但在追求成仙、长生这件事上，并没有什么太明显的作为。汉武帝和他们比，最大的不同，就是除了祭祀鬼神之外，还积极地谋求长生不老、得道成仙，而且表现得非常执着。这其实是走到秦始皇的老路上去了。

二、神未至而百鬼集

那么汉武帝的执着，有何表现呢？李少君虽然死了，但汉武帝求仙慕道的心态已经暴露在很多投机分子的眼皮底下。所以有更多的方士来到汉武帝身边。其中有个叫少翁的，说自己能差使鬼神。正好汉武帝宠爱的王夫人去世了，少翁说他有办法能让汉武帝再看到王夫人，于是做法让汉武帝隔着帷幕看。汉武帝隐隐约约看到是有人形在动，像王夫人，于是封少翁为文成将军。少翁又对汉武帝说，要跟神仙来往，穿的服装、住的宫殿都得有神仙的样儿，现在这样是不行的，神仙不会来。那怎么办呢？于是在汉武帝坐的车上画上云气，又专门造了一座甘泉宫，画上各种各样的鬼神。后来甘泉宫就成为汉武帝的活动中心。但是这么折腾了一年多，神仙还是没来，汉武帝渐渐开始不相信少翁了。最终汉武帝认为少翁是在欺骗自己，一怒之下就把少翁杀了。

杀了少翁，汉武帝是不是不再相信这些方士了呢？恰恰相反，"天子既诛文成，后悔其蚤死，惜其方不尽。"（《史记·封禅书》）汉武帝很后悔，觉得杀早了，少翁还有好多方子没拿出来试过，不知道那些灵不灵。后来有人给他推荐了另外一位方士，汉武帝非常高兴。新推荐过来的人叫栾大。栾大跟汉武帝说黄金、不死之药都可以炼成，仙人也可以招致。但他对汉武帝说："臣恐效文成，则方士皆奄口，恶敢言方哉！"（《史记·封禅书》）意思是说，秘方是有的，不过他担心汉武帝没耐性，稍不耐烦就杀人，重蹈少翁的覆辙，这样的话，天下方士哪还敢谈什么秘方呢？栾大说这些话，其实是想先给自己上个保险，避免也被杀。听完栾大的话后，汉武帝撒了个谎，否认少翁是自己杀的，说他是吃马肝死的。马的肝脏，古人认为是有毒的。现代医学其实无法证明马肝有毒，但汉武帝时代还是相信这个有毒，所以他说少翁是吃马肝死的。

栾大通过一些手段，取得了汉武帝的信任。汉武帝拜栾大为五利将军，才过了一个多月，又加封他为天士将军、地士将军、大通将军。一位江湖术士，同时佩戴四枚将军印。这还不算完，汉武帝又封他为乐通侯，让他娶卫长公主为妻。这位卫长公主就是卫子夫和汉武帝的长女，等于是招栾大做女婿了。接着又给了他一枚"天道将军"的玉印。乐通侯和天道将军，加上前面讲过的四枚将军印，栾大一个人就佩戴了六枚印信。其他黄金钱财的封赏不计其数。他没帮汉武帝炼成黄金，汉武帝倒先给他一大堆黄金。汉武帝还亲自跑到栾大的府上去，搞各种各样的求神仪式。在长安的这些贵族和列侯将相们，一看汉武帝这动静，当然也争相去讨好栾大，纷纷赠给他财物。这一来就有越来越多的人来说自己有秘方，能招致神仙。

对于栾大的这些行为，司马迁有一句很具有嘲讽意义的话："神未至而百鬼集矣！"（《史记·封禅书》）神是没看到，各种各样的鬼，都招来了。这里的鬼，我想司马迁是有隐喻意义的，就是指各色各样的小人。栾大又跟汉武帝说，他要东入大海，去找他的老师，老师当然本事更大，他去把请神仙这事落实一下。于是就整理行装，东入大海。汉武帝也派人跟着去看。结果跟去的人什么都没看到，只有栾大在那儿空口瞎说，说那就是他老师。旁边人一看什么都没有，回来报告汉武帝，汉武帝又把栾大给杀了。

经历了这样的事情之后，总该醒悟了吧？不，汉武帝是外甥打灯笼——照舅（旧）！就在栾大被杀的同年冬天，有个叫公孙卿的术士，在缑氏城这个地方，发现仙人足迹。汉武帝还亲自跑过去看。当然是什么也没看着。汉武帝就问公孙卿不会是学前面的少翁和栾大这两个人吧。这话其实是带有威胁性质的，少翁和栾大都因为欺骗汉武帝，被杀了。汉武帝这是告诫公孙卿：你如果也骗我的话，有你好看的。面对汉武帝带有威胁性质的问话，公孙卿显然是有备而来，不慌不忙地回答，让汉武帝搞清楚现在是谁求谁，是他求神仙，还是神仙求他！神是这样随便求求就能求来的吗？他对方士这么苛刻、这么严厉，又急于求成，神肯定不来。这话又把汉武帝镇住了，好，那就继续求吧！

汉武帝这个心态很奇怪，其实他已经意识到这些人多半是骗子，为什么还要相信他们，求所谓神仙呢？司马迁用四个字把汉武帝的心态刻画得淋漓尽致，叫"冀遇其真"。尽管前面那些都不灵验，但总抱有侥幸心理，希望有那么一天，真能碰见神仙，自己也能实现长生不老。这说明汉武帝对于长生不老的神仙生活，是发自内心地向往，所以屡次受骗，还是屡次追求。公孙卿正是抓住汉武帝的这个心理特征，继续行骗。

我们可以作个比较。汉武帝的祖父汉文帝在位的时候，也有方士跑来讲这些神神怪怪的东西，最著名的一个代表性人物叫新垣平。这个新垣平似乎有未卜先知的本领，一开始也是把汉文帝哄得团团转。后来有人告发，说新垣平所谓的未卜先知其实是他事先安排好的。汉文帝查实以后，杀了新垣平，从此以后再也不相信、不亲近这类方士了。各种祭祀典礼，也是派人去走个仪式，自己再也不出席了。

我们把汉文帝和汉武帝这对祖孙作个比较就很有趣。汉文帝是上过一次当，再也不上第二次。汉武帝呢，一而再，再而三，执迷不悟。就是我们前面讲的，司马迁说他有"冀遇其真"的心态。

这个"冀"字，就是怀有这种侥幸的期待心理，这个字在《封禅书》里反复出现，多次被使用。比如司马迁说秦始皇："冀遇海中三神山之奇药。不得，还至沙丘崩。"梦想着要仙药，出海去求神，结果不但没有得到仙药，反而在回来的路上死了。这是非常具有嘲讽意义的结局。在这里，司马迁就用了这个"冀"字。

在谈到汉武帝的时候，这个"冀"字司马迁使用得更多。比如讲到有方士对汉武帝说可以求到蓬莱神仙的时候，汉武帝"欣然庶几遇之，乃复东至海上望，冀遇蓬莱焉"。汉武帝很高兴地就出海了，希望能到达蓬莱仙境。但每次到海上，都是见不着仙人，越是见不着，还越是不甘心，就越要派人去求仙岛："考入海及方士求神者，莫验，然益遣，冀遇之。"没一个灵验的，但还是不断派人去，为什么呢？就是这种虚妄的期待心理在作怪，从不彻底反省自己。

我们固然不能用今天的"科学"观念来要求古人，何况汉武帝的这些行为是有历史渊源和时代氛围的。但是，为什么汉文帝上过一次当就再也不上第二次了，而汉武帝却如此执迷不悟呢？可见，即使是在相同的时代环境下，不同的人，不同的个性，其表现也是不一样的。那么史家们又如何评价汉武帝这些行为呢？

三、宁可信其有的侥幸心理

司马迁《史记·封禅书》的最后一句话是这么说的："天子益怠厌方士之怪迂语矣！然羁縻不绝，冀遇其真。自此之后，方士言神祠者弥众，然其效可睹矣！"司马迁这话很有意思，可以分为两层，第一层讲汉武帝。说汉武帝对那些迂怪的方士们越来越厌恶。按理说，汉武帝就该杜绝和这些人来往。但司马迁笔锋一转，说汉武帝还是跟这些人保持来往，为什么呢？就是我们前面分析过的四个字"冀遇其真"，于是不停地尝试，不停地被骗。说明汉武帝在骨子里没有放弃过追求神仙的想法。"宁可信其有，不可信其无。"第二层意思，讲汉武帝这个行为的效果。以前有不少方士因为不灵验，被汉武帝杀掉了，但这并没有起到警示作用；恰恰相反，谈神仙的人越来越多了。因为汉武帝不肯放弃求仙的态度摆在那儿，那些方士们也是富贵险中求，赌一把。这都是司马迁当时亲眼所见的非常荒诞的时代现象。

我们以前一直讲，司马迁因为生活在汉武帝时代，所以讲话非常小心，想揭露一点当时的阴暗面，下笔往往也是非常谨慎、隐晦的。但是在求仙慕道这件事上，司马迁对汉武帝的荒谬，揭示得非常清楚、明白。

司马光后来读司马迁留下的这些文字，写过一首诗，题目叫"读武帝纪"，诗是这么写的："方士陈仙术，飘飘意不疑。云浮仲山鼎，风降寿宫祠。上药行当就，殊庭庶可期。蓬莱何日返，五利不吾欺。"（《传家集》卷七）这些方士们纷纷来讲有求仙的妙术，汉武帝非常飘飘然，毫不怀疑。云山雾罩地一通折腾，汉武帝还真的派人去蓬莱求仙。那些求仙的人怎么还没回来呢？总会回来的吧，五利将军（就是那个栾大）是不会骗他的。这么一首诗，应该是司马光早年读史书时有感而发写下来的。整首诗对汉武帝的描写就集中在求仙这一件事上，而且也是把汉武帝描写得非常荒唐可笑。

四、与天意沟通的积极尝试

司马光在《资治通鉴》里对汉武帝这些行为的批判，有自己的特点。其中对汉武帝迷信行为本身，评论得很少，却强调这些行为对国家财政造成的伤害。比如那个叫公孙卿的方士，他的方子其实也不灵验，他就想，老这么下去，汉武帝肯定又要对他失去信任了，迟早要杀他，于是就对汉武帝说："仙人可见，而上往常遽，以故不见。"（《史记·封禅书》）仙人本来是会出现的，但是皇帝经常来去匆匆，到了那里没多久就回来了，所以仙人没出现。意思是说：不是我骗你，是你心不诚。那怎么办呢？汉武帝也不能老是离开朝廷在外边等神仙啊。公孙卿又给汉武帝出主意，说"仙人好楼居"，仙人喜欢住高楼，建议汉武帝造一些比较高的楼台宫观来吸引仙人。于是汉武帝就在长安建造了蜚廉桂观，在甘泉宫里面造了益延寿观，又造了通天台，让公孙卿在里面等候仙人光临。

司马光批评汉武帝，经常把迷信神仙和大兴土木联系在一起。根据这个情况看来的确如此，汉武帝大兴土木和他求神问仙有关。汉武帝在这方面建造的宫观，除了前面讲的几处之外，还有柏梁台、建章宫等。建章宫据说是"千门万户"，极尽奢华；他又在边上造园林，放养珍禽异兽，凿一个太液池，里面堆上假山，象征蓬莱、方丈之类的仙山，希望能吸引神仙来住。神仙最终没来，人力、财力倒耗费了不少。

司马光写《资治通鉴》，意在警诫后人，垂范后世。后世的帝王不一定每个都像汉武帝那样痴迷神仙。但耽于享乐、喜欢建造亭台楼阁供自己游赏却是很多帝王喜欢做的事。一旦大兴土木，老百姓就倒霉。所以，不管是出于什么样的原因，是为了求仙也罢，为了其他原因也罢，消耗大量财富来满足自己的奢欲，这肯定是不对的。这才是司马光要谈的重点。

班固在谈汉武帝求仙这个问题的时候，也有他的独特视角。班固把汉武帝这些活动记载在《汉书·郊祀志》里。"郊"是古代帝王的祭天大典，班固把这些活动载入《郊祀志》，说明在他看来，不能简单地把汉武帝这些行为看作个人的迷信活动，为什么？古人对宇宙和自然的认识，不像我们今天人这么"科学"。古人对未知世界，有他们自己的一套解释。汉武帝这么荒诞的行为，放在今天就不可能发生，但在那个时候为什么就发生了呢？也说明那个时代，有支持这种迷信行为的氛围。这种氛围就来自人们对"天"的好奇和渴望与它沟通的强烈意愿。

而且班固把汉武帝的这些行为和朝代兴亡联系起来看。古人相信朝代兴亡不是凭空的，而是有上天的旨意。"失德"的王朝就该灭亡，"有德"的才能兴起或长治久安。但自己说自己有德不行，还得符合天命。在班固看来，汉武帝的这些行为，不光是他个人求仙慕道，也是在想办法和上天沟通，探索上天的旨意，加强汉朝的统治。所以班固说："孝武之世，文章为盛，太初改制……服色数度，遂顺黄德。"（《汉书·郊祀志》）汉武帝的时候，是汉朝的国力积累到最强盛的时候，所以进行制度改革以顺应天命，达到长治久安的目的。服装的颜色、各种礼仪制度，都得符合"黄德"，这是一种天命。什么叫"黄德"？老天安排朝代兴亡是有规律可循的，按照金、木、水、火、土五行相生相克的顺序，五行代表着五种德行。汉初，包括汉武帝那个时代的人，认为汉朝在金、木、水、火、土中占的是土德，土地在整体上是黄颜色的，所以和土德相配的颜色是黄色。班固讲的这个"黄德"其实就是土德。

在我们华夏民族认同的历史传说中，还有一位著名的圣王，他的德行也属于土德，那就是黄帝。他的名称就很有意思，"黄帝"，黄颜色，和土地相称的颜色。据说黄帝当年就是得道以后升仙而去的。所以汉武帝求仙，很大程度上是在学黄帝。这也是为什么班固认为，汉武帝的行为不能简单地看作个人迷信，黄帝是黄德，汉武帝觉得自己也是黄德，所以黄帝做什么，他都要学。因此班固认为，汉武帝的行为有模仿黄帝、增进和天意沟通的意味。

第二十一章 天降祥瑞与年号的来历

讲到和上天沟通，古代帝王有一个重要的典礼，叫"封禅"。传说这是当年黄帝也举行过的隆重仪式，汉武帝也想学。那么什么叫"封禅"？在汉武帝"封禅"过程中，又发生过哪些故事呢？

一、祥瑞纷至沓来

汉武帝聚集了很多方士，为他寻找神仙，神仙虽然没有见到，但由于汉武帝长期不懈地祭祀天地神祇，所以在和上天沟通、获得上天认可方面好像的确有了不少起色。何以见得呢？在我们古老的经典《易经》里面有一句话："天垂象，见吉凶。"老天会通过一些现象来预示吉凶。上天虽然不言不语，但当它对世俗的皇帝或者某些事情感到不满意的时候，会通过制造灾害向人们发起警示；当它对皇帝的统治非常赞赏的时候，同样会给出一些吉祥的兆头，来表达自己对这位皇帝的认可。这些吉祥的兆头，有一个专门的名词，叫"祥瑞"。汉武帝在他的统治期间，据说获得了上天给予的很多好兆头，也就是出现了很多"祥瑞"。

公元前 122 年，汉武帝在一次祭祀上天的时候，获得了一头异兽。这是一头长得非常特别也非常少见的野兽，跟一般的兽类不同。它最大的特点是头上长了一只角，是一角兽。绝大多数人不认识，不知道这是什么动物。这时候就有人站出来说，这就是麒麟啊！传说中麒麟就是一只角，为什么一只角呢？因为它的出现就意味着天下一统、国泰民安。这是传说中的瑞兽。但谁也没见过麒麟，我们现在也无法确切知道，汉武帝当时捕获的到底是个什么动物。但就是有人敢说话，说这头怪兽就是麒麟。有一个叫终军的人，对汉武帝说："今郊祀未见于神祇，而获兽以馈，此天之所以示飨，而上通之符合也。"（《汉书·严朱吾丘主父徐严终王贾传》）意思就是说汉武帝治理国家很有成绩，虽然在祭祀上天的时候，神灵没有亲自露面，但上天馈赠了一头麒麟，这是已经和上天取得沟通的吉兆。汉武帝听了当然非常高兴，还专门让人作了一首《白麟之歌》，歌颂这件事。

获得"麒麟"是汉武帝时期比较典型的祥瑞事件。类似事件，在汉武帝期间频频发生，只不过每次具体的形式有所不同。这次是麒麟，那下次就换样东西。公元前 113 年的夏天，在汾水南岸，有一位巫师在进行祭祀活动的时候，发现一块地面有异常的凹凸，一挖，居然挖出一个异常巨大的鼎，上面还刻有奇奇怪怪的纹路。汉武帝知道之后，就把这个鼎当宝贝一样迎到甘泉宫去了。这个鼎运到半道的时候，据说上面还有黄云笼罩，这下就显得更加神奇了。于是大家都说，这既是上天对我们的眷顾，也是对我们工作成绩的肯定。这就又算是一个重要的"祥瑞"。

汉武帝时期这些所谓的祥瑞事件，今天的人听起来感觉荒诞不经。但也正因为这些事件，汉武帝开创了中国历史上一个非常有影响的传统，这个传统一直持续到清朝灭亡、帝制结束，那就是制定年号的传统。

二、始创年号纪年法

年号成为后来中国古代最重要的纪年方法。我们现在说年份，都是说公元多少年，比如公元 1900 年、公元 2012 年等。古时候没有这种说法。古人主要根据国君、皇帝在位年数或者年号来纪年。说到年号，大家最熟悉的可能是清代皇帝的年号，康熙、乾隆之类的，比如这一年是康熙皇帝在位的第二十年，那就称为康熙二十年。用年号纪年的传统，正是由汉武帝开创的，汉武帝是中国历史上第一位使用年号的皇帝。

在汉武帝以前，皇帝纪年的方法非常简单，登基的第一年叫元年，接下来就是二年、三年，依次用数字来标识。汉武帝也不是刚登基的时候就想到要用年号，这个事情也是后来逐步发展出来的。大约是在公元前 114 年，这是汉武帝在位的第二十七年，这一年有大臣跟他说："元宜以天瑞命，不宜以一二数。"（《史记·封禅书》）说用一、二、三、四这样的数字来纪年，太老土了，应该根据"天瑞"来给年份命名。天瑞跟我们前面说过的"祥瑞"是一个意思，瑞是吉祥的征兆。前面讲过，汉武帝时代，上天给出了不少好兆头，又是麒麟又是宝鼎的。所以大臣建议，用能反映这类祥瑞事件的词汇来作为纪年的符号。

但提出这个建议的时候，已经是汉武帝在位的第二十七年了，他的统治期正好过了一半，汉武帝总共统治了五十四年。那么已经过来的这二十七年怎么办呢？那就回过头去把它改掉。汉武帝的年号很有规律，前期的都是每六年换一个年号。前面这二十七年，第一个六年称为"建元"，因为这是汉武帝刚刚登上皇帝宝座的时候，"建元"的意思就是说汉武帝时代开始了；第二个六年称为"元光"，因为在此期间有星光竟天的天文现象；第三个六年称为"元朔"，"朔"既可以理解为开始，也可以理解为远方，这里应该是取远方的意思，因为在这期间，卫青打败匈奴，在今天内蒙古巴彦淖尔地区建造了朔方城；第四个六年称为"元狩"，"狩"有狩猎的意思，"麒麟"瑞兽就是在这个时期被狩获的。

前面这四个六年，二十四年就过去了，从第二十五年开始，称为"元鼎"。根据刚才提示的规律，一看到这个年号，你可能马上就会联想到汉武帝得到的那个宝鼎。正是因为这个宝鼎的缘故，汉武帝把他在位的第五个六年命名为"元鼎"。"元鼎"这个年号用了六年之后，汉武帝又改了，改作"元封"。这个年号背后的动静可大了，这次可就不仅仅是因为出现另一种祥瑞而改的年号，而是因为之前的一系列祥瑞现象和汉武帝一直以来坚持的追慕神仙的活动相结合，导致了一次规模盛大的活动。

三、从祥瑞到封禅

公元前110年，用汉武帝的年号来表示的话，就是元封元年。这一年的年号为什么被改成"元封"？因为这一年里，汉武帝到泰山进行了一次大规模、高规格的天地祭祀，这种典礼被称为"封禅"。封禅活动和"元封"这个年号的出现，也意味着汉武帝企望长生、追慕神仙的活动达到一个高潮。那么"封禅"是怎么被提出的？它和我们前面讲过的这些祥瑞事件又有什么联系呢？

汉武帝为了长生、成仙，在身边聚集了很多方士。这些方士给汉武帝树立了一个通过努力、最终成仙的榜样，那就是古代传说中的黄帝。黄帝能够感动上天，最终化仙而去，有一项重要的步骤，就是到泰山去封禅，也就是进行最高级别的祭祀天地的典礼。之前我们谈到的出现的各种各样的"祥瑞门"，就成为这些方士推动汉武帝朝着成仙方向迈进的有力依据：你看，上天都已经对你这么眷顾了，频繁出现各种祥瑞，你离成仙也不远了，再努力一把吧。尤其是那个宝鼎的出现，给了方士们一个很好的契机，劝说汉武帝进行封禅。宝鼎被汉武帝迎到宫里的时候，方士们就对汉武帝说，成仙这个事有门儿。何以见得呢？因为当年黄帝在成仙之前，也得到了一个宝鼎。而且巧的是，汉武帝得到宝鼎的时间，和当年黄帝得到宝鼎的时间非常一致，都是在一个特定的冬至日。但黄帝成仙前还做了一件重要的事，那就是封禅。所以汉武帝要想达到黄帝升仙的那种境界，也必须要封禅，这个步骤不能少。

方士们借着所谓的祥瑞，一步一步引导汉武帝在求仙的道路上越陷越深。汉武帝在这方面陷得越深，他们的饭碗也就越有保证。那么我们怎么来看待这些祥瑞现象呢？很显然，这些事情都是底下人为了满足汉武帝的虚荣心、迎合汉武帝试图和上天沟通的心态刻意安排的，上天哪会真的以这种方式对汉武帝的统治表示认可？我们前面提到的两个祥瑞：一头麒麟、一个宝鼎，在当时就有人对它们的真实性提出过怀疑。

比如那个宝鼎出现的时候，很多人都来迎合汉武帝，说这不仅是宝鼎，而且就是当年周代一统天下，象征着周文王、周武王圣德的周鼎啊！当年周代的君主德行很高，所以上天发下宝鼎，对他们的德行表示褒扬。现在上天又让宝鼎出现，说明汉代的德行也很高，可以和周文王、周武王相媲美！但世界上总会有些扫兴的人，汉武帝得到宝鼎的时候，也来了这么一个扫兴分子。正当所有的人借着汉武帝得到"周鼎"这件事向他表示祝贺的时候，有个叫吾丘寿王的人，跑过来说了这么一句：这哪是周鼎啊！汉武帝闻言大怒："有说则可，无说则死！"（《汉书·严朱吾丘主父徐严终王贾传》）居然敢扫兴，要说这不是周鼎，能说出一番道理来则罢了，说不出个子丑寅卯来就杀了他！吾丘寿王这个人也很聪明，一看把汉武帝惹毛了，就赶紧说他当然有更合理的解释。什么解释呢？吾丘寿王说，当年上天为了酬赏周代君主的圣德，出土的宝鼎叫周鼎。现在上天是为了表彰大汉的功德，出土了这么一个宝鼎，跟以前的周代有什么关系呢？为什么要叫周鼎？就该叫"汉鼎"，因为它就是汉朝繁荣兴盛的象征，所以他才说这不是"周鼎"。这一番话下来，把汉武帝说得转怒为喜，不仅没有惩罚吾丘寿王，反而赏了他十斤黄金。但仔细想想，吾丘寿王来搅和这么一次，他内心真实的想法是什么？史家为什么要留下这么一笔？其实这就代表了当时一部分人对宝鼎真实性的怀疑。

但在当时，敢于对各种祥瑞公然表示怀疑的人实在是少数，绝大多数人还是比较配合、迎奉汉武帝的想法和需求。有这么一位活跃在汉武帝身边的著名人物，他虽然不是方士，却也和那些方士一样，吹嘘祥瑞，并且劝汉武帝要封禅。那么这个人物是谁？他又为什么要这么做呢？

四、司马相如的遗书

这个人就是中国文学史上大名鼎鼎的司马相如。司马相如因为文章写得漂亮，得到汉武帝的欣赏，在汉武帝身边活跃了一阵子。汉武帝时代有所谓"天下文章两司马"，指的就是司马相如和司马迁。但是司马相如和司马迁有一个重要的区别：司马迁对汉武帝的很多行为都保持着一种冷峻客观的态度，而且经常提出一些批评。司马相如却恰恰相反，是一个很会揣摩汉武帝心态、很懂得如何迎合汉武帝的人。

司马相如长期跟在汉武帝身边，对汉武帝的喜好甚至内心深处的想法都很了解。所以我们看司马相如留下来的文章，汉武帝喜欢些什么，干了些什么，司马相如都会写写，时不时地歌功颂德一番。比如汉武帝喜欢打猎，司马相如就写和打猎有关的文章；汉武帝对开拓西南边境有兴趣，司马相如也写和西南形势有关的文章；汉武帝想成仙，司马相如也有和神仙生活有关的文章。《史记·司马相如列传》里面保留了一篇《大人赋》，就是司马相如为汉武帝撰写的关于求仙的文章。

这篇文章以汉武帝为主角，想象汉武帝如何腾云驾雾、飘摇直上，飞游天界，和众位神仙以及前代圣王相会的盛况。文章一开头说："世有大人兮，在于中州。宅弥万里兮，曾不足以少留。悲世俗之迫隘兮，朅轻举而远游。"（《史记·司马相如列传》）他说：有一位大人啊，生长在我们神州大地，他的宅宇广阔，超过一万里，非常富贵，但是他觉得世俗世界太渺小了，不值得停留，所以飘然起身，漫步远游，要到广阔的天界去寻仙访道。一读就明白，文章里的这位"大人"，其实就是暗指汉武帝。汉武帝读完这篇文章以后，非常受用，"飘飘有凌云之气，似游天地之间意"（《史记·司马相如列传》）。读着读着就觉得仙气罩体，有飘飘然要凌云腾步的感觉，似乎已经游荡在天地之间了。

但这还不是司马相如迎合汉武帝求仙最有代表性的文章。最有代表性的文章是哪篇呢？说起这篇文章，中间还有个曲折。司马相如和汉武帝相处了一段时间之后，健康出问题了，于是离开朝堂，住到槐里县茂乡养病。这样一来，汉武帝和他见面的机会就少了。过了一阵子，汉武帝突然又想起司马相如来了，他听说司马相如近来病得不轻，甚至有不久于人世的可能，赶紧派人去探望，一个重要的原因，是汉武帝太喜欢司马相如的文章了。他就对派去的人说，看看司马相如最近有什么作品，你就拿回来，否则等司马相如撒手人寰，这些作品可能都要散佚了。

紧赶慢赶，还是晚了一步，派去的人到了司马相如家里的时候，司马相如已经去世了。来人就问司马相如的妻子，说司马相如有没有什么遗作留下来。司马相如的妻子想了想，说还真有，他生前留下过一份东西，让她妥善保存，说是有皇帝派使者来的话，就让使者拿回去。于是使者就把这篇文字带回去了。汉武帝一看，居然是一篇劝他封禅的文章。司马相如在文章里历数古代那些有成就的帝王，都会举行封禅大典，称述功德，和上天进行沟通，以便更好地进行统治。司马相如还在文章里暗示，汉武帝是一位"仁育群生，义征不憓"的伟大帝王。什么意思呢？就是说汉武帝的仁德，能够让在他统治下的所有生灵得到很好的生长，这是称颂汉武帝文治方面的成就。另一方面，汉武帝也非常英武，能够征讨那些不守规矩、不顺从王化的蛮夷。像这样有成就的伟大帝王，也应该进行封禅。

通过前面这些内容，我们可以看到，方士们通过解释祥瑞，劝汉武帝封禅，说通过封禅可以成仙。而司马相如则用文学手段，劝汉武帝封禅。他们分别使用了自己所擅长的手法，迎合了汉武帝企图长生、登仙的心态。而祥瑞和司马相如的遗稿，也的确成为汉武帝最终决定封禅的两大重要契机。那么史学家们对这些事件又是怎么评论的呢？

谈到这些问题的时候，我们所要比较的三位史学家，经常在文字上有非常细微的差别。这些差别，很容易被普通读者忽视，但我认为在这些细微的文字差别背后，是三位史学家非常巨大的观念差别。

前面讲到汉武帝曾经获得麒麟。麒麟到底是个什么东西？麒麟和龙、凤一样，长期以来一直是我们传说中重要而吉祥的动物，但实际上并不存在，这是出自古人的一种想象。麒麟具体长什么样，各种古书的记载也是不尽相同。有一个比较流行的说法，说麟的身体像鹿，尾巴像牛，蹄子像马，头上一只角。

我们仔细对比一下三位史学家是怎么描写汉武帝的这只"麒麟"的。司马迁在《史记》里讲到麒麟这件事的时候，他一会儿说"若麟然"，即好像是只麒麟；一会儿又说"盖麟云"，即据说就是麒麟。"好像""据说"，这些词给人一种不踏实的感觉，似乎司马迁对这件事有所怀疑。类似的语言，班固在《汉书》里也有。但班固却改了一个字，班固说："若麚然""盖麟云"。说这只异兽长得像麚，麚是只长一只角的鹿类动物，根据它和麚长得比较像，推测这就是麒麟。

大家看，班固只是把司马迁说的"若麟然"改动一个字，变成"若麚然"，一字之差，相去千里。为什么这么说？大家仔细体会一下，司马迁说"若麟然"，这个东西好像是麟，但谁见过麒麟到底什么样？这就好比有个人跟你说他见到麒麟了，你问他麒麟长什么样？他回答你，麒麟长得就是像麒麟的样子。这不是废话嘛！司马迁的这个笔法叫"空对空"，他写给你的东西整个都是虚幻的，麒麟长什么样你自己去想吧，想死了都想不出来。所以读到这里，读者自然会产生一种怀疑的感觉，觉得这个事情不靠谱。

班固说汉武帝获得这头异兽"若麔然"，跟一种鹿类动物有点像。把麒麟比作麔，看上去只是一个简单的比喻，其实是给读者指出了一个想象的方向。在班固的引导下，读者的脑子里就不是"空对空"了，你就会往麔的长相这个方向去想，即便你还是没见过"麔"这种动物，但大方向有了，形体长得像鹿。这起到一个什么作用？班固通过把麒麟和鹿类动物对接，首先把麒麟的基本长相落实了，既然麒麟的外形能被说得有鼻子有眼，那么汉武帝获得麒麟这件事的可能性不也就大大地提高了吗？所以我们不得不承认古人写文章非常高明。司马迁的文章很高明，轻描淡写六个字，把所有的怀疑都凝练在里面了。班固的文章同样了不起，就改这么一个字，可以让读者的思路一百八十度大转弯。

司马光对这类祥瑞事件什么看法呢？说来也巧，在司马光生活的宋代，也有外国使臣向宋代皇帝进献麒麟。我们看司马光怎么评论这件事。司马光对当时的皇帝说：你别以为有人送了个麒麟来，就真的意味着你很有德行，治理国家很有成绩；麒麟这个事情根本讲不清，谁都没见过，你赶紧让外国使臣把这只所谓的麒麟拿回去，然后"登俊杰之才，修政治之实，使家给人足"（《传家集》卷十七）。司马光的意思是说：你治理国家的成绩，不在于上天会不会生降麒麟，而在于你是不是真的能任用贤才，使得政治清明、百姓富裕。中国古代的帝王为什么热衷于麒麟？就是一种虚荣心态在作祟。不看社会秩序、百姓生活是不是真的让人满意，而是希望通过上天赐予麒麟这样的瑞兽来肯定自己的成绩。在司马光看来，这是典型的掩耳盗铃、自欺欺人，放着实实在在的老百姓的生活不去管，而要追求虚妄玄远的所谓天意。真能把国家治理好，百姓们的眼睛都看得到，用不着天意来肯定；要是治理不好，使得整个国家政治混乱、百姓生活困苦，那有再多的天意也没用。

请注意，虽然司马迁和司马光都否定麒麟事件的意义，但两个人的思想还是有重大区别。司马迁虽然对汉武帝获得麒麟这件事表示怀疑，但在本质上他其实是怀疑汉武帝的治理绩效。在司马迁看来，汉武帝的治理成绩还没达到让上天赐给他麒麟的程度，所以他觉得这个事情有造假的嫌疑。但在司马迁的观念中，并不怀疑天意本身是存在的。有什么证据呢？司马迁说自己写《史记》有几个目的，其中有一条就是"究天人之际"，要弄明白天命和人事之间的关系。汉武帝时代的人假造天意并不妨碍司马迁追求真正的天意。虽然汉武帝那时候的麒麟可能是假的，但司马迁应该相信，这世界上是有真正的麒麟存在的。这又有什么证据呢？司马迁曾经用非常生动的笔触描写了孔子的一生，孔子晚年有一件重要的事，就是见到了一只麒麟。对于这件事，司马迁并没有表示过怀疑。所以司马迁其实既不怀疑天命，也不怀疑麒麟的存在。他怀疑的是，汉武帝获得的那只麒麟是假托天命、粉饰太平。

但司马光对于天意和麒麟就不是这个态度了。从司马光劝宋代皇帝的这番话来看，司马光不单单是批评那些贪慕虚荣的皇帝，而且更进一步，对于天命和麒麟的存在有一种否定的倾向。尽管司马光不像今天的人，对于自然界有着更深刻、更科学的了解。但和司马迁比，司马光的政治观念就少了很多神话色彩，显得更加理性。所以司马光才会提出，一个皇帝治理国家是否成功，用人世间的标准就可以衡量，不必妄说天命。司马光之所以能有这样的认识，是因为他生活在司马迁之后一千多年的宋代，宋代的时候已经积累了很多对自然界的正确认识，掌握了很多自然规律，可以说是中国古代科学知识积累的一个高峰期。在这样的时代背景下，司马光的思想才会比司马迁更加理性，远离神话。

　　总结一下，关于热衷于祥瑞并且试图通过封禅来成仙这件事，如果说司马迁笔下的汉武帝是虚伪的，那么司马光眼中的汉武帝就是幼稚的。在司马迁看来，汉武帝是通过这些虚假的东西来衬托自己。而在司马光看来，放弃现实政治标准去追求虚无缥缈的天意，多少有点荒唐、幼稚。唯独在班固的笔下，汉武帝的这些行为有着很重大的现实意义。我们也千万不要小看班固，班固这么写，并不是简单地替汉武帝个人粉饰，尤其是在解释汉武帝封禅这个问题的时候，班固也有属于他自己的一套观念体系。

第二十二章 封禅大典的前前后后

那么，汉武帝究竟是怎么举行封禅典礼的，这中间又发生了哪些故事？班固为汉武帝辩护的理由又是什么呢？

一、何谓封禅

封禅这件事情，可以从两个角度去理解。第一个是从古代政治文化和礼仪制度的角度理解。古人相信人世间的事情，都是由上天安排的。包括一个王朝为什么能够兴起，一个人为什么能成为皇帝，这都体现着天命。所以皇帝叫"天子"，他是代表上天来统治这个国家的。既然是这样，皇帝就得承担起上天赋予的使命，尽到自己的责任。

上天是好德的，是仁慈的，皇帝必须在自己的统治过程中把上天的这些德行体现出来，让整个国家风调雨顺，百姓安居乐业。作为一个皇帝，如果做到这一点了，真正达到国泰民安的标准了，那就可以到泰山上举行封禅典礼，向上天汇报，不负上天的使命。所以从这个角度来看，封禅是皇帝顺利完成上天交给他的治国使命之后，进行的最高级别的祭天典礼。

但这个角度，只能说是理想化的角度。因为在中国古代的现实政治中，皇权至高无上，如果碰到一个无赖、暴徒做皇帝，在现实中约制、阻止他的手段是非常有限的。所以学者们发展出这么一套天命学说，希望用上天来威慑皇帝，驯服权力的兽性。而对于想封禅的皇帝们来说，他们可不是这么理解封禅的。他们封禅最简单的一个目的，是想通过这样大规模、高级别的活动，夸耀自己的功德。明里是向上天汇报自己做了哪些工作、取得了哪些成绩，实际上是要向臣民们夸耀自己有多了不起、多伟大。比如在汉武帝之前，秦始皇就曾经去泰山封禅，他让大臣们在泰山顶上立了一块碑，内容就是称颂秦始皇的功德。封禅为什么一般选择在泰山呢？因为泰山在早期山岳崇拜中的地位非常突出，后来还成为五岳之首。最早的时候，人们相信泰山之巅是离上天最近的地方，所以去那里告天。

中国历史上大概总共出过三百四十八位皇帝[①]，真正封禅过的皇帝，把武则天一起算上，也就只有七位，非常少。除了武则天之外，举行过封禅大典的六位皇帝，第一位是秦始皇，第二位就是汉武帝，第三位是东汉开国皇帝刘秀，第四位是武则天的丈夫唐高宗，第五位是唐玄宗，第六位是宋真宗。这些去封禅的皇帝，除了极个别有比较特殊的政治目的外，绝大多数都是好大喜功、喜欢夸耀、个性非常强的皇帝。

秦始皇和汉武帝到泰山封禅，除了夸耀功德之外，还有一个非常特殊的目的，那就是希望通过封禅变成神仙。那么封禅怎么又跟成仙联系在一起了呢？

[①] 关于中国古代皇帝数量，根据不同的标准有不同的统计数据，这里采用浦薛凤的数据。

二、黄帝升仙的传说

封禅和成仙挂钩源于黄帝的一个传说，传说黄帝就是通过封禅而达到升仙状态的。很多方士都跟汉武帝讲过黄帝封禅升仙的故事。在汉武帝年轻的时候，李少君就告诉他："以封禅则不死，黄帝是也。"（《史记·封禅书》）明确告诉汉武帝，可以通过封禅达到不死的境界，黄帝就是先例。

汉武帝开始对封禅感兴趣，并且最终决定去封禅，这中间发生过很多事情。其中有两个比较重要的契机，一是司马相如遗书，劝汉武帝封禅；还有一个，是有人在汾水南岸得到一个宝鼎，所以汉武帝把那几年的年号改为"元鼎"。宝鼎被汉武帝供奉起来之后，就有一个叫公孙卿的方士，给汉武帝讲了一个非常精彩的故事，他说汉武帝得到这个宝鼎的时间非常巧，和黄帝得到宝鼎的时间一样，都是在一个特定的冬至日。

当年黄帝铸成宝鼎，到泰山封禅，功德圆满的时候，天上出现一条龙，这条龙把胡须垂到地面上，黄帝顺着这根胡须往上爬，骑上龙背就化仙而去了。不过黄帝一个人去太孤单了，所以还有他的大臣和后宫妃嫔们，一共七十多人，都爬上龙背，跟着一起去了。剩下很多身份比较低的小臣，也想搭这趟便车，纷纷顺着龙须往上爬，结果龙须一断，这些没福分成仙的小臣们全都掉下来了。

这个故事在今天的人看来多么荒诞，但公孙卿讲得绘声绘色，还说当时的老百姓们全都看到了。

根据黄帝的故事，公孙卿又跟汉武帝说，汉代注定得有一个皇帝能上泰山封禅、登仙。这个皇帝是谁也早有定数，神仙们早就算好了："汉之圣者在高祖之孙且曾孙也。"（《史记·封禅书》）是高祖刘邦的曾孙，排排辈分，刘邦的曾孙可不就是汉武帝吗？那么凭什么说汉代能封禅、登仙的皇帝就是汉武帝呢？上天会有暗示："宝鼎出而与神通，封禅。"（《史记·封禅书》）上天的暗示就是汉武帝得到的这个宝鼎。这个宝鼎的出现，预示着汉武帝有机会成仙，应该去泰山封禅。而且公孙卿掐指一算，这个宝鼎出现的时间不早不晚，正合适，和黄帝得到宝鼎的时间一模一样。那就更预示着汉武帝应该封禅，能够成仙。

听完这些，汉武帝心里痒痒啊，就说了这么一句话："吾诚得如黄帝，吾视去妻子如脱𫏐耳！"（《史记·封禅书》）他说他要是真能像黄帝那样得道成仙，那他抛弃妻子儿女就像脱个鞋子一样。人世间还有什么不能放弃的？于是汉武帝下定决心，要向黄帝学习，要封禅，要成仙。

汉武帝的决心很大，方士们也说汉武帝应该去封禅。但是，这些撺掇汉武帝封禅、求仙的方士们又跟他讲了两件事。第一，他们告诉汉武帝，在远古的时候，希望通过封禅成仙的历代圣王一共有七十二位，但成功的只有黄帝一个。也就是说成功概率很低。第二，黄帝也是通过一百多年的努力，才最终成功和神仙来往的。也就是说要有足够的耐心。这两件事，首先告诉汉武帝，要做好失败的心理准备；然后又告诉他，要持续不断地努力，黄帝花了一百多年才成功，他至少也得花一百年吧。就这两点，已经让这些方士江湖骗子的本质昭然若揭了。

但是这么低的成功率，这么长久的时间期限，都没能动摇汉武帝希望通过封禅成仙的念头。他开始采取步骤，积极准备封禅。

三、封于泰山

都说黄帝曾经封禅，可是谁见过呢？汉武帝如果要封禅，这中间要准备哪些东西，符合哪些条件，走哪些程序？这都得弄明白。为了弄明白这些事情、制定相关仪式、确定活动方案，汉武帝花了很长时间，请了很多参谋。但由于文献依据实在有限，参与讨论的人又是众说纷纭，好长时间都敲定不下来。参与讨论的人员以当时的儒生为主。儒生因为本质上是学者，所以做事非常严谨，不像那些方士，都是信口开河，骗死人不偿命。儒家的经典中，其实并没有关于封禅礼仪的记载。所以这些学者们讨论来讨论去，觉得封禅这件事，实在缺乏历史依据，已有的各类文献中，找不到相关记载，也就无法确定它的具体程序和仪式。为了向汉武帝交差，这些人就根据儒家经典当中关于祭祀天地的礼仪，糅合出一套程序，提交了上去。

但是汉武帝嫌这些学者太迂腐了，说他们"牵拘于《诗》《书》古文而不能骋"（《史记·封禅书》），被《诗经》《尚书》这些经典文献限制住，不能自由发挥。换成我们今天的话说，就叫创新能力不够。汉武帝又做了些用于封禅的祭祀器具给这些学者看，有人说这些器具不合古制。汉武帝最讨厌别人跟他唱反调，一听这些学者这么说，一怒之下就决定让他们全都靠边站，暂时不用他们制定相关礼仪了。

到公元前110年，这一年汉武帝正式到泰山封禅，礼仪不用儒生们的那一套，却也找不到其他合适的替代品，于是还是让这些儒生和朝廷上主管祭祀的官员一起，根据文献记载的古代典礼作了些修正，用来封禅。汉武帝在泰山下面东方的位置上，封了一个广度为一丈二尺、高度为九尺的土堆，然后只带了一个叫霍子侯的人，从泰山正面的山道上去，其他人都不能跟随。这个霍子侯是名将霍去病的儿子。霍去病生前很得汉武帝宠爱。霍去病死了以后，汉武帝一直把他的这个儿子带在身边。像到泰山顶上封禅这样重大而神秘的事情，别人都不准跟上去，霍子侯可以上去。

汉武帝和霍子侯在泰山上待了一个晚上，第二天从背面的山道上下来，到泰山东北角的肃然山祭祀。上泰山是祭上天，到肃然山是祭祀大地。这么一圈兜下来以后，封禅大礼基本上就算完成了。封禅礼节虽然完成了，但汉武帝的求仙之路还远远没有完成。所以接着还得跟那些方士一起，没完没了地做求仙的事情。

在汉武帝封禅的过程当中，有一个人去世了。这个人在汉武帝的眼里，或许无足轻重，但却跟我们讲的三位史学家中的一位，有着极为密切的关系。而他的死，又和汉武帝的封禅活动有什么关系呢？

四、司马谈之死

这个人物就是司马迁的父亲司马谈。司马谈应该是帮助汉武帝准备封禅的重要人物之一。司马迁在《史记·封禅书》里面谈到汉武帝，第一句话就是"今天子初即位，尤敬鬼神之祀"。汉武帝对鬼神祭祀的兴趣，从刚即位的时候就体现出来了，平时祭祀各类神祇的活动非常频繁。除了朝廷上一些主管祭祀活动的官员以外，还有一位官员也是参与这类活动的主要人物，那就是太史令。太史令有两项重要职责，一是观测、记录天文星象，二是掌握、整理各类文献。包括封禅在内的各类祭祀活动，关系到天人沟通的问题，太史令应该参与讨论。而汉武帝在准备封禅过程中的太史令正是司马迁的父亲司马谈。

汉武帝正式封禅的时候，各色各样的随行人员非常多，队伍很庞大，浩浩荡荡从长安出发，绕了个很大的圈子，最后到泰山。司马谈本来也在这支队伍里面，但队伍行进到一半，走到洛阳的时候，司马谈被留了下来，没有被允许跟着去泰山。具体出于什么原因，我们不清楚，但司马谈对汉武帝的这个安排反应很激烈。司马迁在《史记·太史公自序》里谈到他父亲的死时，是这么说的："是岁天子始建汉家之封，而太史公留滞周南，不得与从事，故发愤且卒。"这里的太史公，司马迁是在指自己的父亲司马谈。汉武帝封禅，不管他自己的目的在哪里，从学者角度看，是一件和上天沟通的大事，作为掌管天文的太史令，司马谈理应参与。但他却被汉武帝留在了周南，也就是今天的洛阳一带。这个决定，对于司马谈这样一位兢兢业业的官员、一位执着的学者来说，是一个沉重的打击。一位掌管天文的官员，居然不被允许参与和上天沟通的活动，这是对他工作和学识的全盘否定。这件事让司马谈非常愤懑，这种愤懑让司马谈的生命也走到了尽头。

当时司马迁正好完成一项汉武帝交给他的出使任务，闻讯以后赶到洛阳，见了他父亲最后一面。司马谈在向司马迁交代临终遗言的时候，除了反复感慨汉武帝不让他参与封禅这件事之外，最重要的一点，就是嘱咐司马迁，要好好整理、保存历史。交代完这些，司马谈就在司马迁的痛哭声中去世了。

汉武帝为什么不让司马谈参与封禅？司马迁在《史记》里没有明说，可能是因为牵涉自己的父亲，司马迁没把事情讲得太开。但我们可以根据相关情况来作些分析。前面提到，汉武帝请来研究封禅仪式的学者主要是一些儒生，但当时的太史令司马谈应该也在这个行列里。后来这些学者和汉武帝在观念上不能合拍，曾经一度被汉武帝废弃。被废弃的这批学者里，应该也包括司马谈。学者们和汉武帝之间的观念冲突，其实体现了从哪个角度来理解封禅的问题。学者们希望通过封禅，用天命来规范皇权；而皇帝则希望通过封禅达到夸耀功德的目的，尤其是汉武帝还有求仙这么一个特殊目的夹杂在里面。所以双方谈不到一起，是很自然的事。司马谈虽然不是儒生，但作为太史令，他是当时的学问大家，即便称不上是学界领袖，至少也是一位威望很高的学者。所以司马谈被阻止跟去泰山封禅，很有可能和学者、帝王之间对封禅的不同理解这个矛盾有关。

问题是，这件事对司马迁写《史记》产生了怎样的影响？父亲在临终前失望、屈辱、愤懑、不平的情绪，一定深深触动了司马迁，这一幕在以后的日子里，一定会时不时地出现在司马迁的脑海中。这也就促使司马迁用一种更加冷峻的眼光来审视汉武帝。很多活跃在汉武帝身边的人物，其中有不少人都会为了自己的利益去迎合、讨好汉武帝，但司马迁从来不是这样的人。司马迁之所以能始终坚持自己的立场，除了不敢辜负父亲的临终嘱托之外，应该还跟他父亲的死因有极大关系。

所以我们看到，在汉武帝封禅这件事上，司马迁的看法和他父亲司马谈之间已经有了很大区别。司马谈生前还是站在学者的立场上，对封禅这件事抱有期待心理，希望皇帝真能通过和上天的沟通来完善统治。所以他积极参与封禅的筹备活动，最终因为不被允许跟随封禅郁闷而死。而司马迁因为目睹了父亲的悲剧，对汉武帝封禅这出戏始终是冷眼旁观，把相关内容整理成了我们今天看到的《史记·封禅书》这篇文章。

汉武帝正式到泰山封禅之前，还有一系列祭祀天地鬼神的配套活动。曾经有一次到中岳嵩山，嵩山分太室山和少室山，汉武帝登上了太室山，进行礼拜祭祀。有一些在山下等候的人，听到山上空谷传音，有喊"万岁"的声音，这不是人的声音，据说是神在喊汉武帝"万岁"。司马迁知道这件事情之后，就想问个明白，当时到底是什么情况。结果"问上，上不言；问下，下不言"（《史记·封禅书》）。问汉武帝自己是否有这回事，汉武帝拒绝回答；问那些跟着去的人是否有这回事，又是沉默。司马迁写这句话什么意思？就是明确地对汉武帝这些活动表示质疑，所谓有神仙喊"万岁"，都是鬼话连篇。既然如此，那么所谓"封禅"求仙的本质是什么也就不言而喻了。汉武帝不是想学黄帝吗？司马迁说黄帝究竟怎么回事？"百家言黄帝，其文不雅驯，荐绅之士难言之。"（《史记·五帝本纪》）这么多人谈论黄帝，各有各的讲法，但都没有经典依据，学者们也都讲不清楚。司马迁的言下之意，所谓黄帝得道成仙的故事，根本就是江湖术士虚构的。

同样是登太室山的情景，班固在《汉书·郊祀志》里虽然保留了司马迁的描写。但在《汉书·武帝纪》里提到这件事时，班固却是这么叙述的："御史乘属、在庙旁吏卒咸闻呼万岁者三。登礼罔不答。"那些跟在汉武帝身边到太室山上礼敬神灵的随从，全都听到了有神仙高喊"万岁"，而且喊了三声。还不止这些，凡是汉武帝向神灵表示礼敬，神灵都有应答。从这个描写来看，汉武帝的确和神灵进行了有效沟通。

司马迁是那个时代的亲历者，这件事他都说"问上，上不言；问下，下不言"。那么时隔一百多年以后的班固，怎么会这么确定当时汉武帝和神灵之间有这么一次互动呢？很显然，班固抄录的是非常官方的说法，替汉武帝装扮。

尽管如此，关于封禅这件事，班固也的确有比司马迁更为宽广的观察角度。

同样是在《汉书·武帝纪》里，讲到汉武帝太初元年（公元前104年），班固特别记载了这样一条："夏五月，正历，以正月为岁首。色上黄，数用五，定官名，协音律。"这是汉武帝在制度建设上的几件大事。

首先是改历法，我们的传统历法被称为夏历或者农历，每年都是从正月开始的。但从秦始皇到汉武帝改历法之前这一百多年，历法不是这样的。秦始皇时期，全国通行的历法，每年是从十月份开始的。这时汉武帝把它改过来了，从正月开始。

第二，官方正式确定，汉朝在金、木、水、火、土这五种德运中，占的是"土德"，所以在配套颜色上，崇尚黄色，因为土地在整体上呈现为黄色。班固强调这一点非常重要，因为传说黄帝的德行也属于土德，也崇尚黄色，所以被称为"黄帝"。强调这些，也就是说汉武帝学黄帝上泰山封禅，不是一种盲目、荒诞的个人行为，而是希望通过这一系列工作，使得汉朝的德行和黄帝相匹配，进一步巩固汉朝的统治。除了这两件重要的事情之外，接下来汉武帝又重新理顺官僚系统，重新修订和朝廷仪式相配套的音乐，等等。总之，汉武帝的这些行为都要放到制度建设的大背景下来看。这样一看，汉武帝的很多行为不仅不荒诞，而且很伟大，因为他是在为汉朝寻找历史定位。

再看《资治通鉴》里的描写。讲到汉武帝上太室山，司马光的笔法和司马迁、班固都不同。他是用了这么一句话："从官在山下，闻若有言'万岁'者三。"（《资治通鉴》卷二十）说在山下的人好像听到有人喊了三声"万岁"。在这里，司马光不像班固那样用官方口径来替汉武帝粉饰，让人感觉汉武帝真的有沟通神灵的能力。但他也不像司马迁那样，直接去戳穿这套把戏。司马迁是那个时代的亲历者，他可以去问，可以去调查，他有资格讲"问上，上不言；问下，下不言"这样的话，通过这些话把这件事全部否定掉。司马光不行，他没有经历过那个时代。但他显然也不相信这件事是真的，所以他说是"若有言"，即好像是有人在说，用"好像"这样疑惑不定的词来表示对这件事的怀疑。

而在谈到封禅这件事的时候，司马光和司马迁、班固最大的不同点，是他再一次把这类活动对国家财政的消耗紧密联系在一起。在《资治通鉴》第二十卷的末尾，讲完封禅之后，司马光笔锋一转，写道："先是，桑弘羊为治粟都尉，领大农，尽管天下盐铁。"在汉武帝进行封禅之前，桑弘羊已经开始主管国家财政了。然后，司马光把桑弘羊是怎么替汉武帝聚敛、搜刮财富的，仔细捋了一遍。这个结构和《史记》《汉书》都不一样。《史记》和《汉书》里，经济归经济，封禅归封禅，两个专题分得很明确。司马光把这两件事归置在一起，讲完汉武帝封禅，紧接着讲他之所以能搞这么大型的活动，有赖于桑弘羊替他搜刮财富。

所以《资治通鉴》讲述汉武帝封禅的结尾，可能是所有人都预想不到的。司马光用哪件事来替封禅活动收尾呢？就是《卜式传》里的那段：有一阵子老天不下雨，卜式就跟汉武帝说只要把桑弘羊放锅里煮了，老天就下雨了。这件事看上去是在发泄对桑弘羊财富聚敛政策的不满，和汉武帝封禅本身没有关系，但司马光却把它作为汉武帝封禅活动的最后一笔，用意何在？司马光就是想说明，为了满足这类活动的财政需求，转而去搜刮社会财富，不仅不能巩固统治，反而会损害统治基础。所以司马光是通过这样的描述告诫后世帝王，藏富于民、培植民本才是巩固统治的关键。这是一个非常有历史高度的总结，就不像司马迁和班固那样，仅仅是在计较汉武帝封禅这件事本身到底有没有意义。这和司马光在时间距离上离汉武帝最远，能够站在更高的高度来看这个问题有关。

第二十三章 巫蛊案引发的宫廷巨变

细读历史会发现，汉武帝迷信活动的影响并不局限于信仰世界，它还深深影响了当时的政治，尤其是汉武帝晚年的政治，甚至因此引发了一场宫廷巨变。

一、"巫"的活跃

古人相信天命、天意，往往在重大事情上，希望和上天进行沟通，获得上天的指示。但凡人是不具备和上天沟通的能力的，所以就有了一类非常特殊的人物，被称为"巫"。巫和常人最大的不同，就是他们有能力和鬼神进行交流、传达鬼神的旨意，甚至可以通过舞蹈来降神，使得鬼神附身，作为鬼神降临的媒介。这在今天看来是十分荒唐的事，但年代越早的古人就越相信这套。汉武帝既然重视鬼神祭祀，在他身边聚集的人群中，除了方士之外，还有一批重要的人物，就是"巫"。

有一次汉武帝病了，请了很多巫医来治疗。巫医同时具备两种技能，首先，他能和鬼神"沟通"，所以他是"巫"；其次，他还懂得医药，所以他又是"医"。巫医在给人看病的时候，是巫术和医药双管齐下，但占主导地位的，往往还是巫术。但是当时把能找的巫师几乎都找了一遍，办法也都想尽了，汉武帝的病还是不见起色。这时候有人说，上郡那个地方有一位巫，那位巫病了，看样子是有鬼神附身。汉武帝赶紧让人把那位附在巫师身上的神通请来，祭祀、祝告，果然过了不久汉武帝就病愈了。这大概是元狩五年（公元前118年）的事。这件事本身并不见得重要，而且在今天的人看来是非常荒诞的。但通过这件事，我们得到一个重要的信息，汉武帝身边聚集着不少巫师，巫术在汉武帝生活中扮演着非常重要的角色。

由于这个原因，在长安聚集了大量的神棍、巫师，这和长安因为汉武帝热衷于求仙慕道而聚集了一大批方士的道理一样。这样时间久了必定会出问题。为什么呢？首先，能有机会接近汉武帝，从汉武帝那儿找到发财之道的神棍、巫师毕竟只占少数。所以其余数量众多的巫师都要找出路，不管是自主创业，还是寻找就业岗位，总得为自己找个饭碗。另一方面，有个词叫"上行下效"，所有人都看到汉武帝这么重视鬼神祭祀，这么重用方士、巫师，长安城里的贵族们，甚至生活在宫中的那些妃嫔、美人们，也都纷纷效仿汉武帝，开始和各类巫师接触。这样一来，双方一拍即合，大量巫师开始和贵人们来往，甚至出入宫禁。这种情况的出现，就埋下了不少祸根。司马光在《资治通鉴》里特别介绍了这么一个情况："女巫往来宫中，教美人度厄，每屋辄埋木人祭祀之。因妒忌恚詈，更相告讦，以为祝诅上，无道。"（《资治通鉴》卷二十二）女巫们出入宫禁，教后宫的妃嫔、美人们，用巫术来祈福、躲避灾害，通常用的方法，就是在屋里面埋个木人，进行祭祀。但大家知道，后宫是一个矛盾重重、明争暗斗非常厉害的地方，或者因为争风吃醋，或者因为其他原因。所以埋木人祭祀这件事，很容易成为被其他人攻击的把柄。后宫的妃嫔、美人们因为相互嫉妒、愤恨，经常有人去告发，说某某某在屋里埋了个木人，说是祈福、避灾，其实她是用邪术诅咒皇帝，这是大逆不道的事情。

这样的告发，在汉武帝时代经常出现，为了这类事情，汉武帝杀掉的后宫成员、牵连的大臣多达数百人，已经成为一个非常严重的问题。司马光这样的叙述，是不是危言耸听呢？绝不是，我们可以介绍一个案例。

二、陈皇后案

在汉武帝早期，宫廷里就出现过一起由巫术引发的大案。牵涉的还不是一般人，正是汉武帝的第一位皇后，陈皇后陈阿娇。

这位陈皇后是汉武帝姑母的女儿，从小娇生惯养，比较任性，而且一直不能生育。后来汉武帝在外面碰到了卫子夫，把卫子夫带进宫来，百般宠爱。卫子夫的出现，不仅让陈皇后体会到一种前所未有的危机感，更让陈皇后感到羞愧、嫉恨。为了这件事，陈皇后寻死觅活好多次。在这种局面下，有一个人出现在陈皇后的生活中，让整个事情更加复杂了。这人是个女巫，她教陈皇后两件事，一是压胜，二是媚道。这两种都是古代巫术中的邪法。所谓压胜，就是诅咒痛恨的人；所谓媚道，就是通过媚惑的手段来争宠，同时攻陷其他有可能得宠的人。很明显，陈皇后弄这两样邪术，就是针对卫子夫的。

后来汉武帝知道了这件事，命令张汤来审这个案子。张汤审得很卖力，前后牵扯出三百多个人，教唆陈皇后的女巫被杀了头。元光五年（公元前130年）的秋天，陈皇后也被废了。

陈皇后害人不成反害己，当然是咎由自取。但在这件事上，汉武帝就没有责任了吗？我想汉武帝至少要承担两方面的责任。首先，巫术能在这个时代特别兴盛并且进入宫廷，受到这么多贵族、妃嫔的追捧，和汉武帝在这方面的兴趣爱好密不可分。正是由于汉武帝热衷于祭祀鬼神，信任方士、巫师，巫术才会有这么大的活动空间。其次，陈皇后用邪术针对卫子夫，的确做得很过分，但这本来只是女人间争风吃醋，怎么会一审审出三百多个人？多少无辜的人因为这件事丢了性命？仔细探究一下就会发现，在当时，这件案子不是一桩普通的后宫争宠案，而是被当作政治案来审的。何以见得？我们看班固的《汉书》，其中多次提到陈皇后的案子，都说这是"女变"，而且把这件事和一些怪异的天文现象、灾害联系在一起，比如日食、星象紊乱，或者有些重要的陵园被天火焚烧。这就把陈皇后的案子定性为一场由女性主导的宫廷阴谋，所以叫"女变"。既然是宫廷阴谋，那要针对的人可就不是卫子夫那么简单了，她们必然被怀疑联合其他政治势力针对汉武帝。

陈皇后被废之后两年，到元朔元年（公元前128年），卫子夫为汉武帝生下一个儿子，叫刘据。这是汉武帝的长子，也是后来的太子。汉武帝当然非常高兴，卫子夫也母凭子贵，被册封为皇后。这是汉武帝时期第一桩影响重大的巫蛊案，结果是陈皇后因为利用巫术争宠被废，卫子夫在后宫竞争中顺利胜出并成为皇后。这一轮洗牌后，宫廷内外、朝野上下从此就太平了吗？远远没有，更大的风浪还在后面。

三、两公孙之死

汉武帝太始元年（公元前96年），又有一个人因为巫蛊案被处死了。这个人名字叫公孙敖。公孙敖曾经多次和卫青一起出击匈奴，立过一些战功。但后来有一次在出击匈奴的过程中打了败仗，亡失了很多士卒。按律，本来应当问斩。公孙敖为了躲避刑罚，诈死逃亡，隐匿在民间。民间有句老话，叫"躲得了初一，躲不过十五"。公孙敖隐藏了五六年之后，还是被发现了，又被抓回来关在牢里，但还没有正式判决。这时候有人告发，说公孙敖的夫人涉嫌用巫术达到某些目的。这件事情一被发觉，公孙敖当然受到牵连，被腰斩。腰斩就是把人拦腰斩断，属于古时候死刑当中非常残酷的一种。

公孙敖的案子有点奇怪。从现存的史料来看，是桩无头案。公孙敖的夫人为什么要使用巫蛊、邪术，她要达到什么目的？史无明文，不知道她要干什么。当然我们可以推测，比如，她是不是想通过这种手段，替公孙敖驱邪祈福？因为公孙敖被关在监狱里面，罪很重。但这些也只能是推测，真正的案情，由于史料的缺乏，我们并不清楚。

征和二年（公元前 91 年），也就是公孙敖死后五年，又一家姓公孙的倒霉了，罪名同样是利用巫术诅咒。这家姓公孙的，当家的叫公孙贺，被投进监狱之前，还做着丞相。但因为被人告发用巫术诅咒汉武帝，公孙贺和他的儿子双双死在监狱中。这位公孙贺和我们前面讲的这个案子里的公孙敖，有一个非常重要的共同特征，他们都和卫皇后家关系密切。公孙敖和卫家什么关系呢？当年陈皇后和卫子夫争风吃醋，陈皇后的母亲，也就是汉武帝的姑母，历史上称其为窦太主，为了帮助自己的女儿打击卫子夫，一度派人把卫子夫的弟弟卫青给绑架了，并且要杀卫青。这个关键时刻，是公孙敖约了几名壮士，硬把卫青给抢出来，卫青才躲过一劫。所以公孙敖对卫家是有恩德的。卫青后来做了大将军，待公孙敖也一直不薄，就有报恩的成分在里面。而公孙贺呢，他的夫人就是卫子夫的姐姐卫君孺，两家是姻亲。

公孙贺这件事倒是有头有尾，前因后果史书上写得很明白。公孙贺本来也是因为和卫家有着这么一层关系，受到汉武帝的信任，被任命为丞相。公孙贺的儿子就仗着自己家里的势力，骄纵不法。他这个宝贝儿子，最初是盗用公款，数目达到一千九百万之巨。后来东窗事发，被抓了。公孙贺很着急，想快点把儿子救出来。怎么救呢？之前的章节里介绍过，汉武帝为了瓦解民间势力，打击民间游侠的力度很大。这时候官府正好在尽全力抓捕一位大侠，这位大侠叫朱安世。此前官府费了不少功夫都没抓到他。公孙贺主动向汉武帝请缨，要求负责督办这件事。他是想通过抓住朱安世，将功折罪，把自己的儿子救出来。汉武帝答应了，让他去办，抓到朱安世就放他儿子。

世界上的事情往往是这样，偷鸡不成蚀把米。在公孙贺的努力下，朱安世的确被捉拿归案了，但是公孙贺不仅没能救出自己的儿子，连他自己这条老命也赔进去了。为什么会这样？朱安世既然是横行一世的大侠，总归有两把刷子。这些民间大侠有一个特点，在地方上耳目众多，消息灵通，很多甚至连官府都掌握不了的情报，他们能掌握。朱安世知道公孙贺是为了救儿子才这么卖力抓捕他，到了监狱里面以后哈哈大笑，说了一句话："丞相罪及宗矣！"（《汉书·公孙刘田王杨蔡陈郑传》）意思是：公孙贺啊，你这下子可有灭门之祸了。于是朱安世就开始告发，给汉武帝上书。根据朱安世的揭发，公孙贺的儿子不仅和汉武帝的女儿阳石公主私通，而且还派人在去往甘泉宫的道路上埋木偶，下恶毒的咒语。

甘泉宫是汉武帝晚年活动的重要场所，而且这个地方和祭祀、求神有很大关系。现在有人告发公孙贺的儿子在这条汉武帝经常走动的道路上用巫术、埋木偶，性质当然非常严重。这样的案子得严查彻办，彻查的结果，除了公孙贺父子死在狱中，还诛杀了两位受到牵连的公主，另外还有一大批人受到牵连。

公孙贺的经历当然能给我们一些人生启示：不要为了自己的利益置他人的死活于不顾。所谓害人者必害己，很多事情的后果往往是你预先想象不到的。但仔细分析公孙敖和公孙贺的两桩巫蛊案，问题重点还不在这里。

四、巫蛊系列案的两个关键点

对于这几个案例，要抓住两个关键。第一，这些案件在很大程度上反映出汉武帝迷信鬼神带来的影响。因为汉武帝的行为对当时臣民有引导性作用，所以巫术诅咒才会接二连三地成为口实。第二，你是否注意到，前面介绍的这三个发生在不同时间段的案例都牵扯到同一个人：卫子夫！为什么接二连三的巫蛊案主角，都是和卫家有关系的人呢？真是无巧不成书吗？

汉武帝在处理公孙贺的案子时，有一点应该引起我们的注意。这个案子里，除了公孙贺父子、两名受牵连的公主之外，另外还有一个人被杀，这个人名字叫卫伉。又是姓卫，这个卫伉是谁？卫青的儿子，而且还是卫青的长子！讲到卫伉之死的时候，史家有非常有意思的一笔，班固在《汉书》里说："及皇后弟子长平侯卫伉皆坐诛。"说是皇后弟弟的儿子卫伉受牵连，也被杀了。这话怎么说得这么绕呢？皇后的弟弟就是指卫青啊，为什么不直接说卫青的儿子卫伉被杀呢？说卫青大家也都知道，为什么非要绕个圈子扯到卫子夫身上呢？无独有偶，《资治通鉴》里讲到这件事也有类似的表达："皇后弟子长平侯伉，皆坐巫蛊诛。"具体的文字虽然和《汉书》有些出入，但一个共同特征就是，在介绍卫伉身份的时候，不直接说他是卫青的儿子，而是说他是卫皇后弟弟的儿子。这样的表达背后又隐藏着怎样的玄机呢？

我们暂时把这两起巫蛊案放在一边，先来看看汉武帝晚年曾经发生过的一起同样是以巫蛊为起因的人伦惨剧。

据班固在《汉书》中记载，在汉武帝晚年，因为小人的挑拨，导致汉武帝和他的太子，也就是卫子夫为他生下的儿子刘据之间，发生了剧烈冲突。这个挑拨者的名字叫江充。江充因为得罪了太子，后来在汉武帝病重期间，害怕太子继承皇位以后对他进行打击报复，就到汉武帝面前挑拨，说皇后卫子夫和太子用巫术诅咒汉武帝。汉武帝查这个案子查得很凶，逼得太子起兵造反，最后太子和皇后都在这场变乱中丧命。这是汉武帝时期众多巫蛊案中矛盾冲突最剧烈、影响也最大的一个案件。我们读《汉书》的话，事情经过梗概就是这样。

但如果事情就像班固说的那样，是江充的挑拨导致了这场灾难，那么我们就会碰到一个问题。什么问题呢？在江充直接针对卫皇后和太子之前，已经有两桩巫蛊案（即上文交代的公孙敖和公孙贺的案子）间接牵扯到卫家了。这又怎么解释？班固在《汉书》里面说："巫蛊之祸起自朱安世，成于江充，遂及公主、皇后、太子，皆败。"班固说，巫蛊这件事，是由朱安世最早发起，最后由江充接手搞大，把皇室里面的公主、皇后、太子全都牵扯进去。

从班固的解读来看，他是把公孙贺的案子和卫子夫母子的案子并在一起看，而把公孙敖的案子撇开了。从时间说，公孙敖的案子发生在五年前，比较久远，而公孙贺的案子发生之后仅半年，针对卫皇后和太子的巫蛊案就发生了。公孙贺的案子和皇后、太子的案子时间距离近，容易让人放在一起考虑。那么在班固看来，公孙贺的案子和皇后、太子的案子之间是什么关系呢？为了讲清楚这个事情，班固专门作了一个说明，他说："会巫蛊事起，充因此为奸。"（《汉书·武五子传》）江充想扳倒太子，正愁找不到合适的机会，由朱安世揭发公孙贺引起的巫蛊案给了江充启发和机会。江充利用汉武帝的疑虑心理，把火引到皇后和太子身上。这么说起来，是发生在前面的公孙贺案引出了后来皇后和太子的案子，中间是江充在鼓捣、挑拨。

我们再看《资治通鉴》，司马光在叙述整个事件的逻辑顺序上，和班固基本是一致的。所以《资治通鉴》学《汉书》，在讲述公孙贺被朱安世揭发这件事的时候，前面加了这么几个字"巫蛊始起"，说后面迫使太子造反的这桩巫蛊大案，是从朱安世告发公孙贺开始的。

当然《资治通鉴》和《汉书》还是有不同的地方。司马光更加强调汉武帝的迷信心态和行为对整个事态走向的影响。司马光说汉武帝因为自己非常迷信，所以落下不小的疑心病，总怀疑别人会利用巫术害他。《资治通鉴》里讲了这么一件事，说有一次汉武帝白天打盹，做了一个噩梦，梦见几千个木人，手里都拿着木杖要打他。汉武帝被吓醒了，而且从此落下毛病，精神恍惚，正事都不太能记得住。所以江充就利用汉武帝内心深处的这种忧惧，在汉武帝面前挑唆，中伤皇后和太子。从司马光的这个解说来看，太子案以巫蛊的形式爆发并不是偶然的，汉武帝这种迷信心态和行为，在整个事件中负有不可推卸的责任。

尽管《资治通鉴》和《汉书》有不同的侧重点，但对于整件事的发展顺序，司马光和班固都认为发生在前面的公孙贺案是一个导火索，或者说是一个起因。那么这样的解释我们能不能接受呢？世界上有很多事情，光凭眼睛，不一定能看到真相。时间上发生在前面的事情未必就一定是起因。如果我们把这几件和巫蛊有关的事件反过来看一下，先看结果，结果是卫皇后和太子刘据成为被清除的对象，那么之前清除和卫家有密切关系的公孙敖和公孙贺会不会只是为了后来的发展铺路？这种可能性存不存在？

我们来看看司马迁是如何叙述巫蛊事件的。《史记》虽然没有正面记载巫蛊之祸，但却提到四个因巫蛊而死的人。这四个人里有三个人，司马迁集中在同一篇传记里提到，这篇传记是《卫将军骠骑列传》，也就是专门描写卫青和霍去病的传记。被提到的三个人分别是公孙贺、公孙敖、赵破奴。公孙贺和公孙敖长期跟随卫青出击匈奴，是卫青的老部下，所以司马迁在卫青的传记里介绍他们并提到他们因巫蛊而死。赵破奴也是抗击匈奴的将领，早年跟随卫青的外甥霍去病。除了这三个人之外，司马迁还在另一篇传记里提到了一个受巫蛊案牵连而丧生的人，这个人名字叫田仁。田仁有一个身份，必须引起我们注意：他早年是卫青的门客。

我们前面讲到，卫青的儿子卫伉受巫蛊案牵连，班固和司马光介绍卫伉身份的时候不直接提卫青的名字，而说卫伉是卫皇后弟弟的儿子。司马迁恰恰相反，把这一串因为巫蛊事件而丧生的人集中在卫青的旗帜下进行描写，让我们一看就明白，这些都是卫青系统的人。

第二十四章 汉武帝和他的儿子们

讲到这里，案子的头绪看起来越来越复杂。如果这真是一场政治清洗的话，汉武帝和他的皇后、太子之间，究竟发生了什么，促使汉武帝要这么做？卫青又在其间扮演了什么角色？如果这不是政治清洗的话，巫蛊案的真相又是什么？

一、刘据的诞生

汉武帝十六岁登基，一直到二十九岁之前，都没有儿子。皇帝没有儿子也就意味着皇位没有确定的继承人，这就有引发混乱的潜在可能。所以这是一个比较严重的问题。但在二十九岁那年，汉武帝似乎时来运转，他所宠爱的卫子夫为他生育了一个儿子，就是后来的太子刘据。这件事当然让汉武帝感到非常高兴，他还专门让东方朔和其他文章高手写了祭祀"禖神"的文章。据说"禖神"是专门管生儿子的神。另外，两年之前汉武帝正好把他的原配皇后陈阿娇给废了，卫子夫这时候就名正言顺地被立为新皇后，这是典型的母凭子贵。到元狩元年（公元前122年），刘据长到七岁的时候，就被正式立为太子。

对于刘据，汉武帝可以说是宠爱有加，也对他寄予了厚望。为他延请名师，教他读书。从小就让他学习儒家最重要的经典之一《春秋》，而且不是请一位老师教，光这部《春秋》，就至少请过两位不同学派的老师。后来刘据成人了，汉武帝又专门为他造了一座博望苑，让他在这里活动，发挥自己的爱好，结交各种各样的人物。从这些方面来看，汉武帝对刘据的培养是花了心思的，希望他能通过学习儒家经典、与各类杰出人物交往，逐渐成长、慢慢成材，最终能成为合格的皇位继承人。刘据的表现也非常不错，朝野上下都有口碑，而且性格比较仁厚。

由于卫子夫和刘据的关系，卫氏家族的其他成员也享受着荣宠。汉武帝先让卫子夫的哥哥、弟弟都到宫里当差，后来还让卫青做了将军，领兵打匈奴，卫青后来做到大将军，在朝廷上地位非常高。卫氏整个家族的际遇，真正称得上是咸鱼大翻身。因为在卫子夫遇到汉武帝之前，卫氏一家的身份还都是奴仆。由于出了个卫子夫，卫家就从整个社会的最底层，一跃而为一人之下、万人之上的大豪门。

但有一句老话，叫"人无千日好，花无百日红"，美好的东西不可能一直持续下去。既然卫子夫和刘据这对母子以及整个卫氏家族的幸福生活仰仗的都是汉武帝的恩宠，那么汉武帝恩泽在的时候，一切都好说；时间一久，汉武帝的态度万一有个什么变化，很多事情就难说了。由于一些原因的存在，我们能很清楚地看到，汉武帝对卫子夫、刘据母子的态度，的确有一个非常明显的前后变化。

二、汉武帝与卫子夫

关于这个问题，可以从两个角度来谈。第一个角度，是从汉武帝和卫子夫之间的关系变化来看；第二个角度，是从汉武帝和太子刘据之间的关系变化来看。先谈汉武帝和卫子夫的关系。卫子夫本来是汉武帝的姐姐阳信长公主家里的女仆。在继承皇位后不久，年轻的汉武帝有一次去他姐姐家，摆开酒席之后，长公主就叫一批年轻的女仆来歌舞助兴。结果汉武帝一看到卫子夫，就觉得特别入眼，这顿饭也吃得特别开心。因为卫子夫的原因，汉武帝赏赐了长公主大量财物，散宴之后就把卫子夫带回宫里了。这个故事听起来非常浪漫，但你千万不要认为这就是爱情了。关键还得看卫子夫进宫以后的命运。

汉武帝当时兴冲冲把卫子夫带到宫里，但不久就把这件事给忘了，一年多都没找过卫子夫。后来汉武帝觉得宫里积压的女子太多了，打算放一批出去，当然是挑他不感兴趣的往外放。就在遴选的过程中，卫子夫才有机会再一次见到汉武帝。见到汉武帝之后，卫子夫眼泪嘀嗒嘀嗒，主动请求出宫，不想再待在宫里了。汉武帝一见到卫子夫，才想起原来还有这么个人。卫子夫哭得可怜，也勾起了汉武帝的一些回忆和伤感。于是汉武帝才算是和卫子夫重修旧好，相处了一段时间。在这种情况下，卫子夫先是给汉武帝生了三个女儿，生到第四个孩子的时候，是个男孩，也就是太子刘据。

到刘据出生的这一年，前后算起来，卫子夫在汉武帝身边已经十二个年头了。刘据的诞生，固然给汉武帝带来了很大的快乐，但这个时候的卫子夫却已经渐渐年老色衰了。汉武帝和卫子夫之间的关系，我们不能用普通夫妻的标准来衡量。从前面讲的，汉武帝刚把卫子夫带进宫，很快就能把她忘了这件事来看，汉武帝可能只是当时觉得这个女子很有眼缘，但绝不至于对卫子夫有多钟情。而这件事也可以体现出，卫子夫固然有几分姿色，但也还不至于倾国倾城，否则汉武帝也不至于这么快把她忘了。后来卫子夫因为生下刘据的原因，在后宫中的地位一度很稳固，但汉武帝对卫子夫本人的兴趣开始逐渐降低。更何况，汉武帝在后宫中还有很多其他选择。

对于汉武帝是怎么看待身边这些女人们的，卫子夫心里应该也很明白。虽然史书上没有正面描写过卫子夫在这方面的看法，但我们可以从汉武帝另一位宠妃的言行，看到汉武帝对这些女人情感的本质。另一位宠妃姓李，史书上称作李夫人。根据史书的描写，这位李夫人姿色非常出众，而且能歌善舞，很得汉武帝宠爱。后来李夫人病重，看样子将不久于人世了，容貌、形体都毁了，汉武帝就去探病。李夫人却用被子蒙住头，不肯见汉武帝。汉武帝让她掀开被子，再见一面。李夫人不肯，躲在被子里跟汉武帝说，她死了之后，希望汉武帝能另眼看待她的几个兄弟。汉武帝说她现在就掀开被子让他再看一眼，他就马上给她的兄弟封官晋爵。李夫人怎么也不肯，始终不露脸，最后把身体往里侧一转，不言不语，也不理汉武帝了。汉武帝亲自来探病，却受到这样的拒绝，非常气愤，怒冲冲地走了。

汉武帝走了以后，李夫人身边的人，尤其是她家里人，就埋怨李夫人把皇帝惹生气了，皇帝想见她最后一面都不成，那还能指望他以后照顾李家人吗？李夫人对这些人说，她之所以不让皇帝看见现在的样子，正是为了李家人着想。李家本来门户微贱，能够有今天，完全是靠她的容貌侍奉皇帝。现在她容貌毁了，不见皇帝，还能让他有个想念，以后想起她的时候，就能对李家人好。如果让皇帝见到她现在这个样子，必然恶心呕吐，她以前在皇帝心目中的形象也全毁了，那以后李家可能就真的没有机会了。你看，李夫人是个明白人，她知道自己和汉武帝之间到底是什么关系。维系汉武帝和这些女人关系的纽带，不是情，而是色。这件事虽然是讲李夫人，但这个道理在卫子夫身上同样适用。

李夫人有一句话总结得很好，她说："以色事人者，色衰而爱弛，爱弛则恩绝。"（《汉书·外戚传》）靠姿色来服侍人的，等你容貌衰老的时候，对方的爱慕之意自然也慢慢消淡，渐渐地各种恩情也就会断绝。李夫人最后不肯见汉武帝的决定是正确的。在李夫人去世之后，她的兄弟都在汉武帝的庇护下混得不错。而且汉武帝为了表达对李夫人的思念，还亲自写过一篇文采飞扬的悼念文章。这些都是因为李夫人去世的时候还比较年轻，此前她姣好的容貌还一直留在汉武帝心中。卫子夫比李夫人幸运的是，她一直活得好好的；不幸的是，随着岁月的侵蚀，卫子夫在汉武帝心目中的形象逐渐就没了。这不仅影响到卫子夫自己，也影响到了她的儿子刘据。

三、汉武帝与刘据

我们接着来看汉武帝和太子刘据的关系。后人看这段历史，会发现一件很有意思的事情。刘据的出现不仅结束了汉武帝没有儿子的历史，而且彻底改变了汉武帝在这方面的运势。刘据好像不是一个人来的，后面还跟着一大串。刘据出生以后，汉武帝的儿子接二连三地出生，其他一些妃嫔后来又给汉武帝添了五个儿子，加上刘据就有六个儿子了。包括前面提到的李夫人，她也为汉武帝生育过一个儿子，就是昌邑哀王刘髆。

世界上的事情总是非常矛盾，没儿子很头疼，儿子多了更头疼，人一多，各种各样的矛盾也就多了。汉武帝的六个儿子，是由包括卫子夫在内的五位妃嫔生养的，这些人的立场本来就不同，更何况背后还有不同的势力集团在支持。所以相互之间矛盾摩擦在所难免，汉武帝也未必件件事情都能摆得平。另一方面，从汉武帝本人的角度来看，他好不容易有一个儿子的时候，对这个儿子非常宠爱，希望他成材，希望他能继承自己的事业。但儿子一多，他难免就会在儿子之间比较，哪个更能成气候，哪个在脾性上更像自己，等等。

刘据长大以后，性格比较温顺宽厚，和雄武刚健的汉武帝不太像。汉武帝统治期间，很少有不对外作战的年头，战争频繁，人口和财政损失都很大。刘据比较反对战争，所以经常给汉武帝提意见，劝他不要频繁发动战争。从对待战争的态度上，父子俩一刚一柔的性格差异就体现出来了。这种性格差异必然也会体现在他们处理各种事情的态度和方法上，也会体现在他们不同的兴趣爱好与个人能力上。所以《资治通鉴》在讲到汉武帝和刘据之间关系的时候，有这么一句话："上嫌其材能少，不类己。"对刘据在性格上不像自己，汉武帝稍微有些看法。

刘据不像，那么汉武帝很有可能在其他几个儿子当中发现更像自己的。如果由于这个原因导致汉武帝在几个儿子当中重心有所倾斜，那么卫子夫和刘据的地位还会不会像以往那样稳固就很难说了。最初有这种危机感的，是卫子夫。可能是刘据毕竟还年轻，不像卫子夫人生阅历比较丰富。

卫子夫的不安感逐渐也让汉武帝察觉到了。汉武帝为了宽慰卫子夫和刘据，特意找了一个人来谈话。谁呢？卫子夫的弟弟卫青。

汉武帝对卫青说，现在汉朝的统治还很不稳固，内部制度不健全，外部又是强敌环伺，为此他不得不有所作为，也不得不四处征伐，劳民伤财；但这件事他做到一定程度就行了，如果他的继承者也一味这么干下去，那就可能重蹈秦代灭亡的覆辙。话说到这里，必然就要谈到刘据了。汉武帝怎么评价刘据？他说："太子敦重好静，必能安天下。"（《资治通鉴》卷二十二）汉武帝的意思是说，虽然太子的性格和他很不一样，但他看挺好，他们父子俩一动一静，等太子接替他以后，一定能以安静守成的方法，把汉家的基业守住。把这一大段话讲完之后，汉武帝点出这次谈话的主题，最后对卫青说，他听说皇后和太子内心都有些危机感，不是很安心，让卫青把这些话带给他们，让他们能放心。在《资治通鉴》中，对汉武帝和卫青的这次谈话，有很详细的记载。但汉武帝这个举动很有意思，他想让卫子夫和刘据母子安心，为什么不直接找卫子夫或是刘据谈话，而要找卫青说这番话呢？

四、"尧母门"事件

我们得先来分析一下卫青和卫子夫的关系。这姐弟俩的关系，有三个阶段的变化。最初，是由于卫子夫受到汉武帝宠爱，卫青才有机会崭露头角，获得汉武帝的任用。在这一阶段，应该是卫青仰仗卫子夫。此后卫子夫为汉武帝生下长男，在后宫中的地位达到顶峰，同时卫青也凭借着自己的才能和战功，仕途上平步青云，最终成为大将军。这个阶段，卫子夫宠冠后宫，卫青位压群臣，姐弟俩应该是相互扶持的关系。随着岁月的流逝，刘据不再是汉武帝唯一的儿子，卫子夫在后宫中的地位开始走下坡路。而卫青依然是威名赫赫的大将军，仍然能在战场上屡建奇功。虽然汉武帝后来又培养了霍去病，和卫青分庭抗礼，但霍去病也是卫青的外甥。尽管卫青为人一贯低调谦卑，对汉武帝很顺从，也尽量不培植党羽，但这么一位威震疆场、时常手握重兵为国出征的大将军，他的威望和实力依然不可小觑。所以在这个阶段，谁想挤兑卫子夫，或者想动摇刘据的太子地位，那得先看看卫青的脸色。

把这个问题弄清楚，我们就能明白，汉武帝要让卫子夫、刘据母子安心，为什么不是找他们自己来谈话，而是要找卫青来谈话。汉武帝对卫青说的那番话是不是他的真实想法，我们不知道，但有一点可以肯定，这番话与其说是想说给卫子夫、刘据母子听，不如说它就是说给卫青听的。汉武帝想稳住的人，不是卫子夫和刘据，而是卫青。为什么？卫子夫和刘据，一个女人，一个年轻人，而且都生活在宫里，无论如何汉武帝都拿得住。万一真要有个什么事情，正儿八经有实力来较劲的，不是卫子夫，也不是刘据，而是卫青。

那么汉武帝对卫青说他很欣赏刘据并希望刘据能顺利接班，到底是不是真心话呢？卫青在世的时候，我们无法确切判断汉武帝是不是真的打算让刘据接班，但到元封五年（公元前 106 年）卫青去世之后，形势发生了急剧变化。汉武帝的一些行为，的确让我们看到，他有想换太子的迹象。有个重要的事件可以说明这个问题，我们可以称为"尧母门"事件。

汉武帝在后宫宠信的妃嫔中有一位赵婕妤，也为汉武帝生了个儿子，名叫刘弗陵。这是汉武帝最小的儿子，也是后来取代刘据真正继承帝位的人，就是历史上的汉昭帝。关于刘弗陵的出生，有一个传奇故事。有个词叫"十月怀胎"，一般的胎儿都是在母体里待九到十个月，然后出生。刘弗陵不是，他在娘胎里多赖了几个月，赖到十四个月才出来。因为这件事，汉武帝在赵婕好住处门口题了个词，叫"尧母门"。据说尧的母亲怀尧的时候，也是十四个月，然后再生产。现在赵婕好怀刘弗陵也是十四个月，就好比是尧的母亲。

大家不要小看"尧母门"这三个字，这三个字大有嚼头。既然把赵婕好比作尧母，那刘弗陵是谁？刘弗陵不就相当于尧吗？尧是什么人？上古传说中最伟大、最了不起的圣王，一谈到上古的圣王，人们就说尧舜禹。刘弗陵是当代尧圣，那谁还有资格跟他竞争皇位？这句话落实到汉武帝晚年具体的政治环境中怎么理解？尧圣再世了，原来的这位太子刘据算什么？

"尧母门"事件发生的时候，卫青早已不在人世了，他的势力也基本上消解了。汉武帝虽然只题了这三个字，并没有说其他话，但无论在当时还是后世，都有人猜测，汉武帝这个行为有深刻的含义。大家纷纷猜测他很可能对原来的太子刘据不满意，想找其他儿子取代刘据，所以在题词里释放出这么个信号。不管汉武帝是否真有此意，这件事都将使他和卫子夫、刘据之间的关系变得更加复杂。

关于这段历史，我们去看《史记》《汉书》和《资治通鉴》，会发现一个很有意思的现象：离那个时代越近的史家，描写得越模糊。反而是离得远的史家，说得比较透彻。很多事情司马光在《资治通鉴》里点得最透，而司马迁的《史记》，有很多基本内容都是残缺的。

比如"尧母门"事件，司马光有一个非常直接的评论，他说由于汉武帝的这个举动，"奸人逆探上意，知其奇爱少子，欲以为嗣，遂有危皇后、太子之心"（《资治通鉴》卷二十二）。很多投机分子嗅出了汉武帝的意向，觉得他很有可能会让这个小儿子来取代原来的太子，所以纷纷跳出来充当打手，把卫子夫和刘据打倒。这就为后来卫子夫和刘据母子身陷巫蛊之祸双双毙命埋下了祸根。

司马光这话讲得非常透亮，指出后来在汉武帝和刘据之间之所以会有一场人伦巨变，父子反目，祸根就在这里。而且更有意思的是，前面介绍过的汉武帝对卫青的那番谈话，是汉武帝为了稳住卫氏采取的重要步骤，这么重要的细节，不仅《史记》没有记载，《汉书》也没有记载，只有《资治通鉴》里面有这段内容。这段内容告诉我们，即便汉武帝不是很早就在盘算要换掉太子，这对父子之间的矛盾也不是一天两天了。所以汉武帝才有必要找卫青谈话，目的在于让卫氏一门不要轻举妄动。

在《汉书》里，我们虽然看不到汉武帝和卫青的谈话，但是班固还是记载了"尧母门"事件。而且班固透露了一个比较重要的信息，"尧母门"事件中出生的刘弗陵，长到五六岁的时候，体形比一般小孩大，也比一般小孩聪明，汉武帝经常讲一句话，说这小孩像他。后来在原太子刘据死了之后，汉武帝最终把年龄最小的刘弗陵立为太子，最大的理由，就是觉得刘弗陵跟自己像。这就不禁让我们想起他当年对卫青讲的那番话。他当时说，从维持汉朝统治的长远眼光来看，正是因为刘据不像他，所以他才觉得刘据是最佳接班人。现在他却又因为刘弗陵像他，非得立这个小儿子，那当年跟卫青讲的那番话，未必就是真心话。所以还是像我们前面分析的，汉武帝找卫青谈话，不是真想跟卫青、卫子夫掏心窝子，而是为稳住他们采取的策略。

总结班固对整个事态的记载，可以说是半遮半掩，有些事他记了，比如"尧母门"事件，有些事他没记，比如汉武帝对卫青的谈话内容。因为这两件事其实反映出汉武帝的举动是自相矛盾的。这就不像司马光那样把整件事都端出来，很明白。

但还有比班固更隐晦的，那就是司马迁。司马迁对相关事件的记载，残缺程度可以说到极限了。汉武帝有六个儿子，班固尽管也有些隐晦，但至少在《汉书》里把这六个儿子全都介绍过了，对刘据的一生记载得也很详细。再看《史记》，根据司马迁定下来的目录，里面应该专门有一个篇章是介绍汉武帝儿子的，但它的标题却叫"三王世家"。这个标题也就暗示着，汉武帝的六个儿子，司马迁只介绍了三个。那么司马迁没有介绍哪三个呢？刘据、刘弗陵，还有一个就是我们前面提到过的，李夫人为汉武帝生育的昌邑哀王刘髆。为什么不介绍这三个人？不提刘据的原因，大家都想得到。刘据最终身陷巫蛊之祸，被迫起兵造反，酿成很大的变乱。这个人以及和他相关的事，对生活在当时的司马迁来说，太敏感，所以他尽量避免正面提及。

那么为什么不提刘弗陵和刘髆呢？有一个非常合理的解释，就是司马迁写《史记》的时候，这两个人还没成人，还是孩童，所以司马迁不提。这当然是一个说得过去的理由。但再深入分析一下，你会发现，刘弗陵和刘髆还有一个共同特征：这两个人恰恰就是刘据的竞争对手。也就是说，司马迁打算在《史记·三王世家》里介绍的那三位，都是离这场角逐相对较远的人物。没介绍的，反而是这场斗争的核心人物。

刘弗陵和刘据的竞争关系，透过"尧母门"事件已经看得比较清楚了，事实上也正是刘弗陵最终继承了汉武帝的皇位。那么刘髆怎么说呢？我们可以找到两个重要旁证来证明在刘弗陵出生之前，汉武帝对刘髆是非常瞩目的。首先，刘髆是汉武帝念念不忘的李夫人养育的。其次，我们看到汉武帝扶植李夫人的家族，跟当年扶植卫氏很像。李夫人的哥哥李广利，就是率军抢夺汗血宝马的贰师将军。在卫青死了以后，多次对匈奴的战争都是由李广利出任统帅。我们看汉武帝用人的路数，就能看出些门道。当年他宠爱卫子夫和刘据，就扶植卫青；后来他念念不忘李夫人，就扶植李广利。在这个关系图里面，取代卫子夫的是李夫人，取代卫青的是李广利，那么刘据是不是也有被刘髆取代的可能呢？很难说不存在这种可能。只不过后来刘髆短命早夭，李广利也在政治博弈中失败，所以接着出头的是年龄更小的刘弗陵。

司马迁在《史记》里对这些相关人物的处理，是如此谨小慎微，不仅当时写的时候只考虑介绍三位离太子争夺战比较远的皇子；即便是这样一篇《三王世家》，它的原文我们今天也已经看不到了。失传的原因不明，我们不知道是在流传的过程中刊落的，还是司马迁后来自己毁掉的。但也正因为司马迁的谨慎、隐晦，提醒我们事态的严重性，严重到不适合随意谈论。

第二十五章 太子刘据被逼造反 *

汉武帝和刘据这对父子之间的关系，进一步会往哪个方向发展？事态究竟严重到什么地步呢？

一、父子隔阂

汉武帝晚年，卫皇后和太子刘据很难见到他。这种情况加深了他们夫妻、父子之间的隔阂。这不是一个简单的家庭问题，它势必会造成一些政治问题。仔细研究中国历史，你会发现，在中国历史上，什么样的角色最难扮演？太子！首先，太子这个位置有很多人觊觎，有资格竞争皇位继承权的人，有几个能清心寡欲、不去追逐权势呢？其次，太子的本质，是在将来合适的时候取代老皇帝，有这样取代与被取代的关系，再加上权力的诱惑，即便是亲生父子，也难免相互猜疑。太子表现消极，老皇帝会觉得你无能；太子表现积极，老皇帝会觉得你是不是等得不耐烦了，想早点让他下台？所以，太子在老皇帝面前，往往横竖不是。

因为有很多人觊觎太子的位置，所以现任太子往往有很多看

---

* 这几章中涉及"巫蛊之祸"前后汉武帝和刘据之间的关系、这种关系对当时政治的影响以及汉武帝事后的反省、更张等内容，重点参考了田余庆先生的名作《论轮台诏》，载氏著《秦汉魏晋史探微（重订本）》，中华书局 2004 年版，第 30—62 页。

得见、看不见的敌人。而太子和皇帝之间的矛盾，也就经常被那些企图制造事端的人利用。这是中国历史上经常上演的一幕。在汉武帝和太子刘据之间，也发生了这种情况。

有一个典型事例，可以说明汉武帝和太子之间存在着严重隔阂。有一次太子去拜谒皇后，在皇后宫里面待的时间比较长。本来这是很简单的事情，儿子去见母亲，母子俩说说话，时间长了点，有什么大惊小怪的呢？有个小太监就到汉武帝面前打小报告，说太子在皇后宫里面，调戏皇后身边的宫女，待了很长时间不出来。汉武帝一听，太子调戏皇后身边的人，这成何体统！但汉武帝处理的方法也很绝，不是告诫、教育，而是一次性赏赐了太子很多宫女，给太子宫补足两百名宫女。这是什么意思？这是要让太子感到羞愧：你没见过女人吗？要到你母亲那儿去找宫女调戏。现在给你两百个，你调戏个够吧！

太子在皇后宫里面做不检点的事情，这应该是捏造的。汉武帝为什么不调查就信了呢？说明这父子俩长期不见面、不沟通，的确存在很深的隔阂。至于把这个虚假消息传递给汉武帝的小太监，我们不知道他背后是谁，是谁指使他这么干的，但我们可以清楚地看到，已经有人对太子虎视眈眈了。而且受指使来监视太子、然后到汉武帝面前搬弄是非的小太监不止这一个，还有其他两三个小太监也专门干这个事情。还有一次，汉武帝身体有点不舒服，派另外一个小太监召见太子。这个小太监回来告诉汉武帝，他刚才告诉太子皇帝身体不好，太子居然面有喜色。这话什么意思？意思就是太子盼着汉武帝早点死呢，汉武帝早死，他就早接班。汉武帝听了这个当然不会高兴。等太子来了之后，汉武帝仔细观察了一下，发现事实和小太监讲的恰恰相反，太子明明有哭过的痕迹，这应该是前面听到汉武帝生病的消息掉的眼泪。但到了汉武帝面前，太子又强作欢笑，把担忧掩藏起来，希望用欢颜笑语让病中的父亲开心点。汉武帝一下就明白了，刚才是小太监撒谎。

汉武帝察觉到这点之后，就把那个恶言挑拨的小太监给杀了。这又说明什么？说明只要有机会加强沟通，很多误会还是可以消除的。一来父子之间毕竟有天性，二来汉武帝还是很聪明、很有判断力的人。但问题就出在这父子俩面对面交流的机会实在太少了。这些别有企图、到汉武帝这儿坏太子事的人，一次不成，再来第二次，就是利用汉武帝和太子之间见面少、沟通少，认为总有一次能成功，能达到彻底铲除太子的目的。于是接下来发生的事情，就使得整个局势越来越复杂、越来越混乱了。

二、江充构陷

几个小太监的挑拨，虽然也造成了汉武帝父子一定的误会，但还没能掀起大风浪。直到有一个人出现，把这股汹涌的暗流变成了滔天大浪。汉武帝有一个特点——执法特别严，所以也很看重能够严格执法的官吏。在汉武帝晚年，身边有一个叫江充的人，他因为勇于执法、严于执法，深受汉武帝欣赏。为体现这种精神，江充连太子都敢得罪。

江充和太子间的矛盾是怎么产生的呢？汉武帝晚年经常住在甘泉宫，离长安的宫殿有一段距离。有一次太子就派人去问候汉武帝的情况。结果太子派去的这个人不守规矩，让所乘的马车走到驰道上去了。驰道是天子专用车道，其他车辆擅自闯入，要依法没收车辆。太子的人擅自闯入驰道的过程恰巧就被江充看到了，江充就依法把这事给办了。

太子知道了之后，就跑去向江充求情。太子说他不是心疼这车，主要是不想因为这点小事惊动皇帝。皇帝知道了，必然觉得太子平时对身边的人管理、教导不严格，可能会因为这件事情生气。这样一来不利于汉武帝的健康，二来不利于他们父子之间本来就不是很融洽的关系。这是太子向江充求情的出发点。结果江充没给这个面子，还是把事情上报给汉武帝了。汉武帝表扬江充，夸他严格执法，对太子的人都照章处理，非常好。

这件事本身并不重要。重要的是，随着时间的推移，眼看着汉武帝一天一天老下去，身体也是一天不如一天，江充忽然意识到一个问题，汉武帝总有一天是要去世的，如果这位太子顺利登基，借机打击报复，那自己还有活路吗？这时候正好有这么几件事情赶在一起：一个是公孙贺父子因为巫蛊诅咒被告发；另一个是汉武帝做噩梦，梦见有几千个木偶拿着大棒要打他；再加上汉武帝的健康出现严重的问题。江充就把这些情况糅合在一起，跟汉武帝说他的病一定是巫蛊在作祟，之前被揭发出来的公孙贺父子的案子恐怕只是冰山一角，还有大量的秘密巫蛊活动没有被发觉。汉武帝疑心病重，于是命令江充带人去查。

江充这么做的目的是什么呢？就是想把水搅浑，然后把祸水引到太子身上，达到扳倒太子的目的。江充这个人值得仔细分析。他在汉武帝面前表现得勇于执法、不畏权贵，难道真的是在体现一种法制精神吗？绝对不是。汉武帝这样的皇帝，看上去很精明、很强干，其实跟这样的皇帝打交道，窍门很容易找，只要他喜欢什么，你做什么就可以了。汉武帝喜欢执法严厉的人，你就把自己打扮成能严厉执法的人，不要怕得罪权贵，因为汉武帝肯定会替你撑腰。很显然，江充就是掌握了这个窍门的人。他之所以表现得执法如山，其实是在投汉武帝所好，并不是真的在实践依法治国。所以江充这样的人，属于典型的投机分子。投机分子最大的特点是什么？只有利益，没有原则。所以在这个时候，他为了自己将来免受打击报复，会想尽一切办法、用尽一切手段来扳倒太子。彻查巫蛊给了江充一个很好的机会。

江充做这件事，在步骤安排上很有技巧。他先是在民间广泛侦察所谓"巫蛊"，抓了一大批人来，严刑拷打，屈打成招，前前后后被他整治的达到几万人。闹出这么大的动静、这么大的规模，然后江充看汉武帝是什么反应，结果发现汉武帝对这套做法并不反感，而且也没有人敢到汉武帝这儿喊冤，江充的胆子慢慢就大了，开始把火往宫里烧。接下来江充就串通一名巫师，对汉武帝说宫里有蛊气，看来有人在里面搞巫术诅咒这一套，不把这些东西全都清除干净，汉武帝的病没法痊愈。于是汉武帝授权江充，开始整治宫里面的巫蛊。

江充在宫里面查的时候，节奏也安排得很好，"先治后宫希幸夫人，以次及皇后、太子宫"（《资治通鉴》卷二十二）。先查那些不得宠的妃嫔，慢慢地，就查到皇后和太子的地方了。其实江充在前面所做的一切，都是为这一刻铺垫。真正的目的，就是要把脏水泼到皇后、太子身上。因为直接挑战皇后、太子，风险太大，意图也太明显，所以得在前面把功夫做足，让汉武帝对民间、后宫存在大量巫术诅咒行为这一点深信不疑，然后再把皇后、太子扯出来，这样成功概率就大了。而且江充为了把戏做足，甚至带人把汉武帝的御座掀开，看看有没有人在这下面埋木偶、种巫蛊。江充应该是一个很有表演天赋的人。

等查到皇后、太子身上的时候，他把皇后、太子的住处翻了个底朝天，把地面全都撬开，连个放床的地方都没有。最后江充的调查结果是，就数太子宫里查出来的巫蛊最多。那么出现这个局面之后，汉武帝和太子刘据各自会怎么反应呢？

三、太子起兵

当时汉武帝住在甘泉宫，离长安有一段距离。太子一看江充这架势，心生恐惧，就问他的一位辅佐大臣该怎么办。这位大臣想到自己有辅佐太子的职责，很怕事情捅到汉武帝那儿去之后自己受牵连，所以就建议太子先下手为强，把江充抓起来，问他个诬陷罪，然后顺势把他杀了，把案子翻过来。太子一开始不敢，说要亲自去甘泉宫见汉武帝，把事情说清楚。结果江充那边不依不饶，对太子穷追猛打，太子想去甘泉宫也去不了。这下把太子逼急了，于是太子就遵从前面那位大臣的建议，把江充杀了。

太子这么处理，显然过于急躁了，尽管江充是想诬陷皇后、太子，但他毕竟是奉汉武帝的命令彻查巫蛊，在没有汉武帝允许的情况下，擅自把江充杀了，很多事情更讲不清楚了。有人就会质疑，太子是不是想杀人灭口？从这个角度来看，太子杀江充并不是一个妥善的处理方法，那位大臣给太子出的是馊主意。太子当时心慌意乱，这些情况都没能考虑到，病急乱投医。

杀了江充之后，太子接下去的行动更令人费解。他杀了江充，首先想到的不是去找汉武帝沟通、解释，而是在和他母亲，也就是卫皇后商量之后，打开兵器库，以宫廷卫队为基本力量，起兵了。太子为什么要起兵，至少有两个不能理解的地方，首先，在擅自诛杀汉武帝派来查案的大臣之后调动军士，这不是自己把谋反的罪名坐实了吗？其次，太子发兵针对谁？他要跟谁决战？这些问题不仅《史记》《汉书》没记载，连尽量想把整件事情说清楚的《资治通鉴》也没给我们留下明确的信息。我们只能靠相关内容作一些分析和推断。

一个最大的可能，虽然杀了江充，但太子的敌对势力并没有因此而瓦解，甚至江充只是一个浮在面上的马前卒，真正策划整个事件的人，还在操纵事态发展。所以杀江充其实并不能真正解决问题，太子还是没有安全感，所以他要进一步发兵，孤注一掷。这种可能性是否存在？不能说没有。我们前面已经提到，在江充掀起滔天大浪之前，已经有好几个小太监专门监视太子、到汉武帝面前打太子小报告。这几个小太监是谁指使的？替谁办事？他们背后和江充背后会不会是同一股势力？这些问题，由于史料的缺乏，只能都打问号。但有一点值得我们思考：江充尽管得到汉武帝的一些宠信，但毕竟是小人物，胆子大到敢去撼动皇后和太子，这件事一定不简单。江充很有可能只是浮在面上的人，这背后一定有更加巨大的势力在推动这件事。

在太子杀江充之后，果然就有一个伙同江充陷害太子的小太监成了漏网之鱼，跑到甘泉宫去找汉武帝，说太子造反了。汉武帝派使者去长安打探个究竟，结果派去的人根本不敢深入了解情况，没见到太子就跑回来了。但他对汉武帝撒谎，说自己见到太子了，太子想杀他，他逃回来了。结合这些情况来看，恰恰是这些小人物们的表现非常值得推敲，他们为什么都异口同声地陷害太子？这些越来越让人觉得这整件事背后有推手。汉武帝听了汇报以后，就问留在长安的丞相怎么应对太子造反这件事。当时的丞相名字叫刘屈氂。他回答说，丞相不敢和太子对抗。汉武帝大怒，说了一句话，给这件事最终定性了，他说："丞相无周公之风矣。周公不诛管蔡乎？"（《汉书·公孙刘田王杨蔡陈郑传》）在这句话里，汉武帝用了个典故，周代初年，周公主政的时候，他的亲兄弟管公和蔡公伙同其他势力谋反，最终周公把管公和蔡公都杀了。汉武帝讲这句话，就是把太子刘据比作谋反的管公和蔡公，该杀。所以汉武帝这句话就是给太子确定了谋反的罪名，并对自己的儿子起了杀心。

丞相刘屈氂得到汉武帝的指示之后，调动军队和太子作战。双方僵持数日，死了不少人。这时候长安城里面说太子造反的传言越来越多，越来越多的老百姓相信太子的确造反了，所以都不愿意依附太子，纷纷站在丞相刘屈氂这一边。最后太子兵败，卫皇后自杀。太子一开始跑出长安，最后还是被发现行踪，于是也自杀了。整个事变就以这么一个结局收尾，可以说非常惨淡。这里面还留下不少疑点，让人感到难以释怀。

四、命运的捉弄

班固对于太子刘据的命运有一个非常有意思的解释。在《汉书·武五子传》里，班固说："巫蛊之祸，岂不哀哉！此不唯一江充之辜，亦有天时，非人力所致焉！"班固首先感叹，"巫蛊之祸"的酿成是一件非常悲哀的事情。同时他又指出，这么大一场灾祸，仅凭江充这么一个人物，兴不起这么大的风浪。这一点我们前面也已经分析到了，江充只是浮在面上的马前卒。既然如此，就应该分析藏在幕后的推手到底是谁，是哪股势力。班固却把原因归诸天意，说这是"天时"，不是人的力量能够办到的。

　　"巫蛊之祸"从哪个方面体现着天意呢？班固说，汉武帝继位以来就有很多战乱的征兆。比如汉武帝在位的第六年，出现星光竟天的现象，这是战乱的预兆。此后汉武帝连年对外作战，尤其是对匈奴的战争，打得非常激烈。汉武帝正式对匈奴开战，是在元光六年（公元前129年）到元朔元年（公元前128年）之间，而刘据恰恰就是元朔元年（公元前128年）出生的。刘据出生之后数十年，狼烟四起，整个国家就没消停过。最后刘据发动兵变，导致京师流血，死人无数，并且自己也死在这件事上。所以班固说："太子生长于兵，与之终始，何独一婴臣哉！"（《汉书·武五子传》）婴臣是受皇帝宠信的臣子，这里当然是指江充。班固的核心观点就是，太子虽然下场凄惨，但也是命该如此：他生于兵灾，死于兵灾，这一辈子和兵灾相始终，这难道不是命吗？这难道不是天意吗？这岂是江充这样一个小臣能够左右的呢？

　　班固把巫蛊事件归咎于天灾，司马光却恰恰相反，认为这纯粹是人祸。一般人在了解了"巫蛊之祸"后，都会对太子的遭遇表示同情。司马光在这个问题上却有他独到的见解。太子是受害者，一般人都会关注太子为什么受害，是谁在祸害太子。司马光和常人不一样的地方，就在于他是从太子本人的为人行事入手，讨论酿成这场灾祸的原因。

　　《资治通鉴》谈"巫蛊之祸"，把前前后后的事情都交代清楚之后，司马光忽然回过头来评论了一下太子早年的成长环境、品性养成。汉武帝早年为太子造过一座博望苑，让太子在其中结交各类人物，择其所好，自由发展。司马光说这是一件很糟糕的事情，因为这难免会造成聚集在太子身边的人鱼龙混杂。所谓"宾客多以异端进"（《资治通鉴》卷二十二）。很多人都用旁门左道诱惑太子，为自己博取机会。太子当时年纪轻，缺乏判断力，很容易在这些人的影响下养成一些不好的习性。更重要的是，太子身边的位置被这些人占据之后，就缺乏一些正人君子对太子进行引导、规范。司马光说太子后来很多事情都没处理好，甚至下场不好，都跟他早年的这些成长环境有关。具体的例子，可以看杀江充这件事。那位辅佐太子的大臣怕自己受到牵连，劝太子杀掉江充。事实证明这个决策是个重大失误，杀江充反而给他的敌人提供了把柄。这件事就可以体现出，太子身边缺乏好的参谋、老师，也体现出太子本人在很多问题上缺乏妥善处事的能力。

班固把太子的遭遇说成天灾，其实是把很多真相给掩埋起来了。既然是天灾，那就不是人的责任了。司马光从人祸的角度总结这次事变，指出太子本人在处理变乱的过程中有做得不对的地方。但无论是班固还是司马光，在这件事上都有没讲清楚的地方。比如前面提到过的一个问题，是什么原因迫使太子非得起兵不可？是谁或哪股势力推动着事态朝这个方向发展？是汉武帝吗？汉武帝可能存在要换太子的念头，但事情最终发展到这个地步，不像是汉武帝希望看到的结局。为什么这么说呢？第一，汉武帝尽管不像以前那样宠爱刘据了，但毕竟是父子，他会希望看到自己的儿子拿起刀枪冲着自己来吗？作为一名父亲，他不会希望看到这一幕。第二，身为皇帝，汉武帝希望自己的国家遭受这么大一次变故、发生这么大一场混乱吗？当然不会。

那如果不是汉武帝，又会是谁呢？带着这些疑问，我们来看看《史记》。巫蛊之祸，太子起兵，这么大的事情，生活在当时的司马迁不可能不知道，也不可能不关心。但奇怪的是，《史记》

里对这件轰动当时、影响深远的事件，没有作任何正面介绍，也没有描写过其中涉案的主要人物。司马迁只在谈一个很不起眼的小人物时，侧面点到了这次巫蛊事件和太子兵变。

这个小人物叫田仁，早年是卫青的门客并多次跟随卫青出击匈奴，后来离开卫青，自己发展。事变发生的时候，丞相刘屈氂命令田仁负责守卫城门。结果后来太子兵败，田仁打开城门，放太子逃走了。因为这件事，田仁后来受到牵连，被诛杀。这是整部《史记》唯一点到太子起兵的地方。司马迁放着波澜壮阔的正面战场不描写，却通过一个小人物的命运来透露这件汉朝历史上不可不讲的重大事件。这是为什么？

读田仁的传记，我们首先会产生一个疑问。司马迁写《史记》，用他自己的话讲，是要理顺古往今来历史发展的大脉络。一部《史记》，从传说中的三皇五帝时代，讲到司马迁生活的汉武帝时代，不是关键的、重大的问题，司马迁不会谈，篇幅不允许。田仁是历史洪流中很不起眼的一个小人物，他为什么会在《史记》里有传记？这篇传记，我们数一数，才一百多个字，很短。有学者分析这篇传记，提出这么一个观点，认为司马迁并不是为了写田仁这个人才顺便点到太子兵变，恰恰相反，司马迁正是为了把太子兵变讲出来，才安排了田仁这篇传记。也就是说，田仁的遭遇是司马迁为了折射太子兵变，精心构思的一个特殊角度。

第二十六章 《史记》终章 历史继续

现在问题就在这里，司马迁既然想讲巫蛊之祸和太子兵变，为什么不从正面描写，而要挑选这么偏的一个角度来谈这个问题？而且学者们还发现，巫蛊之祸很有可能就是《史记》终篇的地方。这又是为什么？这些疑困怎么解开？

一、巫蛊后续

司马迁在《史记》中谈巫蛊之祸，有两个特点值得我们注意。第一个特点就是上一章提到的田仁之谜。第二个特点，学者们经过研究，提出一个观点，司马迁写《史记》，最后绝笔的地方就跟巫蛊事件有极大的关系。刘据在巫蛊之祸中丧生之后，汉朝的政治出现一个新问题，谁来接替刘据成为新太子？于是朝廷上就有了一系列新动向，成为巫蛊事件的后续发展。司马迁在《史记》中记录的最后一件事，就是交待这个后续发展的结果。我们首先来看，巫蛊事件到底有什么后续发展。

征和三年（公元前 90 年），也就是巫蛊之祸发生的第二年，汉帝国和匈奴之间又发生了剧烈的冲突。汉武帝派李广利为统帅出击匈奴。李广利临行的时候，丞相刘屈氂去送他。李广利就对刘屈氂说了这么一番话："愿君侯早请昌邑王为太子；如立为帝，君侯长何忧乎！"（《资治通鉴》卷二十二）君侯，是对刘屈氂的尊称。李广利对刘屈氂说，原来的太子已经死了，太子这个位置现在空着，希望他早点想想办法，把昌邑王立为太子。如果昌邑王被立为太子，并且在将来能顺利登基的话，那刘屈氂和他的子孙们，也就不用担忧富贵前程了。

昌邑王名字叫刘髆，是李夫人为汉武帝生育的皇子，从家族关系来看，李广利是昌邑王的舅舅。那么李广利为什么嘱托刘屈氂，要他去为昌邑王争取太子地位呢？因为李广利和刘屈氂是儿女亲家，李广利有个女儿是刘屈氂的儿媳妇。由于这个原因，李广利认为，在争取立昌邑王为太子这件事上，刘屈氂和李家是有共同利益的，所以他嘱托刘屈氂去办这件事。

这是原太子刘据死于巫蛊之后，一个重要的后续话题，也是我们反过来看巫蛊之祸的一个重要窗口。李广利和刘屈氂谈话中提到的这个人，也就是昌邑王刘髆。这个人，可以说在汉武帝时代的政治舞台上没有正面出现过。但在原太子刘据失败之前，他却是刘据最有力的潜在竞争对手。为什么呢？刘髆的母亲李夫人，是汉武帝非常宠爱的妃子，生前虽然没有当上皇后，但她死的时候，汉武帝是以皇后的礼节安葬她的。汉武帝死了以后，当时的大臣拿来和汉武帝配对祭祀的"孝武皇后"是李夫人，而不是卫子夫。另一方面，刘髆的舅舅李广利，才能虽然很一般，但在汉武帝后期，他却是最重要的领军将领，也就是以前卫青所处的位置。这么分析下来，刘髆的母亲李夫人取代了刘据的母亲卫子夫，刘髆的舅舅李广利取代了刘据的舅舅卫青，刘髆自己是不是有取代刘据的可能呢？完全有可能，而且这种可能性，在巫蛊之祸发生之前就存在了。

再看刘屈氂。刘屈氂在历史上留下最重要的事迹，就是镇压原太子刘据的兵变。他镇压太子，当然是经汉武帝授权的。但他对刘据本人什么态度，对太子争夺战什么态度，我们没有看到史书上有明确的记载。现在我们找到一条线索，发现刘屈氂和李广利是亲家，而且在刘据死了之后，迅速和李广利结盟，打算推动刘髆上位。

李广利和刘屈氂的组合，是不是巫蛊事件的隐形推手？我们下不了这个结论。但从巫蛊案的后续发展来看，刘据死后不久，李广利就迫不及待地把推动昌邑王上位的事情提上日程。我们至少可以肯定，以李广利为代表的李氏势力集团，是刘据的重要敌手。李广利找的盟友是刘屈氂。李广利是将，领兵在外；刘屈氂是相，主政在内。这一将一相的组合，可以说是强强联手。那么他们谋划让昌邑王成为继任太子这件事，能不能成呢？

就在李广利和刘屈氂达成协议之后不久，刘屈氂被人揭发了。什么事情呢？他同样被人指认利用巫蛊，使用邪术来达到目的。其中有一个重要目的，就是要让昌邑王顺利上位。史书中的原话是说："与贰师共祷祠，欲令昌邑王为帝。"（《汉书·公孙刘田王杨蔡陈郑传》）贰师就是指贰师将军李广利。说刘屈氂和李广利一起，共同利用巫术祷告，想把昌邑王推上去。这个揭发非常厉害，它不是说刘屈氂和李广利的目的在于让昌邑王做太子，而说他们的目的是要让昌邑王"为帝"。汉武帝还在呢，昌邑王怎么直接做皇帝？不言而喻，这是说他们在诅咒汉武帝，希望汉武帝早点给昌邑王腾出位置。

揭发他们的人，是一个宦官。为什么太子死后，还会有人在巫蛊上面做文章,以这个理由来控告刘屈氂和李广利呢?因为之前的巫蛊事件,虽然是一场针对卫氏集团和原太子的阴谋,但汉武帝对巫蛊的疑心、警惕也在这场运动中被放大到极致,所以汉武帝并没有因为太子之死减少对巫蛊的疑虑。于是一波未平一波又起。因为这件事,刘屈氂被杀。李广利因为领兵在外,躲过一劫,他的家人却被族灭。没有正面出场的隐性主角——昌邑王刘髆,史书虽然没有交代他是否受到牵连,但我们看到,短短一年半之后,刘髆死了,死因不明。巫蛊案发展到这一步,究竟意味着什么?这和司马迁写作《史记》,又有怎样的关系呢?

二、太史公绝笔

刘屈氂被杀的时候,李广利正在前线和匈奴交战。当李广利听说自己的家人也受这次事件牵连被族灭之后,就投降了匈奴。《史记·匈奴列传》里记载了这件事,这是司马迁对巫蛊案的后续发展作的交代。有学者认为,这也是司马迁亲笔记录的最后一个历史事件,《史记》到这里就绝笔了。如果这个观点成立,那么我们就要问,司马迁为什么选择在这个地方打住?有一种解释认为,司马迁之所以选择以李广利降匈奴作为《史记》的收尾,是为了回应李陵事件。我们知道,李陵当年为了配合李广利打匈奴,被匈奴骑兵重重包围,最后弹尽粮绝,被迫投降。司马迁因为替李陵辩护而被处以宫刑。汉武帝认为司马迁为李陵辩护,事实上是在抨击李广利无能。所以,当汉武帝曾经百般袒护的李广利也投降匈奴之后,司马迁就选择这件事作为《史记》的尾声,以此抒发心声。

这是关于司马迁写《史记》为什么要在这个地方绝笔的一种解释。但我想可能还有更合理的解释，这个解释就在巫蛊案里面。我们已经注意到，司马迁对巫蛊案其实非常关心，但他从不在《史记》中正面描写这件事。所有关于巫蛊案的信息，司马迁都是通过侧面角度来描写，而且非常零碎，不成系统。这里必然有重要的原因，促使司马迁有很多话想说，却又说不出来。现在司马迁选择以李广利因巫蛊案投降匈奴作为汉武帝时代的终结，也作为整部《史记》的终结，或许就是因为整个巫蛊事件对司马迁的思想冲击非常大。

面对巫蛊案，司马迁的情绪怎么样？在他心里，哪些话语一直徘徊，想诉说而又不敢？我们在《史记》里找不到现成的答案。在《史记》之外，司马迁还给我们留下了一份文字，这就是著名的《报任安书》，司马迁写给他朋友任安的一封信。如果说李广利降匈奴是《史记》的绝笔之处，那么这封《报任安书》很可能就是司马迁这一生的绝笔之作。而收信人任安，恰恰是受巫蛊案牵连的将死之人。

任安早年的经历和前面提到过的田仁有些像，也做过卫青的门客。刘据起兵的时候，任安是一名禁军将领。刘据召见任安，要求任安发兵帮助自己。任安虽然没有发兵帮助刘据，但事后却受到牵连，被投入监狱，判以腰斩之刑。正当任安作为一名死囚被关在监狱里的时候，司马迁写下了这封《报任安书》。

这封信让我们看到，司马迁的情绪非常激动，波澜起伏、跌宕不平。司马迁说自己是"抑郁而无谁语"，心情非常压抑、郁闷，却不知道向谁诉说。司马迁又说自己当时的整个精神状态始终恍恍惚惚，独居一室的时候，经常汗发沾衣；出门在外的时候，又经常茫然不知所之。从文字表面来看，司马迁说自己之所以处于这样一种精神状态，是源自受了宫刑之后的羞愧、愤懑。但深入地研读这些文字，我们可以感受到一种笼罩在司马迁身上的时代压抑感。隐藏在司马迁情绪背后的，是一个阴云密布的时代环境。

在《报任安书》中，司马迁依然没有正面提到巫蛊案，那么这封信具体讲什么内容呢？早年的时候，任安曾经对司马迁说，让他多对国家和朝廷尽点责任，比如多多推荐贤才之类。司马迁这封信就借这个话题，回顾了自己遭受宫刑之后的心路历程，最后说，像他这样刑余的人怎么配给朝廷推荐人才、为朝廷分忧呢？从表面来看，司马迁是在诉说自己的痛苦经历和抑郁的心情，但任安向司马迁提这个意见是很早以前的事，司马迁为什么早不写这封信，等任安受巫蛊案牵连之后才写？这是不是暗示着，司马迁情绪的低落、抑郁，也在很大程度上是受到巫蛊案的冲击的结果？学者们通过对这封信的研究，在一个普通读者不太注意的地方，发现了一个疑点：这封信有两千三四百字。问题就出在这字数上。两千多字对于现代人来说不成问题，打印一下也就两页纸。但不要忘了，司马迁的时代还没有纸张，书信得写在竹简或木牍上。一枚竹简写二三十字，司马迁把这封信写完，至少得用八九十枚甚至上百枚竹简。这么多竹简捆起来得有多少？而收信人任安却是等候处斩的死囚。用这么多竹简写成的、牢骚满腹的一封信，怎么送到监狱里去，怎么送到一名死囚手上？监狱审查这关就很难通过。①

所以我们猜测，这可能是一封无法寄出的信。信是写给任安的，

---

① 本段分析采用逯耀东在《抑郁与超越》中提出的观点。

任安却不一定看到过。司马迁也应该知道，这封信很可能送不到任安手上。那么司马迁为什么还要写这封信？司马迁可能只是想借这个机会、以这种形式把自己心中的郁结说出来。那么司马迁为什么早不说晚不说，偏挑巫蛊案发生的时候说？这位名义上的收信人，为什么不是其他人，偏又是巫蛊案的受累者？司马迁没有告诉我们答案，《资治通鉴》却给我们提供了一条线索。

三、《资治通鉴》中的线索

司马迁并没有被卷入到巫蛊事件中，他和这件事会有什么关系呢？其实这个问题我们可以换一个角度问，巫蛊事件的核心人物，是太子刘据，如果我们问司马迁和刘据是什么关系，很多疑惑就有可能顺着这个思路一一解开。从《资治通鉴》对巫蛊事件发生时的整个政治环境的描写来看，我们发现，司马迁很可能是太子刘据的支持者。何以见得呢？

《资治通鉴》谈到原太子刘据在朝廷中的处境，有这么一段话："上用法严，多任深刻吏；太子宽厚，多所平反，虽得百姓心，而用法大臣皆不悦……群臣宽厚长者皆附太子，而深酷用法者皆毁之。"这段话是说，由于汉武帝和太子性格不同，整个朝廷划分成两大阵营。汉武帝性格严酷，喜欢严刑峻法，手下有一批以此为能的大臣。我们以前介绍过的酷吏，就属于这个阵营。而太子性格宽厚，经常放宽刑罚尺度，替人平反。朝廷上也有一批性格仁厚的大臣，站在太子这边，形成另一个阵营。依附汉武帝、用法严酷的这些人，不喜欢太子的所作所为，经常诋毁他。在当时，酷吏们的势力很大，所以太子得到的毁谤远远多于得到的赞誉。

学者们认为，这段话是解释巫蛊案为什么会发生的关键。我们以前谈汉武帝和太子关系的时候，讲到过一点，父子俩性格上的巨大差别是影响汉武帝考虑是否要换太子的重要因素。而朝廷上两大阵营的存在，也是植根于父子俩性格的差别。这个矛盾和太子争夺战交织在一起，最终酿成巫蛊之祸。

我认为，这段话同样可以用来解释，巫蛊案到底对司马迁产生了怎样的冲击。如果当时朝廷上的确存在这样的两大阵营，司马迁应该属于哪个阵营？从司马迁在《史记》中对酷吏们激烈的批判就可以看出来，司马迁当然应该属于支持太子的"宽厚长者"阵营。况且司马迁自己就是严刑峻法的受害者，这使得他更有理由支持喜欢替人平反的太子。

汉武帝和这个时代的种种情态，司马迁都看在眼里。司马迁看到了汉武帝在对外征战中的穷兵黩武，看到了汉武帝在建造宫殿时的穷奢极侈，看到了汉武帝在求神慕仙时的荒谬可笑，看到了汉武帝在施用刑法时的残酷冷峻。尤其当司马迁自己身陷囹圄、遭受宫刑之后，他对汉武帝和这个时代的失望，应该逐渐在放大。但司马迁的伟大之处，就在于他不会停留在自哀自怜的情绪里，他继续认真地整理历史，想把历史上兴衰成败的道理弄明白，寄希望于将来。如果司马迁要在现实中寻找一丝希望，谁有可能成为他的寄托？太子刘据！如果性格宽厚的刘据能够顺利登基，就有可能改变汉武帝留下的这一切。但现在由于巫蛊事件，太子死了，谁将继承汉武帝之位？将来又会怎样？完全无法预料。所以巫蛊案的发生、太子的去世也就宣告司马迁仅有的希望破灭了，司马迁开始步入绝望。这是巫蛊事件对司马迁造成的冲击。

理解了这一点，我们再来看一开始的时候提出的两个问题。

第一，司马迁既然对巫蛊事件很关心，却为什么不明确表达自己的意见，而是采取拐弯抹角的笔法？在《史记·田叔列传》里是这样，在《报任安书》里也是这样。因为当时的环境不仅让司马迁感到压抑，也给了他很多压力。已经受过宫刑的司马迁，不敢在这个时候过于明显地发出不同的声音。第二，司马迁为什么要把巫蛊案后续发展中的李广利降匈奴事件作为《史记》的尾声，又为什么要写这样一封《报任安书》？因为巫蛊事件使得司马迁对于国家和政治的改善，陷入了绝望，所以他搁笔，不再写了。

依靠《资治通鉴》留下来的线索，我们对巫蛊事件和汉武帝这个时代有了更加深刻的认识，也对司马迁在巫蛊事件中的心路历程作了解读。如果我们光读《史记》，是找不到这些内容的。司马迁和汉武帝这个时代的关系非常特殊，因为他自己就处在这个时代之中，也是这个时代的一部分。他来记录这段历史，有现场目击的优势，也有身在其中的局限。一千年后的司马光在看这段历史的时候，把司马迁也一起看进去了，所以把握全局的时候更清晰、更准确。那么班固的《汉书》，在讨论这个问题的时候又有什么特点呢？

四、《汉书》的独特视角

《汉书》也把巫蛊事件前前后后交代得很详尽，但和《资治通鉴》比，却是另一套解释。它最大的特点，一是强调江充和太子之间的个人恩怨，二是强调太子命运不济。在对当时整体局势的洞察上，在对巫蛊事件发生的深层原因剖析上，远远不如《资治通鉴》深刻。

我们再把《汉书》和《史记》作对比的话，会发现司马迁尽管描写得非常隐晦，但把几个关键点都点到了。《汉书》看上去比《史记》详尽、系统得多，但却用很多表面现象掩盖了事情的本质。

我们可以通过一个例子来说明《汉书》和《史记》的差别。我们曾经提到，对卫皇后和太子进行巫蛊栽赃只是表象，躲藏在这个表象背后的，是一场残酷的政治斗争，针对的目标就是以卫皇后和太子为首的卫氏集团。关于这一点，司马迁用一种非常特殊的方法在《史记》中点出来了。什么方法呢？司马迁没有系统描写巫蛊案的前后始末，但《史记》中提到的因巫蛊之祸而死的人，全都是卫氏系统的人。司马迁通过这样的笔法，暗示这是一场针对卫氏集团的政治清洗。最初死于巫蛊的，是卫青的老朋友、老部下公孙敖。大戏正式开幕的时候，先死一个公孙贺，那是卫青和卫子夫的姐夫；再死一个卫伉，那是卫青的长子；同时死了两个公主，阳石公主和诸邑公主。仔细查一下两位公主更详细的身份信息会发现，她们都是卫子夫的孩子！卫子夫一共为汉武帝养育过三女一男，阳石公主和诸邑公主就是其中的两位。再加上后来死的太子刘据，卫子夫的四个孩子，在这场巫蛊之祸中死了三个。这是巧合吗？卫子夫还有一个女儿虽然没有死于这场灾难，但是这个女儿的儿子，也就是卫子夫的外孙，却又死在这件事上。此人名叫曹宗，《史记》里交代得很清楚："宗坐太子死。"曹宗因为受到太子事件的牵连，被杀了。司马迁这里仍然没有提"巫蛊"两个字，但说到受太子牵连，那读者都明白，就是因为巫蛊案死的。

同样是这个曹宗，《汉书》提到他，只说这个人"有罪"，既没提他的死，更没提他为什么死。就这样，班固把巫蛊事件中牵涉卫氏家族的一个重要细节给抹去了。如果说司马迁对巫蛊之祸的描写很"隐晦"，拐弯抹角不明显，那么班固的写法就是在"隐讳"，对事实真相有所掩盖。

讲到这里，我们可以对巫蛊事件作个总结。整个事件可以说是错综复杂，其中还有很多解不开的谜团、说不清的内幕。大致看来，由于汉武帝和太子刘据对如何治国存在完全不同的看法，导致朝廷上出现对立的两大阵营。也因为父子之间巨大的性格差异，曾使汉武帝萌生过更换太子的念头。这个情况，被觊觎太子之位的其他势力利用，最终以巫蛊栽赃的方式除掉了太子以及太子母舅一系的卫氏势力。

太子死后不久，李广利就联合他的亲家刘屈氂，试图让自己的外甥、昌邑王刘髆成为新太子。这件事不仅没有做成，还给风波未平的巫蛊事件添了续集。李广利和刘屈氂的势力同样以巫蛊的罪名被剿灭。在此之前，李氏势力是不是促使原太子死于巫蛊之难的幕后推手？我们不得而知。但司马迁的《史记》以卷入巫蛊之祸的李广利投降匈奴作为结尾，应该有很深刻的含义。汉武帝时代并没有到此结束，但往后的事情，司马迁不再往下写了。所以我们看司马迁描绘出来的汉武帝的肖像，有缺笔，不完整。这种不完整，很可能来自巫蛊之祸对司马迁的刺激。

班固在《汉书》中讲述的巫蛊之祸，不仅突出了江充这类小人物的作用，还用天意来解释太子之死。讲到汉武帝时，班固又强调汉武帝对太子之死感到懊悔。根据《汉书》的记载，汉武帝后来察觉到，是以江充为代表的一批小人栽赃陷害太子，于是对他们进行了处理，并且建造"思子宫"和"归来望思之台"，表达对爱子刘据的追思。在班固版的巫蛊案中，汉武帝本人要对这起事变负什么样的责任？这个问题是无法追问的。我们从中看到的，是经过班固美化的汉武帝形象。

《资治通鉴》对巫蛊案真相的洞察，应该说是最深刻、最全面的。既揭示了由于治国方略的不同，汉武帝和太子之间存在矛盾，也观察到了当时朝廷上政治势力的分化。从中我们看到，巫蛊之祸的发生，是和汉武帝的治国策略紧密联系在一起的。这样描写出来的巫蛊案，才是立体的、全面的，展现的汉武帝的形象也是立体的、全面的。

第二十七章 汉武帝的罪己诏书

巫蛊之祸让司马迁停止了《史记》的书写，却没有让历史停止前进的步伐。恰恰是在巫蛊案之后，汉武帝本人也发生了很大的变化，并且进行了一次深刻的自我检讨。这个变化是如何发生的？汉武帝又是怎样检讨自己的呢？

一、汉武帝晚期面临的问题

汉武帝晚年，整个社会面临着一系列危机。这些危机促使汉武帝在他统治的最后几年里，做了两件大事。第一件大事是调整国策，改变统治策略。第二件大事，是替原太子刘据平反。那么当时的社会有哪些危机，这两件大事之间又有什么联系呢？

我们先来看当时的社会存在哪些问题。由于长期持续大规模军事活动，征调大量人力、物力，老百姓负担沉重、苦不堪言。由于这个原因，在汉武帝统治的晚期，曾经出现过两次比较大的社会危机。第一次危机出现在元封四年（公元前107年），这一年关东地区出现了多达两百万的流民。为什么会有这么多流民？《老子》里有句话："大军之后，必有凶年。"凶年指农业收成很糟糕的年份，老百姓都吃不上饭。大量青壮劳力被抽调到战场上，农业收成糟糕是可想而知的。而为了应付战场上的物资需求，官府的赋税又居高不下，老百姓在本地活不下去，纷纷逃离本籍，开始流亡。这是汉武帝晚期发生的第一次重大危机。

比流民问题更严重的，是发生在天汉二年（公元前99年）的第二次危机。迫于生存压力，有一些胆子比较大的人铤而走险，武装反抗官府，并且横行乡里、掠夺民间财富，使得本来已经不是很稳定的社会秩序变得更加动荡。班固总结当时的情况说："寇盗并起，道路不通，直指之使始出。"（《汉书·西域传》）很多地方都有强徒，聚为盗贼，或者占山为王，或者攻据城乡，把交通要道全都割断。为了镇压这些地方上的反抗势力，汉武帝直接派使者去解决具体问题。这些使者还有一个更漂亮的名称，叫"绣衣使者"，穿着很华丽的衣服，表示他们地位的崇高。同时汉武帝还让他们手里拿把斧子，表示威重，杀气腾腾。从这一点也看出来，当时朝廷和社会的关系非常紧张。

当时有一批盗贼在泰山附近，依仗险要的山势，聚众反抗，攻打城池，情况比较严重。汉武帝就派了一名使者，穿着华丽的衣服，手里拿着斧子，赶到这个地方，指挥围剿，并且杀了几个办事不力的地方官。使者一来，反抗的势头虽然被压下去了，但也没那么容易马上全面解决问题。而且朝廷发现，泰山附近的这股反抗势力并不是孤立的。很多其他地区的民间豪强都跟这股势力有来往，互通消息。虽然在当时范围更大的反官府网络还没有建立起来，但形势看起来比较严峻。所以汉武帝特别给那些负责关防把守的官吏下令，对来往人等严加盘查，尤其要注意往泰山方向去的人。这件事由于处理得及时，总算没有酿成巨变，但它也给汉朝的统治敲了一次警钟。而且社会上的这种不满情绪，很容易蔓延，泰山地区的反抗势力被打压下去了，其他地区零零星星的类似案例始终不断。更糟的是，这类事件不仅发生在地方上，在首都长安附近竟然也出现了。所以就有了专门负责长安附近治安的"绣衣使者"。我们以前提到过的江充这个人，就曾经充当过这个角色，负责缉捕长安附近的盗贼。

汉武帝统治晚期出现的流民问题和民间武装反抗问题，可以说是自汉朝建立以来，统治者所面临的来自国家内部最严峻的挑战。之所以会出现这种情况，和汉武帝一直以来主张积极开拓和长年征伐有关，社会财富的消耗已经触及老百姓的生存底线。从汉帝国内部状况来说，汉武帝有必要反思他以往的政策了。

而从汉帝国对外拓张本身的情况来看，就在汉武帝正式调整国策前不久，还曾经派遣了几支军队四处活动。一支是李广利率领的大军，出击匈奴，结果李广利由于受到巫蛊事件余波的影响，投降匈奴了。还有一支从今天的山西北部出军、配合打击匈奴的部队，也是无功而返。另外还有一支队伍，到西域地区活动，返回的时候，不计算战死的人数，光饿死的就有好几千人。这是汉武帝统治时期，最后一次大规模出征，结果是全线溃退。每支队伍的失败可以找到不同的原因，但在整体上说明，这时候的汉帝国，在对外军事打击上，已经是强弩之末了，大规模的拓张政策，很难再进一步维持。这也是汉武帝不得不考虑改弦易辙的重要原因。

无论是从内、还是从外来看，这时候的汉帝国都像是一张已经拉得很满的弓，再使劲拉的话，就有绷断的危险。孔子有一句名言："一张一弛，文武之道也。"（《礼记·杂记》）治理国家的道理也一样，不能一直把弦绷得很紧，得有张有弛，有急有缓。所以，如果要考虑汉朝的长治久安，汉武帝就不得不考虑调整统治策略，从积极开拓转向休养生息。

二、"轮台罪己诏"

转变的契机出现在征和四年（公元前89年），也就是巫蛊之祸发生之后的两年。这一年，汉武帝最重要的国务助理之一桑弘羊，给汉武帝提了一个关于国家扩张的建议。向外扩张是汉武帝长期奉行的国策，所以桑弘羊这次也是按照原有政策基调给汉武帝提建议。桑弘羊指出，在西域地区的天山南麓，有一个叫轮台的地方，是汉朝势力向外渗透的前沿边哨，也是西域交通的枢纽地区。为了确保汉朝对这块地区的控制，桑弘羊建议向这个地方派驻军队，兴建军事设施，并且移民垦田。这样做，除了威慑西域诸国之外，还可以进一步对匈奴形成压力。桑弘羊提出的这个建议，很显然是延续了汉武帝以往的政策。

但这一次，桑弘羊的建议却被汉武帝否定了。汉武帝不仅否定了桑弘羊的建议，还借这个机会，下了一道诏书，对以往的国策进行了深刻反思，历史上称之为"轮台罪己诏"。这份诏书，从性质上看，是汉武帝"深陈既往之悔"（《汉书·西域传》），深刻陈述对以往所作所为的悔痛。从内容上看，可以分为三个层次。第一个层次，反思了以往攻打匈奴、经营西域给国家和百姓造成的负担，也正视了历次战争的人道主义惨况。由于汉朝军队经常千里行军，进行军事活动，在当时的条件下，粮食供应一直是无法妥善解决的问题，所以往往出现"强者尽食畜产，羸者道死数千人"的情况。强壮的把随军牲畜或其他能吃的都抢来吃了，体质羸弱的就只有饿死在路边的份了。如果要发动大量人力、物力来载运粮食，对百姓骚扰又很大。所以汉武帝说，现在想想，这些都是很不好的事情。第二个层次，接着前面的话题，汉武帝说，记得当年打车师，虽然最终打赢了，但人力、物力损失惨重。现在提出经营比车师更为遥远的轮台，考虑过后果吗？于是顺着这个逻辑，汉武帝就把屯驻轮台的建议给否定了。第三个层次，把以前的方针路线否定了，那接下来怎么做呢？汉武帝说，以后要做的事情："务在禁苛暴，止擅赋，力本农，修马复令，以补缺，毋乏武备而已。"（《汉书·西域传》）禁止苛政，不许擅自增加百姓税收负担，致力于发展农业；另一方面，停止军事行动也不是说就此放松武备，战马还是要养的，武备还是要维持，做好国防工作。这两方面加起来，就是以后国策的基本内容。

　　以上这些就是"轮台罪己诏"的基本内容。我们回顾一下汉武帝的对外政策，从建元三年（公元前138年）张骞第一次出使西域算起，到讨论轮台问题这一年，经营西域的政策整整持续了近五十年，这时候政策导向来了个一百八十度大转弯，这是汉武帝晚年发生的第一件大事。

三、为太子洗冤

　　第二件大事，是替太子洗冤。原太子刘据因巫蛊之祸丧生之后，李广利和刘屈氂曾一度想把昌邑王刘髆推上太子的宝座。但这个计划最终失败了，刘屈氂因此被杀，不久刘髆也去世了。就在刘屈氂被杀之后、刘髆去世之前，这一年半时间里面，事情又发生了戏剧性的变化。在这段时间里，汉武帝采取了一系列行动，替刘据洗冤。当时虽然没有公开文件承认刘据并没有谋反，但汉武帝的一系列措施能让人们感受到这一点。整个巫蛊事件，就像坐过山车，翻来覆去，经常有几百度的大转弯。那么替太子洗冤这件事的契机又是什么呢？

经历了巫蛊之祸这么大一场变乱，汉武帝本身也在反思。他想来想去，觉得刘据起兵应该是迫于无奈之举，不会是真的想造反。恰巧这个时候，有个叫田千秋的人给汉武帝上书，替太子喊冤。他说太子在没有汉武帝授权下擅自杀人并且动了干戈，导致更多的人死亡，究其本质，这只能算是一些失误，并不是真的造反。这是田千秋所说的大概意思。田千秋本来只是个级别很低的官吏，所谓人微言轻，凭什么对这么大的一件事发言呢？即便是把话说了，汉武帝会不会信呢？这些都是需要顾虑的问题。所以，为了让汉武帝采纳他的意见，田千秋的话讲得非常有技巧，他就针对汉武帝迷信神仙的心理，说他是梦见一位神灵教他来这么说的。这一招果然很管用，汉武帝听了田千秋这番话之后，就说这是祖宗、神仙显灵，让田千秋来告诉他太子事件的真相。于是汉武帝就决定要给太子洗冤。汉武帝本来就在反思这件事，田千秋来讲这番话，正好给了汉武帝一个台阶。

汉武帝具体做了哪些事情呢？一是处理陷害太子的罪魁祸首江充。江充本人早在兵变前就已经被太子杀了。现在汉武帝又下令，把江充家人给族灭了。二是把当初专门打太子小报告的一个太监给烧死了。三是抓了一个当初曾经用兵刃胁迫太子的人，把这个人连他的家人也给族灭了。这三件事都是处置曾经参与迫害太子的人，属于同一性质的举措。和惩罚这些宵小之徒相对应的是，汉武帝对田千秋进行了奖赏，把他提拔为大鸿胪，这是当时掌管外交礼仪的高级官员。除了奖惩措施之外，汉武帝还有另一项重要举措，建了一座"思子宫"，表达对太子的思念；又建了一座"归来望思之台"，希望太子游荡在外的魂魄能够早日归来、安息。

这些都是明面上的事，田千秋一上书，汉武帝马上就做了。学者们经过研究发现，汉武帝为太子洗冤所做的事远远不止这些，很多事情他是做得非常细致、非常彻底的。为什么这么说呢？太子兵变刚发生的时候，汉武帝把这件事定性为谋反，下令对太子进行围剿，所以就有人在攻击太子的过程中立了功，并且被封侯。后来太子兵败出逃，最终暴露行踪，被迫自杀，又有人因为获得太子尸体而立功，也封了侯。通过这两种途径封侯的人，史书上记载了五个，这五个人在后来的两三年里，都因为其他各种各样的罪名，或者被杀，或者自杀，没一个善终。通过这些人的命运，我们可以看出，汉武帝替太子洗冤的态度是非常明朗的。现在需要讨论的是，汉武帝晚年做的这两件事情，调整国策和替太子洗冤之间，有什么内在联系？

四、改定国策和太子案的关系

如果没有巫蛊事件的发生，刘据能顺利继承皇位的话，那么他很有可能对汉武帝的政策作出调整。刘据在性格上和他父亲最大的区别就是敦厚安静，主张宽和的文治，这和崇尚武力、积极开拓的汉武帝很不一样。由于巫蛊事件，刘据死了。将来继承汉武帝皇位的会是谁，这个继承者的政策导向会怎样，都成为扑朔迷离的问题。整个帝国处于内外交困的环境之中，这迫使汉武帝不得不对以往政策进行反思、作出调整。而这种反思、调整，恰恰就是走到刘据生前主张的那条路线上去了。所以，汉武帝在前后相近的这段时间里，一方面替太子洗冤，一方面主动调整国策，这两者之间有很密切的联系。

另外还有一件有意思的事情，当初替太子鸣冤的田千秋，不久之后汉武帝就让他做丞相了，而且还封他为"富民侯"。"富民侯"这个称号很值得注意，这意味着汉武帝希望在停止开拓性政策之后，能够让老百姓过上富足的生活。但汉武帝没有把这个封号送给别人，而是给了替太子喊冤的田千秋。从这里也能看出，调整国策和太子案之间的联系。

这里还有两个问题值得讨论。第一，汉武帝的这次转变，是突然发生的吗，事先有没有迹象？第二，汉武帝为什么要做这样的自我否定，而不是把这些问题留给后人，让继承者来改？

先谈第一个问题。卫青在世的时候，汉武帝曾经对卫青讲过一番话，分析他自己和儿子刘据之间的差别。汉武帝说："若后世又如朕所为，是袭亡秦之迹也。太子敦重好静，必能安天下。"（《资治通鉴》卷二十二）汉武帝看好刘据，认为他的敦厚宽和，可以把汉朝带向长治久安。这番话既是对太子的赞赏，也是汉武帝的自我反思。卫青死于元封五年（公元前 106 年），所以汉武帝这番话一定是元封五年之前说的。恰恰是在卫青去世前的一年，也就是元封四年（公元前 107 年），关东地区出现了两百万流民。这是汉武帝统治晚期面临的第一个重大危机。汉武帝讲这番话，很可能是受到这次危机的触动。这至少可以说明，早在巫蛊事件发生之前，汉武帝就已经意识到了整个社会存在严重问题，有调整国策的必要。只不过汉武帝把摊子铺得太大，四面出击，很多问题一旦卷进去以后，想抽身就没那么快。就像疾驰的骏马，你要它一下子停下来，很困难。后来又加上太子争夺战一度白热化，随之发生巫蛊事件，这些因素都影响了汉武帝及时调整国策。但从对卫青讲的这番话来看，我们可以体察到，汉武帝对国策转型问题，已经有了很长时间的思考。在他最后几年里，替太子平反、主动调整国策并不是一时兴起，而是经过深思熟虑的。

再谈第二个问题，汉武帝为什么不把这些问题留给后人解决，而是要通过自我否定的方式来处理？中国的皇帝制度虽然延续了两千多年，但每个皇帝的具体情况不一样。由于个人性格和时代环境等多重原因，并不是每个皇帝都有十足的权威来做成任何一件他想做的事。千万不要误以为皇帝想怎样就怎样，没这么简单。汉武帝是一个典型的强势皇帝，面对国策调整这么重大的问题，而且又是纠正自己以前的错误，汉武帝自己想做，是可以顺利做成的。如果留给继任者处理，这位继任者的权威是不是足以纠正汉武帝施行了五十年的国策，就是大问题。而且每一项政策的施行，都会产生一批利益阶层，即便后世的继任者有改革的决心，这些既得利益者也可能会祭出汉武帝的亡灵来反对。所以，汉武帝晚年的改革，既说明了他有敢于承认错误的勇气，也说明了他有把握大局的政治智慧。这个决策应该说的确是非常明智的，如果汉武帝自己不改正这些问题，汉朝的未来将走向何方，还真是一个难说的问题。

最后我们要来分析一下史家们对汉武帝这个改变的不同解读。司马迁的《史记》在征和三年（公元前90年）就打住了。所以征和四年（公元前89年）的这次重大转折，在《史记》里并没有得到反映。这里有一个情况需要说明一下，司马迁的生卒年一直是个谜。我们不知道司马迁具体是在哪年去世的，不知道征和四年（公元前89年）汉武帝下"罪己诏"的时候，司马迁是否还健在。总之，我们看到司马迁描绘出来的汉武帝肖像，缺了最后这么几笔。

但我们应该注意到，《史记》对汉武帝晚年的统治危机，有很详细的交代。比如我们前面提到的天汉二年（公元前99年）的民间武装反抗，司马迁在《史记·酷吏列传》里作了详细介绍。司马迁说当时山东、河南、河北以及部分南方地区都存在着大大小小的武装力量，规模小的几百人，大的几千人。这些记录，表达了生活在当时的司马迁对社会问题的一种忧虑。所以在他内心深处，应该是非常期待汉武帝这种改变的到来的。最后汉武帝的确改了，但司马迁却未必亲眼见到了。这是一种遗憾。

我们再来看《汉书》和《资治通鉴》在"罪己诏"问题上的区别。它们的区别体现在两个方面。首先是内容的区别。这份诏书，正是因为被《汉书》记载了，我们今天的人才能看得到。但我们仔细读《汉书》里的这份诏书，尽管它的内容的确是在检讨以往的政策，但要称之为汉武帝的"罪己诏"的话，总觉得有些名不符实。为什么呢？这里面对于以往国策是怎么形成的，汉武帝强调了这么一个问题："古者卿大夫与谋，参以蓍龟，不吉不行。"（《汉书·西域传》）汉武帝说，按照一直以来的传统，每一项重大决策的形成，都要充分听取各级官员们的意见，并且还要占卜，请示神灵。如果官员们反对意见很大，占卜又不吉利，那么这项决策是无法形成的。顺着这个话题，汉武帝举了很多例子，证明自己以往每次制定决策的时候，都是充分尊重人和神的意见的。比如某次打匈奴，对要不要打，他不仅问了丞相、御史大夫这些高级官员，还问了地方上的一些中级官员，大家都说没问题，可以打；又让负责占卜的官员去占卜，也说吉利。根据这些意见，汉武帝决定出兵，结果呢？却失败了，给国家和百姓造成很大的损失。汉武帝为什么要讲这些？意思就是说，国家走到今天这一步，不是他一个人的责任，这些人都是要负共同责任的。

所以前文说这份"罪己诏"有些名不符实，因为它重点强调了官员们的责任。这么一强调，汉武帝本人的责任很显然就减轻了。因为在现存史料中，《汉书》对这份诏书的记载是最早的，所以司马光编《资治通鉴》的时候也不得不用这份文字。但《资治通鉴》在谈汉武帝自我反省的时候，除了这份诏书，还多出一段内容，那是《汉书》没有的。什么内容呢？汉武帝对大臣们说："朕即位以来，所为狂悖，使天下愁苦，不可追悔。自今事有伤害百姓，糜费天下者，悉罢之。"（《资治通鉴》卷二十二）汉武帝说自己即位以来，所作所为十分荒谬悖理，使百姓不能安居乐业，现在想起来真是追悔莫及；从今往后，所有劳民伤财的举动都要停止。仔细体会这段话的重点，重点在汉武帝承认自己的错误，而不是在别人身上找原因。

《资治通鉴》里的这段话虽然简短，但关键的问题都点到了。更重要的是，在这段话里，汉武帝的确是在自我检讨。这和《汉书》那份诏书重点强调官僚们的共同责任，有很大的区别。司马光的这个安排，强调了两点：首先，汉武帝对当时严重的社会问题负有首要责任，这点不可推卸；其次，作为一个皇帝，应该有承认错误的勇气。

关于这个问题，这两部史书还有另一个不同：对汉武帝这次反省定性不同。班固说汉武帝的这个举动是"仁圣之所悔"。首先把汉武帝的形象树得很高大，说这是一位仁爱的、伟大的圣人，当然圣人也难免会有些后悔的事情，所以晚年有这么沉痛的自我反省。和班固这种美化的手法相比，《资治通鉴》就讲得很实事求是，司马光认为汉武帝因为在关键时刻进行了自我纠正，所以"有亡秦之失而免亡秦之祸"。汉武帝犯了和秦始皇一样的错误，但不同在于，汉武帝及时自我纠正了，所以避免了像秦朝那样灭亡的命运。这个评价应该说是非常客观的。

第二十八章 临终托孤

大汉帝国在汉武帝的领导下，走过了半个世纪的风风雨雨。汉武帝晚年重大的政策调整，使汉朝避免了走向终结的命运。但汉武帝自己的人生，却在这次改革之后，即将走到尽头。但汉朝的统治，需要继续下去。那么汉武帝在最后的日子里，对身后事作了哪些安排，我们又如何来看待汉武帝这一生呢？

一、新太子刘弗陵

这个时候，汉武帝的长子刘据已经死了，他最宠爱的李夫人为他养育的儿子昌邑王刘髆也死了。现在有一个非常现实的问题摆在汉武帝面前，让谁来接班，让谁领导这个庞大的帝国继续往前走。汉武帝必须谨慎考虑，作出决定。

按照中国古代的皇位继承原则，继承人当然首先是在汉武帝余下的几个儿子中考虑。汉武帝一共有六个儿子，巫蛊之祸中去世的是老大和老五，也就是刘据和刘髆。还有个老二，在更早的时候就病故了。所以这时候汉武帝还剩下三个儿子，分别是老三、老四和老六。老三名叫刘旦，老四叫刘胥，他们俩的母亲是同一个，也姓李，历史上称为李姬。老六叫刘弗陵，母亲姓赵，赵婕好。

在这几个儿子中，选谁做继承人，汉武帝显然非常慎重，迟迟不肯明确表态。直到他生命的最后关头，才从这几个儿子中选了一个，正式册立为新太子。最终汉武帝选择的是最小的老六刘弗陵。

汉武帝这个决定，有些不合常理，也不符合传统的立嗣原则。中国有句古话："国有长君，社稷之福。"一个国家，如果有年龄比较长的人来做君主，那是国家和百姓的福分。为什么？因为在一般情况下，年龄长就意味阅历丰富、思想成熟、举止沉稳，不容易被欺骗、蒙蔽，不容易被权臣或其他势力挟持，制定决策的时候，能考虑得更周全一些，不至于太轻浮急躁。所以中国古代在选择继承人、立太子的时候，有一个非常重要的原则，叫"立长"，就是按照年龄长幼来确定谁有资格继承皇位。在同等条件下，尽量选择年龄长的来做太子。当时汉武帝这三个儿子，从年龄上看，刘弗陵才八岁，而老三、老四都已经三十岁朝上了。如果遵从"立长"原则的话，汉武帝应该首先考虑老三或老四。尤其是老三，前面老大和老二都死了，按年龄顺序排，应该轮到他。但出人意料的是，汉武帝既没有选择老三，也没有选择老四，而是选择了年龄最小的老六，也就是后来的汉昭帝。

中国历史上这么多皇帝，并不是每个皇帝都有资格被称为政治家。但这个时候的汉武帝，经历了这么多大风大浪，很显然已经历练成一位十分老辣的政治家了。所以很多事情，看上去是不按常理出牌，仔细想想，都是有道理的。就说立新太子这件事，他为什么放弃立长原则，选择了年龄最小的刘弗陵？

二、选择刘弗陵的理由

先来分析一下汉武帝这三个儿子的个性、为人。老三刘旦这个人，可以用八个字评价他：学问不错，野心不小。说他学问不错，是因为史书上说他"博学经书杂说"（《汉书·武五子传》），很博学，儒家的经典和其他诸子百家的学说都知道一点。而且有口才，有谋略，善于结交各色各样的人物。这体现出刘旦具备做皇位继承人的能力。说他野心不小，是因为刘旦也的确非常希望成为汉武帝的接班人，为争取这个位置很卖力。这体现出刘旦本人具备做皇位继承人的意愿。那么既有能力，又有意愿，再加上他年富力强，看上去是一个很不错的人选，汉武帝为什么没有选择他呢？说到这个问题，对刘旦的评价还得追加八个字：急躁冒进，缺乏耐性。

巫蛊之祸发生的时候，刘旦并不在都城长安。因为在此之前，他就被封为燕王，作为一名诸侯王，他生活在自己的封地上。巫蛊之祸中老大刘据死了，排行老三的刘旦掐指一算，大哥死了，而且把太子的位置空出来了，二哥呢，早几年就病死了，这么算下来，怎么也该轮到自己去填空了。所以刘旦想当然地认为，太子这个位置非他莫属。于是主动给汉武帝写信，要求回长安。汉武帝何其聪明，当然很明白，刘旦是冲着太子这个位置来的。但刘旦这步棋走错了。

和汉武帝这样性格强势的人物打交道，一定要注意技巧。汉武帝这样的人，最讨厌的就是你来告诉他该做什么、该怎么做，讨厌被人指使、挟持。如果刘旦不写这封信，汉武帝说不定还会考虑他。现在汉武帝还没想明白呢，刘旦就先写信给他，积极表示要进京，也就是暗示汉武帝，该立他做太子了。但汉武帝的性格是，你想让他这样，他就偏不这样。所以汉武帝一接到刘旦的信，立马就把替刘旦送信的人送到监狱里去了。后来汉武帝又听说刘旦利用自己的身份掩护一些犯罪分子，一怒之下削夺了刘旦很多封地。所以刘旦这步棋偷鸡不成蚀把米。刘旦这次坏就坏在太积极上。

再说老四刘胥。刘胥和他哥哥刘旦很不一样。刘旦博学多才，长于文。刘胥不仅力能扛鼎，而且能够赤手空拳和猛兽搏斗，所以刘胥是长于武。但刘胥的武，武得有点粗鲁，史书上说他"动作无法度"（《汉书·武五子传》），言行举止都没规矩，是个莽夫。这当然更不合适做皇位继承人。

所以汉武帝最终考虑来考虑去，还是选择了小儿子刘弗陵作为接班人。刘弗陵比较早慧，比同龄的小孩要聪明些，而且身材也比同龄小孩更高大。汉武帝总觉得这个儿子像自己，所以一直比较偏爱。另外一方面，刘弗陵毕竟年龄小，没有独立的行为能力，所以也就没有机会去做那些让汉武帝不高兴的事。但对汉武帝来说，让这么小的孩子继承皇位，风险也非常大。他本人不具备行政能力，也缺乏成年人的判断力。被人骗了，或者被权臣挟持了，怎么办？又或者小孩任性，非要做一个错误的决定，怎么办？既然选择刘弗陵做继承人，这些问题就必须考虑到，事先要把漏洞全堵上。那么汉武帝采取了哪些措施来堵漏呢？

三、立子杀母

为了防止年幼的刘弗陵做上皇帝后，被某些特殊的利益集团挟持，汉武帝杀了一个人：刘弗陵的生母赵婕妤。这叫"立子杀母"，在今天看起来很残忍。中国历史上，并不是每一次立太子都会杀母亲，但这一幕上演的次数也不能算少。

那么为什么非得做这么残忍的事呢？迫使汉武帝这么做的最重要的理由，就是历史教训。说远一点，汉朝初期，刘邦死了以后，大权都在他的遗孀吕太后手上，他们的儿子汉惠帝反而没什么权威。由于这个原因，后来酿成吕氏利益集团和朝廷其他大臣的剧烈冲突，争端最终以政治清洗的方式解决。再说稍微近一点的教训，汉武帝自己刚登基的时候，不仅他母亲王太后还在，奶奶窦太后都还健在。两个老太太，各打各的算盘，各有各的族人要照顾。当时的汉武帝，二十岁还不到，羽翼未丰，被俩老太太两头一堵，成风箱里的耗子了，根本不可能按自己的意愿去办事。再说一个就在眼前的教训，刘据做太子的时候，他母舅卫氏势力大。后来汉武帝更宠爱李夫人，让李广利接替卫青的地位，李氏集团又迅速崛起。为了太子争夺战，卫李两家你死我活，闹得天翻地覆，最终酿成兵变，京师流血。而且两个儿子刘据和刘髆，一个都没活下来。这都是母家势力惹的祸。

所以汉武帝这次也算是"以史为鉴"了，如果要立年幼的刘弗陵为太子，让他继承皇位，就必须把这个漏洞堵住，谨防刘弗陵母亲和她的家族干预、败坏政治。汉武帝可以说是未雨绸缪，在立刘弗陵的前一年就开始着手安排这件事了。有一次刘弗陵的母亲赵婕妤跟随汉武帝到甘泉宫，犯了个小小的错误。这个错误小到连史家都不屑于记载，所以我们也不知道具体怎么回事。但汉武帝却抓住这次机会，把赵婕妤狠狠骂了一顿，骂完之后送到监狱。赵婕妤心里也莫名其妙，被带走的时候回过头来看了看汉武帝，汉武帝说了一句话："趣行，汝不得活！"（《资治通鉴》卷二十二）叫她快走，明确告诉她，这次是不能让她活了。后来赵婕妤就死在了监狱里。

四、顾命大臣

要立刘弗陵，光杀赵婕妤也不行。乱政的外戚势力可能是被去掉了，那么小孩失去父母之后，谁来保护他呢？让一个八九岁的小孩做皇帝，首先得确保他的位置能坐稳，然后才能让这个帝国继续往前走。所以汉武帝必须替刘弗陵选好监护人。

在中国历史上经常出现这一幕，老皇帝去世的时候，接班人年龄还小。所以老皇帝往往会挑选几位既有能力又有忠心的大臣托付后事，这样的大臣被称作"顾命大臣"，把小皇帝托付给他们，请他们保护、辅导。现在这个问题就摆在汉武帝面前：选谁做顾命大臣？选顾命大臣，能力固然重要，但比能力更重要的还有两条，一是性格稳重，二是高度忠诚。如果这个人很有才能，但性格轻佻，不沉稳，那就不合适。因为小皇帝本来就性格不成熟，容易轻浮冒进，甚至做些荒唐幼稚的事。如果顾命大臣的性格也很轻佻，两个人一唱一答，一定坏事。所以顾命大臣性格必须稳重。

比性格更重要的，是忠诚度。如果这位大臣很有才干，性格也很稳重，但缺乏忠诚度，那情况就更糟。顾命大臣，位高权重，军政大权全在他手里，如果这样的人不忠心，说不准什么时候就把小皇帝搞掉，自己上台了。西汉末年的王莽不就是这样吗？西汉最后两位皇帝，前一位汉平帝，登基的时候才九岁，王莽辅佐他。汉平帝长到十四岁就去世了，有人说就是王莽毒死的。之后王莽立了才两岁的孺子做储君。每次朝廷开会，王莽都是背着这个小孩听政。后来王莽背烦了，干脆把这小孩也废掉，自己称帝了。这是典型的辅佐大臣篡位的例子。当然历史上也有选顾命大臣选得很好的佳话。比如三国时候的刘备，临终前把儿子刘禅托付给诸葛亮。诸葛亮为报答刘备对他的知遇之恩和临终托孤的厚望，在辅佐刘禅的过程中"鞠躬尽瘁，死而后已"。

所以关于如何选择顾命大臣，历史上成败两方面的例证都有。历来老皇帝托孤、选顾命大臣，多少都有点下赌注的意思。选对人了，那是赌注下对了；选错人了，就赌输了。那么汉武帝该选谁来托付后事呢？汉武帝根据以往的观察和经验，在大臣中找来找去，找到一个人，他认为在所有大臣中，这个人最值得托付。这个人名叫霍光。霍光有一个哥哥，大家非常熟悉，就是名将霍去病。霍光是霍去病同父异母的弟弟。

汉武帝为什么选择霍光？史书上说霍光这个人，"出入禁闼二十余年，小心谨慎，未尝有过"（《汉书·霍光金日磾传》）。在汉武帝身边二十多年，没出过一个差错。一个人要两天不犯错，忍一忍也能忍下来，要两个月不做错一件事，恐怕就有点难了，更何况是二十年不出差错。可见霍光这个人在谨慎、稳重上，符合做顾命大臣的标准。

另外要考虑的就是忠诚问题。所谓画虎画皮难画骨，知人知面不知心。要真正了解一个人很难。才能和性格，能从平时的行为举止中观察出来，最难判断的是忠心。汉武帝如何判断霍光的忠诚度？我们不是汉武帝，无法体验他的感受。但至少有一点，霍光的哥哥霍去病在世的时候，汉武帝很厚待他们兄弟。霍光能走到今天，完全是因为汉武帝对他哥哥霍去病的恩遇。像霍光这样仔细谨慎的人，如果再有一点知恩图报的心，忠诚度应该还是可靠的。不管怎么样，我们看到的结果，是汉武帝把赌注下在霍光身上了。

当然汉武帝不会那么简单，让霍光一个人大权独揽。霍光虽然是首辅大臣，但为了以防万一，汉武帝同时还嘱托其他三位大臣共同辅政，其中就有我们之前经常提到的桑弘羊，这是跟随汉武帝多年的左右膀。还有两个人，一位叫金日磾，一位叫上官桀。这三个人为什么会出现在顾命大臣的名单上？先说桑弘羊，桑弘羊从十几岁就开始进宫陪伴汉武帝。而且两个人年龄相差不大，可以算是"发小"了。桑弘羊出身于商人家庭，最大的特点就是善于理财。后来汉武帝四面征伐，要花费大量财物，桑弘羊就是汉武帝最重要的财政助理。汉武帝统治这么多年，桑弘羊一直积极支持汉武帝的政策。所以这是一个汉武帝非常信任、值得托付的人。

再说金日磾和上官桀，这也是汉武帝非常信任的两个人。尤其是金日磾，平时的作风以严谨、厚实著称。金日磾的出身很有意思，本来是个匈奴贵族，后来成为汉朝军队的俘虏，到长安替汉武帝养马。有一次汉武帝要视察他们养的马匹，就有几十个养马人牵着自己养的马从汉武帝面前走过。当时汉武帝身边带了很多后宫佳丽一起，其他所有养马人路过的时候，都想方设法偷窥一下，瞄一瞄那些女人，唯独金日磾目不斜视，牵着马规规矩矩走过去。汉武帝一下子就发现了这个人，把他叫过来问话，发现这个人实诚，慢慢地就委以重任了。

上官桀最初也是替汉武帝养马。有一阵子汉武帝身体不好，等他好一点的时候又去看马了，发现很多马瘦骨嶙峋的，就把负责人上官桀叫过来痛骂，问他怎么回事，是不是觉得皇帝的病好不了了，再也不会来看马了，所以就偷懒，不好好养马。上官桀痛哭流涕地对汉武帝说，他是听说皇帝病了，一直非常忧虑皇帝的健康，连养马的心思也没有了，所以才会出现这种情况。听他这么一说，汉武帝觉得这个人不错，从此也开始信任、委用他了。

大家看汉武帝的安排，桑弘羊、金日磾、上官桀，加上霍光，总共有四位顾命大臣。而这四个人，出身、来路都不一样。桑弘羊是长年跟随汉武帝的老臣；金日磾是从匈奴贵族转变成汉武帝的宠臣；上官桀的身份和其他几个比稍微弱一点，但也是获得汉武帝信任的人；而霍光呢，其实他是卫氏集团的存余势力，他是霍去病同父异母的弟弟，而霍去病是卫子夫和卫青的外甥。这四个人的身份很不一样，不是一个阵营里的人。汉武帝的这个安排是非常巧妙的，同时任命这四位身份各不相同的顾命大臣，就是希望他们相互制约，防止出现一人独大、对小皇帝不利的局面。

那么，对于汉武帝这样的安排，应该如何评价？三位史家对此又有什么不同看法呢？

先来分析"立子杀母"。关于赵婕妤的死，翻翻三部史书，《史记》里没有，《汉书》和《资治通鉴》都有，但说法不一样。

先说《汉书》和《资治通鉴》怎么不一样。《汉书》说赵婕妤是在监狱里忧郁而死，而《资治通鉴》说是汉武帝下令赐她一死。这是很重要的一个细节差别。按《汉书》的说法，虽然汉武帝有立子杀母的打算，最终赵婕妤也的确死了，但这不是汉武帝直接造成的，赵婕妤是死于忧郁症。而按《资治通鉴》的说法，这件事从头到尾都是汉武帝一手安排的。我觉得《资治通鉴》的说法更可靠，因为这更符合汉武帝老辣政治家的形象。《汉书》可能出于隐讳，也可能出于谨慎，不像《资治通鉴》点得那么透。

赵婕妤究竟怎么死的，我们无法回到现场查证。但有一点可以肯定，汉武帝为了选择继承人，操纵这么大一局棋，赵婕妤摆明了是他要牺牲的一颗棋子。这个女人不管最终是以什么形式死的，汉武帝都脱不了干系。如果赵婕妤真是忧郁而死，那也只是个现象，现象并不代表本质。我们了解了整个局势之后，可以肯定，赵婕妤的死，在汉武帝的计算之内。所以司马光干脆说赵婕妤的死是汉武帝直接造成的，这样的叙述，更接近本质。

再看《史记》。巫蛊之祸以后发生的事情，《史记》里都没有。汉武帝"立子杀母"，费尽心机安排身后事，这些内容《史记》当然也没有记载。为什么没有？有两种可能。第一种可能，我们以前讲过，巫蛊事件对司马迁的心理打击非常大，因为司马迁很可能是巫蛊案的主要受害人刘据的支持者。刘据的死，几乎使司马迁对未来失去了希望。所以司马迁就此搁笔，此后汉武帝下罪己诏、重新立太子，都没能在《史记》里得到反映。如果是这样，那么是司马迁的主观情绪在影响历史记录。还有一种可能，是司马迁没能看到这些事情。之前也介绍过，司马迁死在哪年是个谜。也有可能在汉武帝晚年做最后几件事的时候，司马迁已经去世了。如果是这样的话，那是生命本身的局限，使得司马迁没有机会看到完整的汉武帝时代。这是依靠亲身经历书写历史最典型的局限。

很多人都有一个误解，认为生活年代离历史事件越近的史学家，讲述的历史更可靠。其实不一定，从汉武帝"立子杀母"这件事例来看，反而是离汉武帝时代最远的司马光讲得最透彻，最接近事件本质。

再说选顾命大臣这件事。这件事让我们不得不佩服汉武帝，充分体现了汉武帝不仅看人看得准，而且也有用人魄力。说他看人准，是因为从后来的历史发展来看，汉武帝这次任命基本上确保了汉朝统治的延续。在汉武帝死后，汉朝的统治又持续了将近一百年，其中霍光功不可没。汉武帝晚年最终的这些选择，不仅是选顾命大臣选得比较靠谱，即便在选择继承人的问题上，他选刘弗陵，基本上也没出什么差错。刘弗陵虽然年龄小，但在做皇帝的十几年里，没有发生过重大失误，也没做过什么出格的事。这说明汉武帝的确有识人之明。

除了这点以外，也要看到汉武帝还有用人的魄力，具体体现在用金日磾这件事上。金日磾本来是匈奴贵族，做了俘虏才到汉朝来。这时候匈奴依然是汉朝最大的敌人，但汉武帝并不因为这个对金日磾有所顾忌、疑虑，反而放心大胆地起用，而且是放在顾命大臣这么重要的位置上。事实证明，这个选择也没出差错。这点上，汉武帝的魄力是令人佩服的，这是大政治家的手笔。

把这些后事安排定以后，汉武帝能为刘弗陵做的都已经做得差不多了。公元前 87 年，这位叱咤风云半个世纪的大汉天子撒手人寰，与世长辞了。从公元前 141 年登上皇位算起，一直到这个时候，汉武帝统治这个庞大的帝国将近五十五年。

终　章

汉武帝死后，历史将翻开新的一页，但汉武帝留给历史的影响却是无法磨灭的。现在回过头来看看汉武帝的一生，又该如何评价这位对中国历史影响巨大的帝王呢？

我们这本书全面介绍了汉武帝一生重要的事迹和功业。从中我们不难发现，汉武帝既是一个非常有作为的皇帝，又是一个备受争议的皇帝。但无论是功是过，有一点可以肯定：汉武帝不仅对西汉历史影响很大，也对整个中国的历史发展产生了巨大影响。中国历史上三百四十八位皇帝，并不是每位皇帝都有资格被人不停地热议。绝大多数皇帝，别看他身份尊贵，其实对历史根本没什么影响力，早就被人遗忘了。

这本书写汉武帝，有一个重要特点，不是依据某一部史书或某一位史学家的单一记载来讨论汉武帝和他的时代，而是始终不停地把《史记》《汉书》《资治通鉴》这三部史书进行比较。通过比较，我们发现这三部史书里记载的汉武帝有很大的不同。每位史学家都提供了一面独特的镜子，每面镜子里映照出的汉武帝的形象也各不相同。

为什么会这样？是史学家在撒谎？事实上并不是因为哪位史学家想欺骗读者，而是因为这些史学家是站在不同的位置、角度来观察汉武帝，得出的结论自然不同。就好像我们在街上目击了一场车祸，警察来询问的时候，证人完全可能因为他站立的位置、角度不同，给警察提供不同的证词。这是从空间上讲。三位史学家观察汉武帝就不仅仅是空间问题了，还有一个非常重要的时间差异。他们和汉武帝之间的时间距离，差异很大。司马迁的生活年代，基本上和汉武帝统治时期重合，亲身经历了绝大部分当时的重大事件。第二位史学家班固，生活在汉武帝之后一百二十年左右，当时西汉已经灭亡了，而打着"恢复汉室"旗号的东汉却刚刚兴起。第三位史学家司马光的生活年代，已经是汉武帝之后一千多年的宋代了。由于这三位史学家和汉武帝之间的距离呈现这么大的差异，他们关注汉武帝的角度和程度，也会呈现很大差异。

我在本书序章里打过一个比方，从不同角度看汉武帝，就像我们看风景，远看、近看、身在其中看，必然大不相同。汉武帝就像一座名山，司马迁是"身在此山中"，他看到的都是山里最真实、最细腻的内容，但他却跳不出这座大山。班固呢，因为他生活在东汉初期，正是要接过西汉的旗帜继续努力的时候，这个时候来看西汉时期最重要的帝王之一汉武帝，就好比是在出山的路口上回身仰视这座大山，这种视角下看出来的那座山，会显得特别雄伟。而司马光已经远离汉武帝时代，他所生活的宋代有自己的时代使命，这种使命和汉武帝时期的历史没什么直接联系，所以司马光好比是站在另一座山上眺望汉武帝这座山。有句话叫"它山之石，可以攻玉"（《诗经·小雅·鹤鸣》）。我们可以把它解释为，借助别人的经验教训，可以帮助自己成长。这句话用来形容司马光编纂《资治通鉴》的目的，非常合适。

而我们今天，站在二十一世纪的历史平台上，重新回顾、评论汉武帝这段历史，当然又有我们自己的立场和观念。历史就这些内容，一个汉武帝为什么要不停地、反复地被解释？正是因为不同的时代，有不同的观念和使命，所以每个时代都会对以往的历史重新作出解释。这是历史认知最基本的特点之一。所以像"历史是任人打扮的小姑娘"这样的观点，是非常浅薄的，这个观点，没有考虑到不同角度观察历史的合理性。我来打个比方，你今天和家里人吵架了，很生气，越想越气，觉得对方怎么这么不讲理。这是你吵架当天的感受。过了三四天，你再想想，算了吧，自己家里人，为什么怄这么大气，找个台阶和解了吧。这是你事后寻找处理方法时候的想法。再过三四年，又想起这件事，你可能会哑然失笑，觉得自己好无聊啊，怎么会为这么一件小事和家人闹得脸红脖子粗。再过三四十年，可能和你吵架的人已经不在了，这个时候你再回想起这一幕，或许会非常心酸，当时吵得面红耳赤的场景，在这个时候的你看来，或许也是十分温馨的，你多么希望对方能再一次站在你面前，和你大吵一次，可惜已经不可能了。你看，我们对于自己经历过的事情，尚且会在不同时期、不同心境下，引出不同的回忆心态。能说你在某个阶段的感受是不真实的吗？能说记忆就是一个任你打扮的小姑娘吗？当然不是。那么，不同时代的历史学家，在不同的时代背景下，描绘出不同的历史图景，不是很正常的事吗？

我们现在就可以结合三位史家的不同叙述，同时也结合我们今天的认识，对汉武帝这个人和他的时代作一些总结。我们可以用十六个字概括汉武帝的一生："内强皇权，外服四夷，迷信神仙，晚年改辙。"

我们先来看第一方面，"内强皇权"，或者也可以说是汉武帝在内政建设方面的成绩。关于这个话题，我们前文介绍过这么几个相关内容：一是汉武帝用各种手段削弱其他势力以达到加强皇权的目的，其中包括打击诸侯王势力，遏制公卿贵族豢养门客，瓦解民间游侠集团，任用出身贫寒且比较听话的人来做丞相，等等。

在这个过程中，汉武帝用了不少手段。政治斗争，难免越出道德藩篱。抛开道德尺度，我们至少可以看到，通过这些步骤，汉武帝完成了秦始皇以来建设中央集权的努力，巩固了统一帝国，打击诸侯王是为消除分裂隐患。这是从肯定角度讲。从批判的角度来看，汉武帝从各个角度加强皇权，代表社会力量的游侠被打击殆尽了，丞相又是皇帝的跟屁虫，皇权非常强人，那么皇权出错了怎么办？到哪里去寻找制约皇权的力量？这是一个非常严峻的问题。这个问题也拷问了中国历史两千多年。但无论是从肯定的角度，还是从批判的角度来看，有一点我们无法否认，那就是汉武帝对中国历史的进程影响很大。

和加强皇权措施相配套的，还有汉武帝的统治策略。司马迁观察到一个现象，他说当时官吏们都是靠法治手段帮助汉武帝巩固统治，但表面上却以儒术作为装饰。这就是司马迁说的"文法吏事，而又缘饰以儒术"（《史记·平津侯主父列传》）。儒术成为掩饰严刑峻法的工具。司马迁揭示出汉武帝统治策略的两面，一方面利用严酷的法治进行实际统治，所以出现了大量酷吏；但另一方面，汉武帝又利用儒家的经学、文章来文饰自己的统治，给严酷的统治披上温文尔雅的外衣。所以汉武帝又提拔过一批儒学出身的官员。但在司马迁看来，这种情况下被推到前台的儒学，是伪儒学，是一种统治工具。

司马迁的这个认识应该说是非常深刻的，对汉武帝时期统治形态的观察，入木三分。但我们今天从整个历史演变的大势来重新评估这件事，可以发现汉武帝这种做法有它特殊的时代语境，也有它深远的历史意义。从法治的角度来看，利用严刑峻法来管理整个社会，其实延续了秦始皇时期的统治特征。社会历史的发展是一个缓慢的过程，比改朝换代要慢得多。秦末农民起义，秦朝灭亡了，皇帝改姓了，但秦朝留下的那些社会制度、基本的社会状况已经渗透到人们的思维习惯和日常生活中，不会一下子就彻底改变。所以汉武帝任用酷吏、施行严刑峻法这个特点，其实是代表了历史发展的延续性。

而起用儒家学者这一点，恰恰相反，代表了历史的变革性。这是秦始皇时期没有的、汉朝建立以后逐步发展出来的一个历史新特点。历史总是这样，它不会一下子天翻地覆，全部变成新的、大家都陌生的东西。我们的生活，总是有一部分延续着传统，而另一部分新的内容慢慢地出现，逐渐地成熟。

汉武帝时期大张旗鼓地表彰儒学，其中涌现出来的很多人物都不入司马迁的法眼。比如我们介绍过的公孙弘，靠着迎合、投机取巧做到丞相，司马迁很看不起这个人，认为这是个典型的伪学者。但我们还要看到另一面，汉武帝把这个口子一打开，儒家的机会就来了。当时春风得意的虽然是一些打着儒家旗号的投机分子，但真正的儒学，也借着这个机会得到了发展。经过一百多年的努力，到班固生活的年代，儒家的很多观念已经成为政治决策和士人生活的基本信条。班固就是深受儒家学说熏陶的学者，所以他才会在《汉书》中为汉武帝表彰儒学的行为大唱赞歌。班固说："孝武初立，卓然罢黜百家，表章《六经》。"（《汉书·

《武帝纪》）意思是说汉武帝即位不久，就采取了罢斥诸子百家、独尊儒术这么英明的措施。态度和司马迁就很不一样。

司马迁对当时的这些现象观察得很深刻，但他看不到历史的后续发展。班固恰恰是受这些后续发展的影响，重新来评估汉武帝的这些措施。好比司马迁站在这儿，看不见背后的东西。班固站在司马迁身后，司马迁看不见的东西班固看到了。而展现在司马迁眼皮底下的那些东西，站在后面的班固又不如司马迁看得真切。所以这还是一个角度问题，并不是他们俩谁对谁错的问题。

另外谈到汉武帝的法治，有这么个故事。汉武帝有个妹妹叫隆虑公主，晚来得子，非常娇宠。后来隆虑公主病重，放心不下这个儿子。她也知道汉武帝用法严，生怕自己死后，这个宝贝儿子犯点什么事，被治了。所以就在临死前，捐给汉武帝一大笔钱，黄金千斤、钱币千万，算是预先替儿子赎罪，以后这儿子万一要犯点什么事，希望汉武帝看在自己的分上，网开一面。后来这个儿子果然骄纵不法，一次酒醉之后杀人了，按法律就得偿命。很多官员都来求情，说看在隆虑公主的分上，从轻发落吧。汉武帝非常悲痛地说：我妹妹就这么一个儿子，临终前千叮咛万嘱咐，要我照顾，但现在他犯了这么重的罪，我如果徇情枉法，败坏法治，以后有何面目去见列祖列宗？最后汉武帝挥挥眼泪说，还是要依法办理。所以隆虑公主的儿子并没有因为是汉武帝的亲外甥而逍遥法外。

这个故事不知道为什么，不见于《史记》。《汉书》和《资治通鉴》都记载了。尤其是《资治通鉴》，把它放在一个非常特殊的位置，就是在汉武帝这段历史的最后部分。《资治通鉴》有个特点，当它介绍完一位重要历史人物的时候，经常会在最后挑选一些代表性的事例，作为对这个人物盖棺定论的凭据。司马光虽然也批评过汉武帝任用酷吏，造成很多社会问题，但在讲完汉武帝这一生之后，他却特意挑了这个事例来总结汉武帝的人物特点，说明在司马光看来，汉武帝执法如山这一点。还是值得学习的。既然有了法，那么大家都要遵守，法比人大，没有人可以例外。

关于汉武帝内政建设上的成绩，除了前面这些内容之外，其实"晚年改辙"这个板块也可以算在里面。只不过这段历史比较特殊，可以独立成为一个话题。关于这段历史的记载，同样体现出三位史学家不同的角度。我们可以先来回顾一下相关内容。汉武帝晚年和太子刘据之间存在两个问题。首先，由于父子俩性格差异很大，导致他们在政见上存在严重分歧。汉武帝雄武拓张，积极有为；太子敦厚安静，主张文治。他们都各有支持者，因此朝廷上隐隐划分成政见不一的两大阵营。其次，父子俩长期缺乏正面交流，有很深的隔阂。宫廷斗争，明枪易躲，暗箭难防。早有人觊觎刘据的太子之位，他和汉武帝的这种隔阂就被人利用了。刘据最终在巫蛊案中被人栽赃嫁祸，兵败身死。这件事对汉武帝触动很大，他没料到事情会变成这样。他在自己生命的最后几年里，痛定思痛，不仅认识到太子是被陷害的，还认识到，以前太子主张的政策路线有很大的合理性。他自己所主张的四面拓张、积极有为路线，这时候由于国力匮乏、社会矛盾激烈，已经很难再持续。所以汉武帝不仅替刘据洗冤，还下了罪己诏，改革国策，从积极拓张转向休养生息。

这是汉武帝"晚年改辙"的大概内容。我们能把这些思路理清楚，主要是依靠《资治通鉴》的记载。司马光对汉武帝晚年政局的观察和把握，应该说是非常准确，也是非常深刻的。班固把"巫蛊之祸"归罪于那些曾经和太子结怨的小人物，看问题太表面了。司马迁呢，又一次身在局中。我们通过分析，认为司马迁很可能是刘据的支持者，所以《史记》记载这件事非常隐晦，基本没有正面描写。很多人认为，时间上离历史事件越近的史学家，记载的内容越可靠。现在看来并不一定，汉武帝晚年的政局恰恰是离这段历史最远的司马光把握得最全面、最准确。

关于"外服四夷"，司马迁说汉武帝西伐大宛的时候，正好碰上"关东蝗大起，蜚西至敦煌"（《史记·大宛列传》）。从东到西，到处都是蝗灾，但老百姓还要负担沉重的战争成本。司马迁用很生动的笔触描写了这一事实，读来令人心酸，当时的老百姓的确生活得非常辛苦。作为目击者，司马迁对汉武帝的积极开拓持批判态度，因为他目睹了当时的惨况。从这一点来看，司马迁是一位有良知、敢于记录事实的史学家。但站在今天的立场来看这个问题，应该有更高的认识：正是因为当时人们付出了这么大的代价，才使得汉朝文明和西域文明有了充分交流。而且除了西域之外，汉武帝把汉朝的触角伸到了东南西北各个方向，西到天山南麓，东到朝鲜半岛，南到海南岛，北到今天的蒙古。正是经由汉武帝时代，我们今天多民族统一国家的版图得到了初步奠定。从这个角度来看，汉武帝时代的历史贡献是非常大的。

另外在这个过程中，涌现出一批名将。最著名的像卫青、霍去病、李广，三部史书都有详细介绍。司马迁受李广的孙子李陵投降匈奴事件牵连，被汉武帝处以宫刑。在《史记》里，司马迁对李广和李陵这对祖孙充满了感情，而对卫青、霍去病的人品不怎么认可，认为他们是仗着汉武帝的宠信才爬到那么高的位置。

但司马光经过分析之后，得出不同的结论，认为卫青的成功和李广的失败都是有原因的。卫青有两个很重要的特征——善于领导，也善于吸取别人的意见，是个帅才。而李广有很明显的个人英雄主义作风。作为汉武帝来说，能够大胆起用卫青、霍去病这些年轻将领，事实证明非常成功，体现出汉武帝有知人善任的优点。所以司马光在最后评价汉武帝的时候，专门有"善用人"这三个字。汉武帝临终前对身后事的安排，也可以印证这一点。刘据死后，汉武帝要立新太子，不挑年龄比较长的几个，而是立了最小的刘弗陵，并且让霍光这些人来辅佐刘弗陵。后来的历史发展证明，无论是皇位继承人，还是顾命大臣，汉武帝都没有挑错。这是非常难得的，也证明汉武帝的确有识人之明。

当然，我们还是要承认，三位史学家每个人都有自己的优势，无法相互取代。我们要更全面地了解汉武帝时代，就必须综合考虑三位史学家的意见。比如司马迁，他的优势在哪里？因为有着和汉武帝直接接触的经验，使得司马迁看到的汉武帝有血有肉。这和后来的历史学家只能从文字记载的角度来审视汉武帝这个人有很大不同。所以我们看到，《史记》里塑造的汉武帝，个性非常鲜明，形象非常生动。我们从"迷信神仙"的角度来看一下，谈到汉武帝的性格和信仰，《史记》里有一篇《封禅书》，把汉武帝迷信鬼神、痴迷于成仙的行为、心态描写得非常细腻、生动。汉武帝一心想成仙，不停地上当受骗。每次上完当都下决心，下次不能再上当了！可是每次有新的方士来引诱他，他都忍不住，还是继续给这些方士很多钱，让他们帮忙求神仙。这是为什么？

司马迁通过近距离观察，只用了四个字就把汉武帝的心态揭露得淋漓尽致——"冀遇其真"！怀着一种侥幸心理，希望总有一次能碰到真的神仙。

同样是这件事，在班固笔下意义就大不一样。班固说不能光看到汉武帝求仙时的荒唐可笑，也应该看到，汉武帝的这些行为是在加强和上天的沟通以确保汉朝的长治久安。我们不能说班固是在歪曲事实，替汉武帝辩护。其实班固生活的这个时代，受汉武帝时代的影响非常大，尤其是在思想意识上。班固生活在汉武帝之后一百多年，虽然不算近，但也不太远，正好在汉武帝影响力的"射程"范围内。在当时的思想环境下，班固本人就非常相信"天人感应"学说。这种学说认为，为了保证人世间的和谐秩序，加强和上天的沟通是非常有必要的。对于这种看法，我们不能站在今天的立场笑话他们迷信，而应该看到，是当时的环境造就了这样的思想。

还是汉武帝求仙这件事，到了司马光这儿，又有不一样的处理。司马光生活在汉武帝之后一千多年，时代背景和思想环境发生了很大的变化。汉武帝时代所有的是是非非都和他无关，他也不会受汉武帝多大影响。《资治通鉴》描写汉武帝，是希望汉武帝时代的经验和教训能对以后的统治者起到帮助作用。所以司马光谈到汉武帝晚年自我反省的时候，专门讲汉武帝对自己迷信方士、神仙非常后悔，下令罢免所有方士。而且汉武帝还有这么一句台词："向时愚惑，为方士所欺。天下岂有仙人，尽妖妄耳！"（《资治通鉴》卷二十二）汉武帝说自己以前很愚蠢，被那些方士骗，世界上哪有什么仙人，都是胡说八道。这段内容，在《史记》《汉书》里找不到。所以大家看，同样讲求仙，司马光笔下的汉武帝，多出自我反省的一面。汉武帝是不是真的讲过这些话，无从查证。但司马光加这段内容的意图很明显，是要告诫后世的皇帝，千万别学汉武帝，为了求仙而劳民伤财。神仙没求到，搞得老百姓怨气冲天，那是不值得的。

通过这样比较之后，我们可以各用一个词概括三位史学家并显示出他们的不同。司马迁是在记录历史。他把自己亲眼看到、亲身经历的事都记下来了，里面夹杂着他自己的感受。所以他的特点是鲜活生动。而班固是在解释历史。班固整理汉武帝时代的历史有一个非常明确的目的：要确立西汉王朝的伟大性。因为东汉是继承西汉而来的，只有证明了西汉的伟大，才能证明东汉继承西汉是合理的。所以汉武帝的很多行为，班固都要给他一个合理解释。这样，班固笔下的汉武帝这个人，不像《史记》里的那么生动，但对于汉武帝这个时代种种现象的解释，班固讲得更有整体性和系统性。第三位史学家司马光，他是在分析历史。司马光笔下的汉武帝，和秦始皇一样犯了很多错误，穷兵黩武，为求仙而劳民伤财，但为什么秦朝灭亡了而汉朝没有呢？司马光说，那是因为汉武帝晚年深刻地认识到了自己的错误，并且做出了自我纠正。通过这些分析，司马光告诉后世统治者，汉武帝这个时代，什么样的教训要汲取、什么样的经验要借鉴，学习这些经验、教训可以提高管理国家的水平。所以司马光谈历史，并不注重那些流于表面的现象，而是更深入地去分析历史上成败兴衰的原因。

关于汉武帝和他的时代，到这里就全部讲完了。有个常用词叫"盖棺定论"，通过本书的讲述，我们可以发现，很多时候，盖了棺，定不了论。在不同的时代、不同的环境下评论同一个人，往往会有很大的差别。再过两百年，人们怎么评价汉武帝又是我们今天的人无法预料的。我们更希望这本书能给大家带来一个新的思路。以后不管读哪段历史，读哪位史家的作品，都可以先问一下：这位史学家为什么要这么描写呢？他的立场和角度是什么？其他史学家有没有不同看法呢？如果是这样，那么这本书的目的也就达到了。

终
章

后　记

开始对汉武帝时代感兴趣，是十年前的事了。

那时候读史初有心得，正在把《史记》《汉书》《资治通鉴》中所讲述的汉武帝时代一一对比，发现同一个时代被三位史学家说成三个完全不同的样子。这让我重新思考：究竟什么是"历史"？我们能轻易接受那些被史书记载的"历史"吗？为什么同一个人物、同一个时代，会有三种甚至更多的历史形象呢？

经过一段时间的阅读与思考，我意识到，每一位历史学家书写下来的，其实是他本人对历史的认识，其中虽然包含着各种历史事件要素，但他最想表达的，是他对那段历史的理解，而不是简单地讲述历史本身。这自然就导致了，不同史学家讲述同一个人物、同一个事件、同一个时代，会有完全不同的视角和结论，因为每位历史学家都无法摆脱他自己的视角和立场。这是《史记》《汉书》《资治通鉴》中所展现出来的汉武帝个人形象与那个时代的形象有很大不同的根本原因。

得到这个认知之后，我是很兴奋的。这其实既是历史学最基本的问题，也是一个在史学理论上非常深刻的问题。读史能意识到这一点，大概可以算入门了。

巧的是，也正好是在那段时间，我接到了央视"百家讲坛"栏目编辑郭巧红女士的电话，邀我去开讲。那时候我就非常想把刚刚得到的这些心得分享给广大的电视观众和历史爱好者。经商量后，我们决定在"百家讲坛"录播《汉武帝的三张面孔》系列节目。

所谓"三张面孔"，《史记》《汉书》《资治通鉴》中各有一张汉武帝的面孔。那个时候，"百家讲坛"这个栏目已经红了几年了，在历史文化普及工作领域取得了很好的成就。很多人通过这个栏目，知道了历史上的很多伟大人物和重要事件。但我们觉得，对于历史的认识不应该仅仅停留在故事层面，人们还应该尝试探索一些更为深刻的问题。《汉武帝的三张面孔》这个系列，正是试图通过电视节目来促使大家思考"什么是历史"和"我们应不应该无条件地接受经典历史学家记述的历史"这样的问题，而真正的目的则在于引导电视观众和历史爱好者养成一种批判思维，更好地理解历史和现实。也许正是因为这个原因，直到今天为止，还有不少观众、读者说，这个系列是"百家讲坛"节目中最具有学术含量的。听到这样的评价，我也很高兴。

节目在2011年录制了一整年，2012年开播。同名书籍也随后上市了。但时隔多年，现在回过头来看，我对原先的一些讲述又有了些不满。这让我对"历史是什么"这个问题，有了持续性的深入理解。不仅仅不同的历史学家，对同一个问题会有不同看法、不同讲述；即便是同一个人，经历时间的洗礼、学思的沉淀，也会对同一个问题产生不同的看法。这听上去是一个很简单的道理，事实上，在历史认识上真正落实起来，并不那么容易。促使我把这些思想上的变化落实成文字的，是两位资深的出版人。孙晶最早跟我聊这个话题，提醒我是时候在认识历史方面有些进步了，最好的证明方法，莫过于修订"少作"。夏德元兄则在具体如何调整篇章结构、修订文字方面，给予了非常直接的帮助。最终，我们决定把八年前的那份讲稿从头到尾重新修订一遍，把我最新的想法体现进去。

细节上说，相对于旧稿，这次出版增加了不少新内容。比如，以前我对汲黯这个人物也有认识，但对这个人物在汉武帝时代的意义，认识并不深刻。随着对《史记》等历史典籍越来越熟悉，我忽然发现这是司马迁精心挑选出来的，虽然生活在汉武帝时代，却是站在时代趋势对立面的象征性人物。仔细体会汲黯这个人物，通过对立两面的比较，我们能对时代变化有更为深刻的了解。

另外，以前在讲通西域的时候，没来得及加入两位和亲公主的故事，她们为这个宏大的历史事件做出了巨大牺牲，我们应该记得她们。这次修订把这些内容都增补上了。除此之外，也增加了一些其他历史细节，不在这里一一列举了。

更为重要的是，从大局上说，我对汉武帝时代的看法有了一个根本性的突破与提升。

以前还是过于注重汉武帝这个人物本身，关注他个人的品行对历史的影响。这几年，经过更多的思考和积累，我意识到，其实汉武帝也是那个时代的产物，是那个时代的需求把汉武帝推到了风口浪尖上，让他做了那么多和时代相呼应的事。所以在对很多具体历史事件的评论上，我都作了非常细微的调整和修改，突出时代命题，而不是过于执着汉武帝个人的想法、行为。这对于帮助读者把握更为宏大的历史潮流是有帮助的。所以，虽然是旧章重改，但也完全可以把它当作一部新品来看待。其他更多的具体内容，只能有待各位细心的读者一一去品味了。

姜　鹏

2019 年 12 月 21 日

己亥冬至前一日

于敛声就实斋

后记

367

图书在版编目(CIP)数据

汉武帝和他的时代 / 姜鹏著. — 上海：学林出版社, 2020.2

ISBN 978-7-5486-1608-5

Ⅰ.①汉… Ⅱ.①姜… Ⅲ.①汉武帝（前156–前87）－人物研究 Ⅳ.①K827=341

中国版本图书馆CIP数据核字(2020)第008160号

策　　划	夏德元
责任编辑	楼岚岚　许苏宜
封面设计	今亮后声

汉武帝和他的时代

姜　鹏 著

出　　版	学林出版社
	（200001　上海福建中路 193 号）
发　　行	上海人民出版社发行中心
	（200001　上海福建中路 193 号）
印　　刷	上海盛通时代印刷有限公司
开　　本	720×1000　1/16
印　　张	23.5
字　　数	38 万
版　　次	2020 年 3 月第 1 版
印　　次	2020 年 11 月第 3 次印刷
ISBN	978 - 7 - 5486 - 1608 - 5／K · 166
定　　价	68.00 元